期货交易实战

套利模式、技术分析与交易系统构建

第 2 版

投资赢天下 ◎ 著

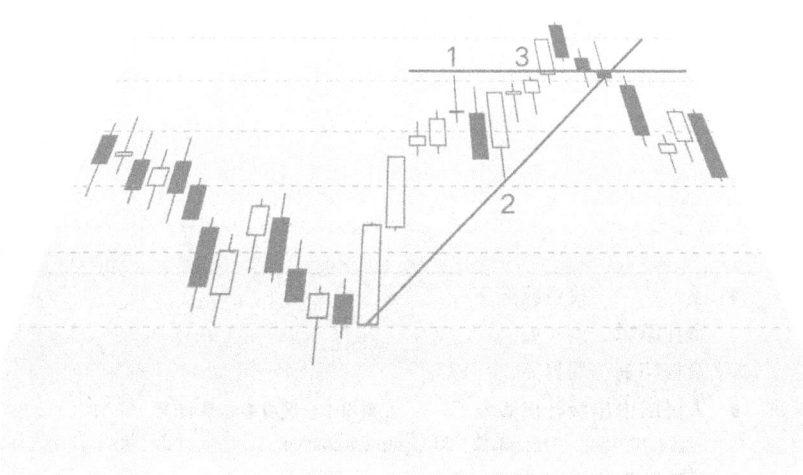

人民邮电出版社

北京

图书在版编目（CIP）数据

期货交易实战：套利模式、技术分析与交易系统构建 / 投资赢天下著. -- 2版. -- 北京：人民邮电出版社，2020.6（2022.4重印）
ISBN 978-7-115-53746-1

Ⅰ．①期… Ⅱ．①投… Ⅲ．①期货交易－基本知识 Ⅳ．①F830.93

中国版本图书馆CIP数据核字(2020)第052293号

内 容 提 要

本书内容以交易策略为主，从期货市场的起源、概况、交易流程、特性、套期保值、套利交易开始讲解，过渡到以敞口交易为主的分析方法。

本书包括K线图、趋势、价格形态、移动平均线系统、技术指标等技术分析内容，最后一章整合前面5种分析方法，以三重滤网法为逻辑基础，配有实战案例，介绍作者正在使用的一套交易系统。

本书以实战讲解为核心，内容由浅入深，既可以作为期货投资新手的学习手册，也可作为职业投资者、证券从业人员进阶的学习用书。

♦ 著　　　　投资赢天下
　　责任编辑　刘　姿
　　责任印制　周昇亮

♦ 人民邮电出版社出版发行　北京市丰台区成寿寺路11号
　邮编　100164　　电子邮件　315@ptpress.com.cn
　网址　https://www.ptpress.com.cn
　北京虎彩文化传播有限公司印刷

♦ 开本：700×1000　1/16
　印张：16　　　　　　　　　　　2020年6月第2版
　字数：261千字　　　　　　　　2022年4月北京第5次印刷

定价：59.80元

读者服务热线：(010)81055410　印装质量热线：(010)81055316
反盗版热线：(010)81055315
广告经营许可证：京东市监广登字 20170147 号

前言

投资市场吞没的都是盲目交易者的资金。现代意义的期货市场已经有150多年的历史，诞生了无数的大师，当然还有比大师数量高得多的失败者。期货以其交易的灵活性和高杠杆特性，吸引了无数喜爱交易、希望通过交易达到财富自由的人，但更多的人只是把自己的资金送到市场中而已。

1993年，郑州商品交易所开始正式推出期货交易，拉开了我国期货市场的帷幕。此后虽然经过了20多年的发展，但我国期货交易的普及程度还是不高，渴望参与期货交易的人又无法得到系统的培训。在2017年3月31日，豆粕期权（国内首个商品期权）正式上市以后，期货的品种已多达40多个，正式上市的期权有8个，期货交易及其衍生品越来越多。参与其中的交易者是衔接生产者和消费者报价的必不可少的链条，他们不但能在其中获得更多的财富，也可以促使现货价格的波动幅度更小。

但期货交易可称之为零和游戏，甚至可以称之为负零和游戏。期货交易并不产生价值，只是财富的流转，而每个参与其间的人，在未盈利之前都要先交付手续费。再加上期货的高杠杆特性，让很多人望而却步。期货交易的难度非常大，进入的门槛要比股票市场高得多。参与者不但需要理解期货交易的底层逻辑、交易方法，还要有极强的抗压能力，能在逆境面前始终保持冷静自信的心态、戒贪戒躁的心性。

但这远非一朝一夕、一蹴而就之事，本书的内容也不可能解决所有的问题。本书的目的是让初学者可以更方便、快捷地"登堂入室"，或者说至少让初学者先明白期货交易的操作流程，知道它在现实生活中到底起着什么作用，它的基本交易模式有哪些。

本书的主要内容侧重解决的是敞口交易的分析方法和策略，并配有一套成熟的交易系统和一套笔者目前所使用的交易系统。

所以本书第1章与第2章介绍期货市场的起源、目前的状况、期货的特性、完整的交易流程、阅读评论文章需要掌握的术语、套期保值交易、套利交易等内容。

第3章至第7章分别从K线图、趋势、价格形态、移动平均线系统和技术指标入手，介绍这些技术分析工具的使用方法、优点及劣势。第 8 章从一个成熟的交易系统的三重滤网交易法入手，将以上这些技术分析方法结合起来，并且以三重滤网法为理论基础，讲述笔者正在使用的一套交易系统，并配有交易实战案例。本书的重点在于选股，因书中数据来源不同，对有效数字的位数未做要求。

  侧重技术分析而放弃基本面分析也是我们深思熟虑的结果。毕竟，商品期货不同于股票，基本面分析对于期货交易这种灵敏度极高兼之高杠杆的交易方式来说，还是过于缓慢。所以本书更加侧重技术分析，技术分析不用收集资料、数据，只要有历史图表即可完成，对初学者来说是个不错的选择。

  希望朋友们能通过学习本书基础的技术分析，掌握从 0 到 1 的方法。至于从 1 到 10 再到 100，仅仅阅读本书当然是不够的，还需要在长期的交易中不断地摸索，并且阅读各种相关图书，从正面、侧面不断提升自己的能力。

  我们更希望朋友们能以本书作为开端，开启通往财富的自由之路。

第1章 期货市场为何而生 /1

1.1 期货市场的起源 /2
1.1.1 世界范围内的期货市场起源 /2
1.1.2 我国期货市场的起源 /4
1.1.3 我国五大期货交易所 /4

1.2 立约与标准化合约 /5
1.2.1 农商立约 /5
1.2.2 解构标准化合约 /6

1.3 一次完整的期货交易 /9
1.3.1 杠杆 /9
1.3.2 做空 /10
1.3.3 T+0 /11
1.3.4 一些术语 /12

1.4 打消一些疑虑 /13

1.5 分析方法 /14

第 2 章 期货的基本交易模式 / 17

2.1 套期保值 / 18
2.1.1 生产者的套期保值 / 18
2.1.2 消费者的套期保值 / 20

2.2 影响理论套利的基差 / 21
2.2.1 为什么会存在基差 / 21
2.2.2 基差如何影响理论套期保值 / 22

2.3 金融期货的套期保值 / 24
2.3.1 股票如何对应股指期货 / 25
2.3.2 卖出套期保值 / 25
2.3.3 买入套期保值 / 26

2.4 套利交易 / 28
2.4.1 跨交易所套利 / 28
2.4.2 跨品种套利 / 29
2.4.3 跨合约套利 / 31
2.4.4 股指期货无风险套利 / 32

第 3 章 K 线图 / 35

3.1 K 线的画法 / 36

3.2 K 线反转形态 / 37
3.2.1 锤子线 / 38
3.2.2 启明星 / 40
3.2.3 刺透形态 / 41
3.2.4 看涨抱线 / 43
3.2.5 上吊线 / 45
3.2.6 黄昏之星 / 47
3.2.7 乌云盖顶 / 49
3.2.8 看跌抱线 / 50

3.2.9 流星线 / 52
　　　3.2.10 孕线 / 53

3.3 **持续形态** / 54
　　　3.3.1 跳空窗口 / 54
　　　3.3.2 跳空并列阴阳线 / 56
　　　3.3.3 平台跳空 / 58
　　　3.3.4 上升 / 下降三法 / 60

3.4 **对K线形态的深入思考** / 62
　　　3.4.1 条件全面严格量化 / 62
　　　3.4.2 形态转换 / 64
　　　3.4.3 几无大用 / 67

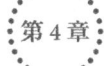

趋势 / 69

4.1 **道氏理论** / 70
　　　4.1.1 趋势的定义 / 70
　　　4.1.2 趋势的方向 / 72
　　　4.1.3 道氏理论的基本原则 / 74

4.2 **峰谷的支撑与压制** / 78
　　　4.2.1 支撑与压制 / 78
　　　4.2.2 支撑与压制的角色转换 / 81

4.3 **趋势线** / 83
　　　4.3.1 趋势线的画法 / 83
　　　4.3.2 123 原则 / 86

价格形态 / 89

5.1 **反转形态** / 90
　　　5.1.1 头肩顶（底）反转形态 / 90
　　　5.1.2 双重顶（底）反转形态 / 94

5.1.3 三重顶（底）反转形态　/98
　　　5.1.4 圆弧顶（底）反转形态　/101
　　　5.1.5 V形反转形态　/102

5.2 持续形态　/103
　　　5.2.1 三角形形态　/104
　　　5.2.2 楔形形态　/108
　　　5.2.3 喇叭形形态　/109
　　　5.2.4 旗形形态　/110
　　　5.2.5 矩形形态　/111

5.3 形态之间的转化　/112
　　　5.3.1 充当顶部或底部的楔形形态　/112
　　　5.3.2 充当顶部或底部的喇叭形形态　/114
　　　5.3.3 充当顶部或底部的三角形形态　/114
　　　5.3.4 头肩形态为持续形态　/115

第6章　移动平均线系统　/117

6.1 移动平均线的种类与计算方法　/119
　　　6.1.1 算术移动平均线　/119
　　　6.1.2 线性加权移动平均线　/123
　　　6.1.3 指数加权移动平均线　/123

6.2 单条移动平均线的应用　/125
　　　6.2.1 K线穿插单条均线法　/125
　　　6.2.2 单条均线斜率法　/133

6.3 双均线法　/139
　　　6.3.1 双均线交叉法　/139
　　　6.3.2 双均线斜率法　/142

6.4 三均线法　/145
　　　6.4.1 多头排列与空头排列　/145
　　　6.4.2 黄金谷与死亡谷　/147

6.5 均线缠绕 /148

6.6 葛南维八法 /150

第7章 技术指标 /151

7.1 KD 随机震荡指标 /152
7.1.1 KD 指标底层逻辑 /153

7.1.2 超买超卖 /154

7.1.3 KD 斧 /157

7.1.4 背离 /160

7.1.5 简单配合 /163

7.2 MACD 指数平滑移动平均线 /166
7.2.1 MACD 指标底层逻辑 /167

7.2.2 零轴 /168

7.2.3 交叉 /172

7.2.4 背离 /174

7.3 布林线 /176
7.3.1 布林线底层逻辑 /176

7.3.2 三轨线状态 /178

7.3.3 方向判断 /183

7.4 其他指标的底层逻辑 /187
7.4.1 RSI 强弱指标 /187

7.4.2 WR 威廉指标 /188

7.4.3 MTM 动量指标 /189

7.4.4 ROC 变动速率指标 /190

第8章 构建交易系统 /192

8.1 构建交易系统的逻辑基础 /193
8.1.1 趋势跟踪的逻辑基础 /194

8.1.2 小数定律终将打破 /194

8.1.3 逻辑基础在，趋势便在 / 195

8.2 一套熟悉的交易系统——三重滤网 / 196
8.2.1 三道过滤网 / 196
8.2.2 三重滤网优化 / 197

8.3 我的方法论 / 201
8.3.1 何为趋势 / 201
8.3.2 定义峰谷 / 202
8.3.3 去除无意义的K线 / 204
8.3.4 取势 / 208
8.3.5 道氏理论方法论 / 210
8.3.6 趋势线 / 215
8.3.7 峰谷交叠 / 217
8.3.8 两条趋势线 / 221
8.3.9 原则2处的买点 / 223
8.3.10 不断失败的原则2 / 224
8.3.11 持有阶段 / 225
8.3.12 级别转换 / 228
8.3.13 意外突破大级别趋势线 / 229
8.3.14 资金管理 / 230

8.4 实战 / 231
8.4.1 铁矿2001实战 / 231
8.4.2 豆粕2001实战 / 238

参考文献 / 246

第 1 章

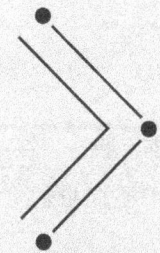

期货市场为何而生

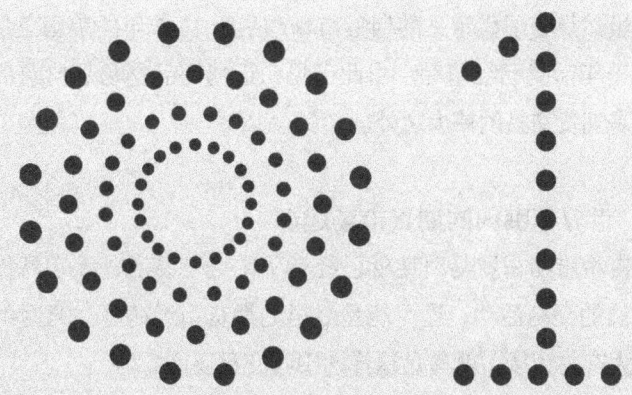

供求关系影响价格走向,这是经济学的基础原理之一。所以秋季丰收,"谷贱伤农";而到青黄不接时,"千金一粟"。这就成了一个大问题。有了问题,就要有解决的方案,期货市场就是为了解决这个问题而产生的。

1.1 期货市场的起源

虽然具有现代意义的期货市场产生于1848年的美国芝加哥,但期货交易早在几千年前就已经萌芽。由此可见,远期商品交易是自有商业以来就存在的,这也是期货交易的伟大之处。

1.1.1 世界范围内的期货市场起源

古希腊和古罗马时期就已经有了中央交易所、大宗易货交易和带有期货交易性质的交易活动,这可能是最早的期货市场萌芽。当时的罗马议会大厦、雅典的大交易市场,就曾是这样的中心交易场所。

到了12世纪,类似期货性质的交易在英国、法国有了长足发展,并达到了越来越高的专业化的程度。1251年,英国《大宪章》中明文规定,外国商人可以到英国参加季节性交易会。随着交易制度的不断完善,商人们还可以交易尚在路途中并未到达的货物。同时在交易中出现了交易合同,在合同中列明了交易商品的品种、数量和价格。为了确保合同的有效性,交易双方还要缴纳一定数额的保证金。

1571年，伦敦皇家交易所在英国伦敦创建。实际上，这是世界上第一家集中交易的市场，随后在此基础上建立了伦敦国际金融期货期权交易所。第二家集中交易的市场，是在荷兰阿姆斯特丹建立的世界上第一家谷物交易所。紧随其后的，是比利时安特卫普的咖啡交易所。

1600年前后，荷兰人率先发明了期权交易，并且在阿姆斯特丹的交易市场中形成了以郁金香为标的物的期权交易。

1848年，在82位商人的带领下，第一家具有现代意义的期货交易所在美国芝加哥建立，称为芝加哥期货交易所（CBOT）。1865年，芝加哥期货交易所使用的合同完成了标准化改革，并且以保证金的形式进行交易。保证金通常不超过总体交易金额的10%。这些改革都是现代期货交易和期货市场形成的标志。

1874年，芝加哥商业交易所（CME）建立。1876年，伦敦金属交易所（LME）建立。1885年，法国期货市场建立。

传统的农产品期货有谷物、棉花、小麦、油菜籽、燕麦、黄豆、玉米、糖、咖啡、可可、活牛、木材等，金属期货有黄金、白银、铂、铜、铝等，能源期货有原油、汽油等。还有在20世纪70年代后期产生的重要的金融期货，如股票指数期货、外汇期货、利率期货等。

金属期货交易的开创者，是1876年建立的伦敦金属交易所，只不过当时它的名称是伦敦金属交易公司，只有铜和锡两个标的物。1920年，伦敦金属交易所又分别上市了铅和锌。到目前为止，其还增加了镍、白银等标的物。

美国金属期货交易的起步要晚于英国。第二次世界大战后，美国由农业国转变为工业国，美国的期货交易也由以农产品为重心变成了以金属为重心，并且在1974年推出了黄金期货。

1970年后，石油危机爆发，美国顺势推出了包括原油、汽油、取暖油、天然气、丙烷在内的原油期货。

随着布雷顿森林体系解体，汇率成了一个大问题，所以美国于1972年又再次顺势推出了外汇期货。

资本市场的兴起也让美国的证券交易不断创新。1982年，美国推出了价值线综合指数期货，开启了股票价格指数的期货交易之路。

由此可见，虽然期货已有几千年的历史，但大部分的期货交易都是在1980年以后产生的。

1.1.2 我国期货市场的起源

早在1988年5月,国务院就决定建立期货市场试点。1990年,经国务院批准,河南的郑州粮食批发市场以现货交易为基础,引入了期货交易机制。

1991年5月28日,上海金属交易所开业。1991年6月10日,深圳有色金属交易所成立。1992年9月,我国第一家期货经纪公司——广东万通期货经纪公司成立。1993年2月28日,大连商品交易所成立。1998年8月,上海期货交易所由上海金属交易所、上海粮油商品交易所和上海商品交易所合并组建而成,于1999年12月正式运营。2006年9月8日,中国金融期货交易所成立。2010年4月16日,我国推出第一个股指期货——沪深300股指期货合约。2011年4月15日,大连商品交易所推出世界上第一个焦炭期货合约。2012年12月3日,郑州商品交易所推出世界上第一个玻璃期货合约。

1993年,国务院授权中国证券监督管理委员会(简称"中国证监会")对期货市场进行大规模的清理整顿,同时做出结构调整。1999年年底,上海、大连、郑州3家期货交易所得以保留,其他150多家期货经纪公司被重组或淘汰。

1.1.3 我国五大期货交易所

郑州商品交易所成立于1990年10月12日,在现货交易成功运行2年以后,于1993年5月28日正式推出期货交易,由中国证监会垂直管理。

目前,郑州商品交易所经营的商品有白糖SR、棉花CF、动力煤ZC、玻璃FG、精对苯二甲酸PTA、甲醇MA、优质强筋小麦WH、普通小麦PM、早籼稻RI、晚籼稻LR、粳稻谷JR、油菜籽RS、菜籽油OI、菜籽粕RM、硅铁SF、锰硅SM等。

大连商品交易所是中国最大的农产品期货交易所,全球第二大大豆期货市场,成立于1993年2月28日,是经国务院批准并由中国证监会监督管理的5家期货交易所之一,也是中国东北地区唯一的期货交易所。

目前,大连商品交易所经营的商品有豆粕M、豆油Y、黄大豆1号A、黄大豆2号B、棕榈油P、玉米C、玉米淀粉CS、鸡蛋JD、胶合板BB、纤维板FB、塑料L、聚氯乙烯PVC、聚丙烯PP、焦炭J、焦煤JM、铁矿石I。

上海期货交易所是中国最大的金属、能源期货交易所,经营的商品有铜CU、铝AL、锌ZN、铅PB、镍NI、黄金AU、白银AG、螺纹钢RB、线材

WR、热轧板卷 HC、燃料油 FU、沥青 BU、天然橡胶 RU 等。

中国金融期货交易所成立于 2006 年 9 月 8 日，由上海期货交易所、郑州商品交易所、大连商品交易所、上海证券交易所和深圳证券交易所共同发起设立。5 家交易所分别出资 1 亿元人民币。

中国金融期货交易所经营的商品有沪深 300 股票指数期货 IF、上证 50 股票指数期货 IH、中证 500 股票指数期货 IC、五年期国债 TF、十年期国债 T 等。

上海国际能源交易中心成立于 2013 年 11 月 6 日，注册于中国（上海）自由贸易试验区，经营范围包括组织安排原油、天然气、石化产品等能源类衍生品上市交易、结算和交割，制定业务管理规则，实施自律管理，发布市场信息，提供技术、场所和设施服务。上海能源交易所经营的商品有 20 号胶 NR 和原油 SC。

1.2 立约与标准化合约

期货交易是指远期货物交易，促使期货交易形成的直接原因是商品的产出与应用时间的不对等。生产方和购买方为了解决这一问题，为远期商品交易订立合约。而在商品交易所中，这样的合约被称为标准化合约。

1.2.1 农商立约

最初的芝加哥交易所是由 82 家谷物生产商与压榨商联合促成的。农民在秋收时黄豆产量过多，每年秋天，黄豆大量上市，导致供过于求，价格下跌，卖不出好价钱。

压榨商通常会在每年年底收购黄豆，由于资金的问题，他们不可能一次性收购全年的储备量，所以压榨商也只能赶在价格低廉时收购一部分黄豆。待到第二年四五月，黄豆青黄不接时，压榨商的黄豆储备也快消耗完了，还要收购第二批黄豆，但此时的黄豆已开出了高价。

大面积耕种的农场主不急着卖出全部黄豆，有很多资金储备的企业主则会在价格走低时，一次性收购全年的用量。但对于小农户和小压榨商来说，价格的大幅波动对他们产生了非常大的影响。

所以，供求双方要坐下来谈一谈如何解决这个问题。他们拟订一个合同，内容包括黄豆要符合哪些标准，交易的数量和交易的时间等，最重要的是要约定好价格，不论明年黄豆价格是高还是低，他们都按合同约定的价格来交易。

若是黄豆价格没有太大的变化，农商两方都会按约定来交易；若是第二年黄豆价格非常低，压榨商就会违约，去收购那些价格更低的黄豆；如果第二年黄豆价格非常高，农民就会违约，卖给出价更高的压榨商。这样一来，农商两方的约定就没有任何意义了。

于是他们第二次坐下来，再次商谈。这次的约定不仅要签订合同，订立盟约，双方还要各自缴纳一部分保证金，如果某一方违约，其保证金就会被扣掉。而经办此事的第三方，就是商品交易所。

现代商品交易的结构并不是扁平的2层机构，而是3层。第一层是商品交易所，它们只接受会员来交易，对个人交易没兴趣。就像中国人民银行只受理各商业银行的业务，并不受理个人储户业务一样。这里的会员也就是期货经纪公司，经纪公司则受理个人业务。而所有机构都受证监会监管。

交易所是一个平台，它本身并不生产商品，不出售也不购买商品，而每个个体才是期货交易的主体参与者。交易所只提供各种服务，制定交易规则。会员要向交易所缴纳会员费。

1.2.2 解构标准化合约

商品期货交易中最重要的部分就是交易的合约。合约不是我们自己制定的，而是一套所有参与交易者都要遵守的标准，它是由交易所制定的。想要做期货交易，第一件事就是读懂交易合约，要知道你交易的是什么，有什么规则。表1-1所示为黄大豆1号标准化合约。

表1-1 黄大豆1号标准合约

交易品种	黄大豆1号
交易单位	10吨/手
报价单位	元（人民币）/吨
最小变动价位	1元/吨
涨跌停板幅度	上一交易日结算价的4%
合约月份	1、3、5、7、9、11
交易时间	每周一至周五上午9:00～11:30，下午13:30～15:00，以及交易所规定的其他时间
交割等级	大连商品交易所黄大豆1号交割质量标准（F/DCE A001-2018）

续表

最后交易日	合约月份第 10 个交易日
交割地点	大连商品交易所黄大豆 1 号指定交割仓库
最低交易保证金	合约价值的 5%
最后交割日	最后交易日后第 3 个交易日
交割方式	实物交割
交易代码	A
上市交易所	大连商品交易所

交易品种。黄大豆 1 号是指非转基因大豆,当然还有黄大豆 2 号,为世界范围内的黄豆,包括转基因大豆。

交易单位。最少交易量为"10 吨 / 手",就像股票最少交易量为 100 股一样。

报价单位。报价单位为"元(人民币)/ 吨",例如在软件中看到黄豆报价为 4000(不显示单位),即当前黄豆的报价单位为 4000 元 / 吨。

最小变动价位。股票最小变动价位是 0.01 元,黄大豆 1 号的最小变动价位是 1 元。当然还有沥青的最小变动价位是 5 元,镍的最小变动价位是 10 元,塑料的最小变动价位是 5 元等。因为最少交易量为 10 吨,所以黄大豆 1 号每波动一个最小价位,我们的账户就会相应地波动 10 元。

涨跌停板幅度。4% 的限制只是一个普遍性的规定,在遇到特殊情况时,这个比例会有所变动。股票的涨跌幅度为前一个交易日收盘价的 ±10%,这个很好理解。但什么是结算价呢?结算价 = 每一成交价格 × 该价格的成交量 ÷ 总的成交量,也就是该价格与成交量的权重计算出来的加权平均价。

合约交割月份。如果企业不退市,那么其股票永远没有到期的时候。但是期货有到期日,以标准化合约为例,黄大豆 1 号只能交易每年的奇数月到期的合约。例如,2019 年 9 月到期的合约被称为 1909。到了 2019 年 9 月,想买的交全款来提货,想卖的带着货来拿钱。

交易时间。期货的交易时间上午比股票交易提早 30 分钟开始,下午比股票交易延迟 30 分钟开始。全天交易时间不变,不过 10:15～10:30 会休市 15 分钟。为了与国际商品期货接轨,我国已增开了夜盘交易。

交割等级。这就是标准化合约最大的用处之一,即交易的货物必须达到一定的水准,不能低于交易所规定的水准。

最后交割日。如果你想交易实物,这便是最后的款、货易手之日。

交割地点。交割地点由交易所指定。

最低交易保证金。由于期货交易是远期货物交易,所以在合约没到期之前不用交全款。保证金不仅要向买方收取,也要向卖方收取。以黄大豆1号为例,最低保证金为合约价值的5%。假设现在成交的黄大豆1号价格为每吨5 000元,最少交易10吨,也就是50 000元,双方只需要缴纳2 500元(50 000元×5%)保证金。但需要注意的是,这是交易所收取的会员的保证金额度,经纪公司通常要向个人账户收取8%~15%不等的保证金,遇到特殊情况还会上涨。

最后交割日。指交易双方同意交换款项的日期。一般有股系交割日、期货交割日、股指期货交割日。就期货合约而言,最后交割日是指必须进行商品交割的日期。如不想进行交割,必须在交割日或最后交易日之前将期货合约平仓。

交割方式。交易的是黄大豆1号,最后就以黄大豆来交割。这有别于金融期货的现金交割。

交易代码。黄大豆1号的代码为A,这是它的代号,比直接输入汉字要方便得多。每个品种都有它自己的代码,比如黄金期货代码为AU,白银期货代码为AG,铜期货代码为CU。

上市交易所。我国五大期货交易所的上市品种不能重复。黄大豆在大连商品交易所上市。

另外,也需要了解交易手续费。交易手续费是每次交易都要向交易所缴纳一定的费用。同样,交易所收取经纪公司的费用要低于经纪公司向个人账户收取的费用,毕竟经纪公司的很大一部分收入都来自手续费。

黄大豆1号是传统商品期货的代表,如今金融期货正在逐渐占据主导地位,所以我们还是有必要再了解一下金融期货合约。表1-2所示为沪深300股指期货标准化合约。

表1-2 沪深300股指期货标准化合约

合约标的	沪深300指数
合约乘数	每点300元
报价单位	指数点
最小变动价位	0.2元
合约月份	当月、下月及随后两个季月
交易时间	9:30~11:30;13:00~15:00
每日价格最大波动限制	上一个交易日结算价的±10%
最低交易保证金	合约价值的8%

续表

最后交易日	合约到期月份的第三个星期五，遇法定节假日顺延
交割日期	同最后交易日
手续费	成交金额的 0.5‰
交割方式	现金交割
交易代码	IF
上市交易所	中国金融期货交易所

我们只需要了解一下它与传统商品期货合约不一样的地方。

合约乘数。一张股指期货合约的合约价值，是用股票指数的点数乘以某一既定的货币金额来表示，这一既定的货币金额称为合约乘数。股票指数点数越大或合约乘数越大，股指期货合约价值也就越大。例如沪深 300 指数为 2 000 点，再乘以合约乘数 300 元，那么一张沪深 300 股指期货合约的价值为 600 000 元。

最小变动价位。最小变动价位为 0.2 元，乘以合约乘数 300 元，每次最小波动的价格为 60 元。

合约月份。当月是指当前的月份，假如现在是 2019 年 12 月，那么 2019 年 12 月的合约即为当月合约，2020 年 1 月即为下月合约。季月是指 3 月、6 月、9 月和 12 月，此例中随后的两个季月合约为 2020 年 3 月合约和 2020 年 6 月合约。若现在为 5 月，那么当月合约为 5 月合约，下月合约为 6 月合约，随后的两个季月合约分别为 9 月合约和 12 月合约。

1.3 一次完整的期货交易

一次完整的期货交易包括买方和卖方、交易的品种、数量、平仓或交割，这个过程中可以先买后卖或先卖后买、盈利平仓、止损平仓等。为了能彻底理解期货交易，我们需要进行一次推演。

1.3.1 杠杆

我们先假设你既不是生产商，也不是收购商，你只是一个期货交易的参与者。你认为政府开始对钢材限产，螺纹钢的价格可能会上涨，所以你想在期货市场中买进螺纹钢。而螺纹钢的报价为每吨 2 000 元，你以每吨 2 000 元的价格买进了10手共100吨，按10%的保证金率计算，你需要缴纳20 000元（2 000元×100吨×10%）保证金。

此时的交易：买进螺纹钢，每吨2 000元，10手共100吨。

你果然分析得没错，没过多久，螺纹钢的价格就上涨至每吨3 000元，你认为钢价上涨过快，可能要出现回调了，所以你决定以每吨3 000元的价格卖出。

此时的交易：卖出螺纹钢，每吨3 000元，10手共100吨。

2 000元买，3 000元卖，每吨盈利1 000元，100吨则盈利100 000元。

但假如你分析错了呢？你以2 000元的价格买进后，螺纹钢的价格不涨反跌，跌至1 800元。如果你认为钢价还要下跌，不如先止损，等见底了以后再买。

此时的交易：卖出螺纹钢，每吨1 800元，10手共100吨。

2 000元买，1 800元卖，每吨亏损200元，100吨则亏损20 000元。

为什么我们只需要2万元的本金，就会有这么大幅度的盈亏呢？因为期货交易是保证金制度，不必缴纳全款，只需要缴纳一部分保证金即可。如果螺纹钢价格为每吨2 000元，想要买100吨现货，全款需要20万元。不论是盈利还是亏损，我们都是按照全款交易来计算的。初始本金按10%计算，而盈亏按100%计算，放大了10倍，这就是期货交易的属性之一——杠杆。

所以期货交易的风险要比股票更大，杠杆放大了利润的同时也放大了亏损。这也是期货交易比股票交易更刺激的方面。股票开启了融资交易后，也相应地放大了杠杆。

期货参与者所缴的保证金与潜在风险呈正比关系，外部环境风险越大，要缴纳的保证金就越多。有些品种的波动性极小，这些品种的保证金就比较低，若是波动特别大的品种，保证金相对来说就更高。例如，铁矿石的保证金就要比螺纹钢高，所以铁矿石的杠杆比率要比螺纹钢低。

虽然期货交易有杠杆，但我们不要被杠杆所诱惑。杠杆越大，风险就越大，一定要量入为出。如果期货交易能让你在一天内赚到100万元，那么它同样也能让你在一天赔掉100万元。

1.3.2 做空

在传统经营中，商品都会被先买后卖。哪怕是一个小超市，也需要先进货，再卖货，可期货市场却可以先卖后买。因为期货市场是远期交易，我现在没有货，也可以卖给你，只要在合约到期之前，我把需要交给你的货物从别处买回来，再转给你即可。

例如，螺纹钢的报价为每吨 3 500 元，但你认为需求不足，这样的价格难以为继，钢价在这个价格上不会持久，肯定会下跌。所以，你可以先以 3 500 元的价格将你手上的螺纹钢卖给路人甲。

此时的交易如下。

你：卖出螺纹钢，每吨 3 500 元，10 手。

路人甲：买进螺纹钢，每吨 3 500 元，10 手。

你果然分析得没错，螺纹钢价格没几天就下跌了 500 元，你觉得这个价格可以了，打算了结它。因为你是先卖出的，所以你要在市场上以低价再买回来。

此时的交易如下。

你：买进螺纹钢，每吨 3 000 元，10 手。

路人乙：卖出螺纹钢，每吨 3 000 元，10 手。

一卖一买，我们就已经从交易合同中解除出来了。假设市场中只有你们 3 个人，则交易被拆解为两对。

你：卖出螺纹钢，每吨 3 500 元，10 手。

你：买进螺纹钢，每吨 3 000 元，10 手。

路人甲：买进螺纹钢，每吨 3 500 元，10 手。

路人乙：卖出螺纹钢，每吨 3 000 元，10 手。

你 3 000 元买入，3 500 元卖出，每吨 500 元的利润，100 吨共 5 万元利润。而路人甲与路人乙一个是 3 500 元买，一个是 3 000 元卖，与你没有任何关系。

事实上，市场中不只你们 3 个人，而是有几千万人同时在交易。路人甲也可以趁高价的时候卖给别人，路人乙也可以趁低价的时候再买回来，至于他们是跟谁交易，也与你没有任何关系了。

先卖后买，期货交易称之为做空，这也是期货交易的属性之一。股票也开启了融券交易，与做空类似。

1.3.3 T+0

如果是股票的话，今天买入后，最早也要等到明天才能卖出。如果想要止损，当天是无法操作的，哪怕你眼看着它跌停。

而期货采用的是T+0制度，这一秒建仓，下一秒就可以平仓。如果你的速度足够快，在同一秒完成建仓和平仓也不是没有可能的。

将股票平仓后，资金要冻结一天，还要等明天才能把钱提出来，而期货可以随时将资金提出。这是期货交易的第三个属性，也吸引了更多的短线投资者。

1.3.4 一些术语

术语本身没有什么特殊意义，但为了更好地与圈子内的其他朋友交流，了解术语还是非常有必要的。特别是看一些评论时，如果评论文章在说术语而你却不懂，这就影响效率了。

建仓：买进或卖出的初始交易。

平仓：买进建仓后，对应的是卖出平仓；卖出建仓后，对应的是买进平仓。

多：向上，看涨的。

空：向下，看跌的。

做多：买进建仓。

平多：卖出平仓。

做空：卖出建仓。

平空：买进平仓。

多单：手中持有的买进建仓后尚未平仓的交易。

空单：手中持有的卖出建仓后尚未平仓的交易。

平多翻空：分为两部分，平掉手中的多单并建立空单。

平空翻多：分为两部分，平掉手中的空单将建立多单。

仓位：建仓后所用资金占总资金的百分比。

单边市：很少出现回调或反弹的持续上涨或持续下跌。

震荡市：长时间的无趋势波动。

牛市：时间长、幅度大的上涨趋势行情。

熊市：时间长、幅度大的下跌趋势行情。

猴市：行情上蹿下跳，没有规律。

回调：上涨趋势中的短暂下跌。

反弹：下跌趋势中的短暂上涨。

套保：套期保值，后文将专门讲解。

套利：套利交易，后文将专门讲解。

基本面分析：针对商品的库存、产量、需求量、供给量等一系列有影响的数据进行分析。

技术分析：根据历史图表进行分析，这是本书的主要内容。

1.4 打消一些疑虑

首先，期货交易可以做多，也可以做空，而且没有现货也可以做空。这是不是赌博呢？赌博是有风险的，但如果你不赌，风险就不存在；而期货交易的对象之一是商品，商品的价格本来就在上下波动，无论你是否参与，风险都存在。所以期货交易不是赌博。

其次，期货交易的方式太灵活了，既有杠杆，又可以做空，还可以T+0，即随时建仓平仓。这么灵活的交易，是不是更加扩大原本存在的风险，或者说加剧了价格上下震荡的幅度呢？

其实刚好相反，灵活的期货交易反而使价格上下波动的幅度变小了。我们想一下秋收时的农民和商人，大家都因急于出售手中的存货而无限压低价格。而在青黄不接时，那些有存货的人又想无限抬高价格。若是有了期货交易呢？在期货市场中，那些真正的生产者和消费者不会等到极低点或极高点时才进行交易，而会选择在价格略高或略低的时候就锁定成本或利润。

而这些人为什么不等到价格最低或最高的时候再出手呢？因为他们也不知道什么价位为最低或最高。另外，这些人之间也存在着博弈。假设大家都知道100元是高点，但100元的成交量是有限的，有些人就会趁机在99元时卖出，还有人会在98元时卖出，这样的博弈不断出现，可能价格在达不到100元时就已开始下跌。所以说，期货市场的灵活反而使价格的波动幅度变得更小了，也使得真正需要规避风险的人减少了风险。

最后，履约焦虑。这个词是从期权市场上借用来的。如果我们买进了某种商品却迟迟没有盈利，是不是要一直持有到交割日再去交割实物商品呢？但我拿到手又没办法处理。或者我卖出了某种商品，是不是也要一直持有到交割日去交货呢？

其实根本不必有这样的顾虑，因为期货交易采用保证金制度，在临近交割月时就会持续不断地升高保证金，直到最后将保证金升高到100%，也就是全款价格。当然在临近交割月的时候，我们就必须要平仓了。首先我们承受不起100%的保证金，即使承受得起，也没有必要。而面对亏损时，一定不能死扛，止损才能避免走向"毁灭之路"。如果你的保证金已经无法承受你的亏损了，不用你自己平仓，经纪公司早就帮你强行平仓了。当然，希望你永远也不会走到这一步。

1.5 分析方法

分析方法至少有3种：基本面分析、技术分析和心理分析。只不过如今在基本面分析与技术分析中都已融入了心理分析的部分，实际上常用的也只有基本面分析与技术分析了。

基本面分析要对各类经济数据进行透彻的解读，并对商品背后的数据逐个进行分析。例如黄豆的基本面分析，首先你要知道：全球一年要消耗多少吨黄豆，其中我国占多大比例；全球一年的产量有多少吨，我国又能产出多少吨，结转库存是多少吨；耕地面积是扩大了还是缩小了，单产有没有提高，有没有虫害影响产量；天气如何，是干旱还是多雨；收割时的天气如何，天气是否影响海运；各国的政策对于农户有何影响；汇率、利率对农产品的价格有哪些影响……有太多的因素会影响黄豆的价格了。可这不是最难的，最难的可能是某个蝴蝶效应。

技术分析并不需要收集那么多数据，只需要对历史图表进行分析即可。技术分析有三大假设：市场价格行为包容、消化一切，价格以趋势方式演进，而且历史会重演。所以不论任何数据、任何消息，都已消融在价格之中了，你只需要关注价格，其他的几乎不用考虑。价格也会呈趋势性演进，并且有着极其坚实的逻辑基础，我们在最后一章会谈到这个问题。历史重演是最重要的一环，例如你会看到各种价格形态不厌其烦地重复出现。世界上没有两张一模一样的走势图，就像世界上没有两片一样的树叶。树叶虽然不同，但树总会长出树叶，走势图也是如此，这便是可以把握的规律。

在股票市场中选择基本面分析更为稳妥，而在期货市场中应以技术分析为主。

首先，标的物不同。如商品期货市场的标的物是各种商品，交易双方是买家和卖家，其背后所代表的就是商品本身。商品本身的价格就是供求关系的直接体现，那么交易双方的一切行为都会反映到价格，也就是K线图（蜡烛图）上，进而得出6个基本数据：开盘价、最高价、最低价、收盘价、持仓量、成交量。通过这6个基本数据，可以形成K线组合、价格形态、均线、各种指标、道氏理论、波浪理论等技术分析方法。

技术分析本身具有自我验证的特性，比如头肩底形态形成后后市会看涨，知道的人越多，头肩底形态的成功率就越大。因为人人都知道头肩底形态看涨，就会形成看涨的效应。所以背后只代表它自己的商品能更直接地表现出供求关系，受其他因素的影响相对会更少一些。因此，期货市场适用于技术分析。

股票背后代表的是企业。在正常情况下，企业经营得越好，代表企业股权的价格越高，反之则相反。但肯定还有一些额外的因素，如人们对于企业经营前景的预期，对于经济发展的预期，对于世界局势的预期等。比如人民币升值对于进出口企业股票的价格是利多，还是利空呢？日本地震对于旅游业股票的价格是利多，还是利空呢？住房公积金降低对于房地产企业是利多，还是利空呢？

每个人思考问题的逻辑不同，所以存在着很多蝴蝶效应。比如钢企去库存会导致钢企产量减少，钢材价格升高，进而导致建筑业成本提高，导致适龄青年结婚成本升高，导致婚恋网企业业绩提高，导致新生儿出生率下降，导致养老问题的严峻性升高，导致很多小学因生源不足而关闭，导致教师下岗人数增多，导致农民工进城务工人员增多，导致城镇化进程加快等。

姑且不论这种逻辑对与不对，但一条信息的出现由于解读的不同，会导致很多种结果，那么代表企业股权的股票价格也就不仅是供求关系的直接体现了，它后面还承载着太多的东西。因此，技术分析基本上不能直接给出分析后的预测结果。

其次，商品期货不是普涨普跌的。在股票市场中，我们很少看到某些股票涨得特别好，而某些股票跌得特别多。它们通常是在整体环境向好的时候上涨，在整体环境不好的时候下跌，其区别也仅仅是幅度大小的问题。

在期货市场中，同为豆类的豆油价格上涨，黄豆和豆粕却很可能会下跌，因为这里面存在着套利的关系；同为塑料类制品的PTA、塑料、聚氯乙烯、聚丙烯也并不都是同涨同跌，因为商品之间存在着替代的关系；同为黑色系的焦煤、焦炭、铁矿、螺纹钢也并不都是普涨普跌，因为这里面存在着上下游产品的关系。

那么，在股票市场判断涨跌可以用到技术分析，但具体到选股时，你该如何运用技术分析呢？技术分析通常不会给出涨幅多少这种具体的预测结果。很多二流选手也会信誓旦旦地给出事后推断，但那是事后，临事而决之时，才是真正考验参与者技术分析能力的时候。

在期货市场中，我并不建议使用基本面分析，因为商品期货的基本面分析需要掌握的信息太多了，诸如产能、产量、种植面积、非农数据、库存、销量、天气、政策、技术等，不一而足。想要从这些信息里甄别出对分析有用的信息，简直是难于上青天。并且期货市场都是保证金交易，而基本面分析给出的结果通常反应比较慢。所以，在期货市场中我并不建议使用基本面分析，就像我不建议在股票市场中选股时使用技术分析一样。

第 2 章

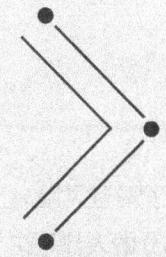

期货的基本交易模式

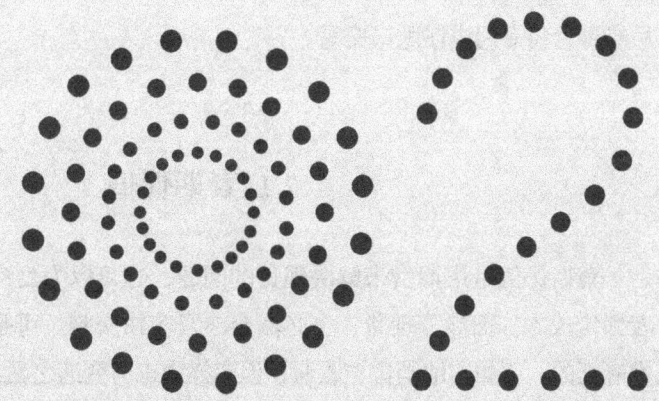

期货交易是为了真正的生产者和消费者而开展的，初衷是为了规避风险。但实际情况是，走到最后交割部分的仓单不会超过 3%，其他绝大部分的人都是在做投机交易。但如果没有投机者在中间衔接价位，生产者要报高价，消费者要报低价，谁来促使他们成交呢？所以投机者在期货交易中有着不可替代的地位。

期货的交易模式基本分为 3 种：套期保值、套利交易和敞口交易。而敞口交易又占了总交易量的绝大多数，所以本章只介绍套期保值和套利交易，本书后半部分将专门讲述敞口交易。

2.1 套期保值

套期保值是用期货来解决现货的问题，它可以为生产者锁定利润，为消费者锁定成本。而涉及现货，也必然会涉及实物交割。可是实物交割毕竟还是非常麻烦的，不如实地销售与收购，但实操中也有变通之法。

2.1.1 生产者的套期保值

某钢厂年产螺纹钢 100 万吨，想卖个好价钱。假设螺纹钢每吨成本为 2 000 元，每吨有 500 元的利润即可，那么它需要做的就是在期货市场中寻价。当期货市场中螺纹钢的价格达到每吨 2 500 元时，钢厂可以卖出 10 万手，每手 10 吨，共 100 万吨。

后市螺纹钢的价格走势有两种情况：一种是螺纹钢价格继续上涨，高于每吨 2 500 元的价格；一种是下跌，低于每吨 2 500 元的价格。是不是价格上涨我们就亏了，只有价格下跌我们才赚了呢？

我们先看第一种情况，螺纹钢价格继续上涨，假设到了交割月时，每吨价格为 2 700 元。由于到了交割月，所以期货价格中已经没有时间价格了，期货现在的价格就是现货价格（理论上来说，到期的期货价格就是现货价格），所以我们可以认定螺纹钢现在的现货价格也是每吨 2 700 元。

并且我们也可以不必选择去交割实物，而是在交割实物之前按每吨 2 700 元的价格平掉多单。然后，我们在现货市场中以现货价每吨 2 700 元将手中的螺纹钢存货卖掉。两笔交易的具体情况如表 2-1 所示。

表 2-1　某钢厂在现货市场和期货市场的交易明细 1

现货市场	期货市场
生产螺纹钢成本为每吨 2 000 元	卖出 10 万手螺纹钢，卖出价为每吨 2 500 元
按市价每吨 2 700 元卖出螺纹钢	在交割日前以每吨 2 700 元买入平仓
每吨盈利 700 元，100 万吨盈利 7 亿元	每吨亏损 200 元，100 万吨亏损 2 亿元
合计：现货市场盈利 7 亿元，期货市场亏损 2 亿元，合计盈利 5 亿元	

虽然在期货市场上亏损了 2 亿元，但总体还是盈利了 5 亿元，并且某钢厂最初的目的就是锁定每吨 500 元的利润，可谓求仁得仁。

你是不是觉得这样亏了？如果不在期货市场中做套期保值，那不是多赚 2 亿元吗？可以赚得更多啊。这就是你没有真正理解套期保值了，如果拆解套期保值这个词的意思，就是利用期货来保值，保值也可以称为锁定利润或成本。如果你能预测价格肯定会涨，那就不必去做现货了，哪怕只有 1 000 元，用你的预测能力也可以让财富大增。

正是因为市场存在着不确定性，我们谁都不知道价格到底是会涨还是会跌，所以才要给自己手中的存货买一个保险。套期保值的目的就是放弃可能性，拥抱确定性：放弃价格可能上涨的可能性，拥抱已经到手的利润。

螺纹钢的价格确实有可能会上涨，并且非常可能上涨到每吨 1 万元乃至 2 万元，但同样也可能跌到每吨 100 元或 200 元，你根本就不知道到底会怎样。在任何情况都有可能出现的前提下，锁定利润是最好的选择。

假设价格真的下跌了呢？比如螺纹钢跌到每吨 1 900 元，我们是不是会赚得更多呢？结果如表2-2所示。

表2-2　某钢厂在现货市场和期货市场的交易明细2

现货市场	期货市场
生产螺纹钢成本为每吨2 000元	卖出10万手螺纹钢，卖出价为每吨2 500元
按市价每吨1 900元卖出螺纹钢	在交割日前以每吨1 900元买入平仓
每吨亏损100元，100万吨亏损1亿元	每吨盈利600元，100万吨盈利6亿元
合计：现货市场亏损1亿元，期货市场盈利6亿元，合计盈利5亿元	

即使是现货价格跌到了成本价以下，某钢厂也不会亏损，因为现货市场亏损的钱在期货市场上可以弥补回来。换句话说，不论螺纹钢价格上涨至每吨1万元，还是下跌到每吨100元，钢厂的利润永远是每吨500元。

当我们利用套期保值锁定利润的那一刻，外部价格已经与我们无关了，套期保值了多少价值，我们就能得到多少价值。

2.1.2 消费者的套期保值

对于螺纹钢厂而言，某建筑工地就是其买方。假设某建筑工地每年需要100万吨螺纹钢，按照他们自己的成本核算，购买螺纹钢的价格最高不得超过每吨2 500元。所以他们也来到了期货市场寻价，在期货市场中以每吨2 500元的价格买入10万手螺纹钢，每手10吨，共100万吨。

其他方面与生产者的套期保值一样，我们只需要检查一下这样做是否能达到套期保值的作用。当期货价格上涨，达到每吨2 700元时，某建筑工地的盈亏情况如表2-3所示。

表2-3　某建筑工地在现货市场与期货市场的交易明细1

现货市场	期货市场
以每吨2 700元的价格买进	以每吨2 500元的价格买进
预期成本2 500元	以每吨2 700元的价格卖出平仓
每吨亏损200元，共亏损2亿元	每吨盈利200元，共盈利2亿元
合计：现货市场亏损2亿元，期货市场盈利2亿元，成本不变	

当期货价格下跌，达到每吨1 900元时，某建筑工地的盈亏情况如表2-4所示。

表 2-4　某建筑工地在现货市场与期货市场的交易明细 2

现货市场	期货市场
以每吨 1 900 元的价格买进	以每吨 2 500 元的价格买进
预期成本 2 500 元	以每吨 1 900 元的价格卖出平仓
每吨节省 600 元，共节省 6 亿元	每吨亏损 600 元，共亏损 6 亿元
合计：现货市场节省 6 亿元，期货市场亏损 6 亿元，成本不变	

同样，只要在期货市场中锁定了成本，不论外部价格上涨还是下跌，都与我们没有任何关系了，我们的成本永远不变。

2.2 影响理论套利的基差

基差是指在某个固定的时间和某个固定的地点，现货价格减去期货价格的差值。例如，成都铁矿石现货价格为每吨 500 元，2020 年 1 月到期的铁矿石期货价格为每吨 600 元，那么基差为 -100 元（500 元 - 600 元）。参数不同，基差结果也不同，所谓参数就是时间与地点，不能用不同时间和不同地点的价格计算标准基差。

2.2.1 为什么会存在基差

例如，黄大豆 1 号合约为每年的奇数月合约，通常情况下 1909 合约的价格要高于 1905 合约的价格。为什么会如此？因为黄豆是实物，它需要仓库进行存放，而 9 月才卖出的黄豆，要比 5 月卖出的黄豆多储存 4 个月，这 4 个月的仓储费用就是产生的基差的一部分。当然不仅仅是仓储费用，还可能有人工费、保险费等。

假设现在黄豆 1905 合约的价格是每吨 4 000 元，每个月的仓储及其他费用为 200 元。那么 1907 合约的理论价格应为 4 400 元，1909 合约的理论价格为 4 800 元。

当然基差也有为负数的时候，如黄豆 1901 合约的价格为 4 000 元，而 1905 合约的价格竟然是 3 800 元。即使不算 4 个月的费用，也应该持平才对啊，为什么还会更低呢？因为大家都不看好黄豆的后市走势，例如南美洲黄豆传来了丰收的消息，产量创出了历史新高，再加上气候较好，石油的价格也下跌了，海运的费用又下降了很多。由于这样的消息，5月黄豆的供应量会非常多，迫使5月的黄豆价格即使不算4个月的费用，也要比1月低得多，所以基差为负。

那到底有哪些因素会影响基差的变化呢？因素非常多，比如上一年度的结转库存的增减、当年产量的预估、替代产品的供需情况、仓储费用、运输费用、仓储设施的充裕程度和可利用程度、运输过程中存在的路况或其他问题、保险费用、利率的变化、国家政策的风向、季节性和总体性的供需状况等。

基差或者为正，或者为负，只有极少情况下为0，也就是2.1节中我们讲到的理论套期保值的情况下，现货价格与期货价格相等时，基差为0。

2.2.2 基差如何影响理论套期保值

螺纹钢的例子中，某钢厂如果要进入实物交割流程，就必须准备好全款，因为期货到期就变成了现货。而对于一个钢厂来说，要拿出几亿元资金到期货市场中，并且这部分资金不会产生任何现金流，等同于闲置，这是不合算的。资金不利用就丧失了机会成本，至少丧失了利息收益。所以一般情况下，大部分企业或个人都不会走到最后的交割流程。

那么它们就必须在交割月之前将期货市场进行的交易平仓，假设这期间存在着1个月的时间差，期货价格与现货价格就会在这1个月内发生基差变动。

例如某钢厂想要在5个月后，在期货市场螺纹钢1910合约中以2 500元的价格卖出。而现在的现货价为2 300元，现货价减去期货价，基差为-200元。

为避免进入交割流程而占用大笔资金，某钢厂必须在9月中旬前将期货仓位平掉。假设9月中旬的现货价为2 600元，到了10月交割时期货价为2 900元，则基差为-300元，基差变大了。而螺纹钢每吨的成本为2 000元，某钢厂的交易明细如表2-5所示。

表2-5 某钢厂在现货市场与期货市场的交易明细及基差变动1

时间	现货市场	期货市场	基差
5个月前	现货报价2 300元	以2 500元卖出	-200元
现在	现货报价2 600元	以2 900元平仓	-300元
	现货每吨盈利600元	期货每吨亏损400元	基差变动100元

以每吨2 000元的成本，现货每吨盈利600元，100万吨共盈利6亿元；期

货每吨亏损 400 元，100 万吨共亏损 4 亿元。合计盈利 2 亿元。但我们保值的目的是盈利 5 亿元啊，因为基差每吨扩大 100 元，某钢厂就少赚了 3 亿元。

那某钢厂能不能不做套期保值呢？以每吨 2 000 元的成本，按现货价格 2 600 元卖出还能赚 6 亿元呢。这个问题我们之前就讨论过，谁也不知道螺纹钢价格到底是会涨还是会跌，如果涨了还好，要是跌了呢？

基差扩大对于生产者的套期保值来说是有害的；若是基差缩小了，是不是对生产者来说更有利呢？

假设前提条件都不变，到了 9 月中旬，现货市场的价格下跌至每吨 2 000 元，而期货价格为 2 100 元，基差为 -100 元。某钢厂的交易明细如表 2-6 所示。

表 2-6 某钢厂在现货市场与期货市场的交易明细及基差变动 2

时间	现货市场	期货市场	基差
5 个月前	现货报价 2 300 元	以 2 500 元卖出	-200 元
现在	现货报价 2 000 元	以 2 100 元平仓	-100 元
	现货每吨盈利 0 元	期货每吨盈利 400 元	基差变动 100 元

现货市场现在的价格与成本相同，期货市场每吨盈利 400 元，100 万吨合计盈利 4 亿元。基差缩小，会使原本锁定的利润变大。

还有一种情况，即现货市场的价格高于期货市场，基差为正数。那某钢厂能不能立刻就卖出呢？这样还能省了套期保值的麻烦。虽然在理论上这种情况确实存在，但作为生产者来说，只有手中有货才能卖出，而现在没货，即使现在的价格再高，也难为无米之炊。

至此，我们可以总结：生产者的套期保值交易期望基差不要变小，若基差由负变正，可以使计划锁定的利润变得更大。

再来看消费者的情况，基差的变动对于某建筑工地的套期保值又有何影响呢？某建筑工地在 5 个月后欲购进 100 万吨螺纹钢，预计成本价为每吨 2 500 元，现货价格为每吨 2 300 元，期货价格为 2 500 元，基差为 -200 元。在这种情况下，建筑工地不必再进行套期保值交易了，直接在现货市场上以 2 300 元的价格购进即可。

若是现在的时间与使用螺纹钢的时间非常相近，当然可以直接购买。但若是很久以后才能用到的话，我们还要考虑提前买入所产生的各种费用、丧失的机会成本等问题。

不过大多数情况下,作为消费者的套期保值交易,都是在现货价格高于期货价格时进行的。所以我们的前提条件应该是这样的:假设现货价格为每吨2 600元,而期货价格为每吨2 500元,基差为100元。5个月后,现货价格上涨至3 000元,期货价格跟随上涨至3 100元,基差为-100元。某建筑工地的交易明细如表2-7所示。

表2-7 某建筑工地在现货市场与期货市场的交易明细及基差变动1

时间	现货市场	期货市场	基差
5个月前	现货报价2 600元	以2 500元买入	100元
现在	现货报价3 000元	以3 100元平仓	-100元
	每吨增加成本500元	期货每吨盈利600元	基差变动200元

现货市场中每吨增加成本500元,期货市场中每吨盈利600元,每吨节省成本100元,合计节省1亿元。基差由正变负,比原本想要锁定的成本还要低。

若基差继续扩大,情况会发生什么变化呢?假设5个月后,现货报价为2 300元,期货报价为2 100元。某建筑工地的交易明细如表2-8所示。

表2-8 某建筑工地在现货市场与期货市场的交易明细及基差变动2

时间	现货市场	期货市场	基差
5个月前	现货报价2 600元	以2 500元买入	100元
现在	现货报价2300元	以2 100元平仓	200元
	每吨节省成本200元	期货每吨亏损400元	基差变动100元

现货每吨节省成本200元,期货每吨亏损400元,每吨增加成本200元,合计增加成本2亿元。当基差扩大时,套期保值的最终结果并不如意。

根据以上数据,我们可以总结:消费者的套期保值交易期望基差不要变大,若基差由正变负,可以使原来计划锁定的成本变得更低。

2.3 金融期货的套期保值

传统商品期货的套期保值非常容易。如果你需要某商品,找好价位、锁定成本，就可以直接在期货市场中买进；如果你要出售某商品，同样可以锁定利润后，在期货市场中卖出即可。但是股票的套期保值就显得非常麻烦了。

假如我们手中有很多只股票，想卖出股指期货进行保值，但手中的股票如何对应股票指数的点位呢？假如要卖出沪深300股指期货保值，我们手中必须要有均等的300种股票吗？所以我们要做的第一步，是要明白手中的几种或几十种股票对应到股票指数，到底是怎样的比法。

2.3.1 股票如何对应股指期货

在此我们不得不借用一下贝塔系数。贝塔系数是一种风险指数，用来衡量个别股票或股票基金相对于整个股市的价格波动情况。

这是一个统计学的概念，例如沪深300指数每上涨10%，股票A跟随上涨10%；指数下跌10%，股票A也跟随下跌10%。那么，股票A的贝塔系数为1。若沪深300指数每上涨10%，股票B上涨11%；指数下跌10%，股票B跟随下跌11%。那么，股票B的贝塔系数为1.1。股票B的风险性比股票A大。

贝塔系数越大，股票波动性越大，风险越大；贝塔系数越小，股票波动性越小，风险越小。所以我们要知道手中的股票如何对应股指期货，必须要借助于贝塔系数。

假设我们手中有 N 只股票，股票的资金比率为 X，每只股票的风险系数各不相同，则总体股票的贝塔系数为：股票1×资金比率 X_1×贝塔系数1+股票2×资金比率 X_2×贝塔系数2+…+股票 N×资金比率 X_N×贝塔系数 N。

假如我们有3只股票，目前的总价值为100万元。股票A价值35万元，贝塔系数为1；股票B价值40万元，贝塔系数为1.3；股票C价值25万元，贝塔系数为0.8。那么3只股票的总贝塔系数为1.07（35÷100×1+40÷100×1.3+25÷100×0.8）。

对应的股指期货合约数分式如下。

交易期货合约数量=[现货总价值÷（期货指数点×每点乘数）]×总贝塔系数。

20××年3月23日，沪深300股指期货6月合约的收盘价为3 388.6点，那么手中100万元对应的股指期货合约数量为1.05张[100万元÷（3 388.6点×300元）×1.07]，约等于1张股指期货合约。

2.3.2 卖出套期保值

以上文数据为基础我们根据实际情况进行一次回调。假设我们的本金为70

万元,上例中前一年11月29日时,股票总价值达到了100万元,盈利幅度为30%。我们想保住这笔利润,但又不想平掉手中的仓位,于是只能借助股指期货进行套期保值。

前一年11月29日时,沪深300股指期货的收盘价为3 561.6点,按照上文的公式计算,我们需要在股指期货市场中卖出1张合约[100万元÷(3 561.6点×300元)×1.07]。此时的沪深300指数收盘(现货价)为3 564.04点,这个点位相当于我们手中总价值100万元的股票。

20××年3月23日,沪深300指数(现指)下跌至3 461.98点,下跌幅度为2.86%;沪深300股指期货(期指)下跌至3 433.8点,下跌幅度为3.59%。此时我们选择在股指期货市场中买入1张合约。

由于我们手中3只股票的总贝塔系数为1.07,所以按现货价来算,股票价值缩水了3.06%(2.86%×1.07),利润回吐了30 600元,股指期货交易赚取38 340元[(3 561.6点-3 433.8点)×300元]。我们不但达到了避险的目的,而且比同时期卖出和买入股票还多赚了7 740元(38 340元-30 600元)。交易明细如表2-9所示。

表2-9 股指期货卖出套期保值

时间	现货市场	期货市场
前一年11月29日	股票总值100万元,沪深300现指3 564.04点	卖出1张沪深300股指期货合约,期指为3 561.6点,合约总值为106.848万元
20××年3月23日	沪深300现指跌至3 461.98点,股票价值缩水30 600万元	买进1张沪深300股指期货合约,期指为3 433.8点,合约总值为103.014万元
损益	亏损30 600万元	盈利38 340万元

若是股票指数和股指期货合约价格都同时上涨,其结果便为期货市场出现了亏损,股票出现了盈利,盈亏相抵之后,基本上仍能实现当初的愿望,即保持以往的收益率。

2.3.3 买入套期保值

买入股指期货通常都是为回避股票上涨的风险。这听起来有点诡异,什么情况下还会害怕上涨呢？其实就是怕踏空，或者现在还没有足够的资金买进股票。如果买进股票的话，需要全款，一时又拿不出来。但是买进股指期货合约只需要缴纳一部分保证金即可，这样既节省了资金，又可以避免踏空。

若你想在20××年×月×日买进3只股票，每股价格分别是10元、20元、25元。每只股票投入100万元，分别买进10万股、5万股、4万股，共300万元，沪深300指数为3 319.45点。现金要等1个月后才能到位，可是现在行情看涨，再不买就来不及了，等资金到账，股价已经上涨了一大截，必然会踏空。此时，我们可以采取买进股指期货合约的方法来锁定成本。

假设20××年×月×日预计买进的3只股票的贝塔系数分别是1.4、1.2和0.7，那么总的贝塔系数为1.1（1.4×1÷3 + 1.2×1÷3 + 0.7×1÷3）。此时的沪深300股指期货点数为3 301.2点，那么预计购入的股票对应的股指期货合约为2.75张 [300万元÷（3 301.2点×300元）×1.1]，由于只能是整数交易，所以我们只能买进建仓3张合约。

1个月后，你的资金到账，此时沪深300指数已经由3 319.45点上涨至3 440.93点，上涨了121.48点，上涨幅度为3.66%。沪深300股指期货由3 301.2点上涨至3 432.4点，上涨了131.2点，上涨幅度为3.97%。每股价格分别上涨至10.4元、20.88元、25.64元。

若仍然按原计划分别买进10万股、5万股、4万股，共需资金310.96万元（10.4元×10万股 +20.88元×5万股 +25.64元×4万股）。由于你在股指期货上做了多头保值，1个月后将股指期货合约卖出平仓，可获利11.808万元（3张×131.2点×300元）。操作过程如表2-10所示。

表2-10　股指期货卖出套期保值

	现货市场	期货市场
1个月前	预计下个月可收到300万元，准备购进3只股票，市场价格分别为： A股票10元，贝塔系数1.4 B股票20元，贝塔系数1.2 C股票25元，贝塔系数0.7 按此价格，各投资100万元，可购买： A股票10万股 B股票5万股 C股票4万股	买进3张下个月到期的股指期货合约，期指为3 301.2点，合约总值为297.108万元（3张×3 301.2点×300元），按保证金率15%计算，只需要44.57万元

续表

	现货市场	期货市场
1个月后	收到300万元，但每股价格上涨至： A 股票 10.4 元 B 股票 20.88 元 C 股票 25.64 元	卖出3张股指期货合约平仓，期指为 3 432.4 点，合约总值为 308.916万元（3张×3 432.4点×300元）
合计	成本提高 10.96 万元	盈利 11.808 万元

此时将股指期货平仓盈利的钱补充到本金中，不但可以按原价购买3只股票，还多赚了 8 480 元。

可是还有这样一个问题，如果你判断错了呢？股指和股票都没涨，反而下跌了，那不是赔了吗？其实套期保值的目的就是锁定利润或锁定成本，在本例中主要目的为锁定成本。反正你要买进股票，当指数和股票下跌，股指期货的多单会产生亏损，但预计购买的股票价格也下跌了，两者相抵，还是按原计划的价格购买了股票。

2.4 套利交易

套利在金融学中的定义为"在两个不同的市场中，以有利的价格同时买进并卖出或者卖出并买进同种或本质相同的证券的行为"。其实这个定义略微狭窄了一些，因为在期货市场中，还可以在同一个市场内进行同一品种不同月份合约的套利，也可以在同一市场中进行相近品种同一合约的套利。

2.4.1 跨交易所套利

20世纪90年代，我国金融市场交易方兴未艾，各种交易所多如牛毛，每个交易所上市的品种多有重复，所以可以在不同的交易所对同一品种进行套利。人称"杨百万"的杨怀定，他的第一桶金就是从跨交易所套利得来的。

当时他每天都奔波于安徽与上海之间，异地买卖相同利率的国债，因为当时资讯、交通不发达，虽然是同一种国债，但两地的价格是不一样的。所以杨先生从这里买进，再到那里卖出，赚取其中的差价。

再比如，美国的芝加哥期货交易所与中国的大连商品交易所都有黄豆上市，因此可以根据美国与中国黄豆的差价进行套利，但是境外开户既有不便，又有风险，所以我们并不推荐跨国套利交易。但中国期货市场规范化后，各交易所上市的品种不会再有重复，所以跨交易所套利在国内基本无法完成。

不过这个例子也恰好可以补充说明期货交易不会扩大商品本来的波动幅度，反而会使波动幅度变小，这也是期货交易的积极贡献。

我们来举一个实际的例子。假如北京和广州都有 A 产品上市，但价格不一样。北京的 A 产品价格为 500 元，广州的价格为 700 元。我从北京购买一批 A 产品，运到广州。我的购买行为使得北京 A 产品的供求关系发生了变化，A 产品变得供不应求，价格由 500 元上涨到了 550 元。而广州当地也由于我输入的 A 产品过多，A 产品变得供大于求，价格由 700 元跌到了 650 元。这样，我不但能从中赚到 100 元的差价，还可以协调北京与广州的产品价格，使得生产者与消费者都获得收益。

但这里还存在一个问题，两地商品之间的差价是否能覆盖我将 A 产品从北京运到广州的费用，如果费用高于 100 元，套利交易就不划算了。另外，更多的人看到了跨地区套利带来的利润，就会有更多的人这样去做，这样北京和广州两地的价格就会趋平，使得套利空间变得越来越小，直到最后两地价格一样，套利空间为零。

2.4.2 跨品种套利

跨品种套利是利用两种或两种以上的上市品种进行套利交易。例如联系最为紧密的黄豆、豆油和豆粕，黄豆压榨出豆油后，剩下的东西就是豆粕。这三者之间的价格关系，关系到压榨商的利润，因此大有文章可做。

通常情况下，1 000 克黄豆可以压榨出 200 克豆油和 800 克豆粕。它们之间的关系是 10∶2∶8。所以，理论上 10 吨黄豆的价格应该等于 2 吨豆油的价格加上 8 吨豆粕的价格。如果换算到期货交易的最少交易量上来说，也就是 10 手黄豆对应 2 手豆油和 8 手豆粕。

如果 10 手黄豆的价格高于 2 手豆油和 8 手豆粕的价格，那就卖出 10 手黄豆，同时买入 2 手豆油和 8 手豆粕。相反，如果 10 手黄豆的价格低于 2 手豆油和 8 手豆粕的价格，那就买入 10 手黄豆，同时卖出 2 手豆油和 8 手豆粕。

我们用实例来说明一下。某日，黄豆 1905 报价 3 852 元 / 吨，豆油 1905 报价 6 230 元 / 吨，豆粕 1905 报价 2801 元 / 吨。10 手黄豆的价格为 38 520 元，

2手豆油和8手豆粕的价格共为34 868元。如果我是黄豆压榨商,刨除费用不算,购进10吨黄豆成本38 520元,卖出豆油和豆粕只能赚回34 868元,里外忙了一遍,还要亏损3 652元,所以我会停止奔忙。这就是期货市场对于黄豆压榨商市场行为的指导。

如果这种情况永远存在,那么再也没有黄豆压榨商来压榨豆油了,当豆粕和豆油库存消耗殆尽的时候,豆粕和豆油的价格一定会因为供求关系而上涨。到了那时,黄豆压榨商的利润就出现了。所以我们此时应该卖出10手黄豆,买进2手豆油和8手豆粕。当两边价格相近时,同时平仓,便可获得套利空间的利润。

但还需要注意的是,我们不能见到价格不均衡就开始想着套利,假如刚才的例子中两者只相差100元呢?这个差价可能还会继续被拉大,如果我们套利过早的话,不但不会赚钱,反而会亏损。可我们怎么知道它们的差价扩大到什么程度才是尽头呢?这就是跨品种套利的难点所在。

为了解决这个问题,就需要进行一些数据的统计。至少要把黄豆、豆油、豆粕所有的历史价格拿出来对比一下,看它们的最大正向差价是多少,最大反向差价是多少。至少我们可以计算出平均值,等差价达到平均值时,果断套利。但若出现极端行情,这种方法也会出现亏损,不过既然称为极端行情,也就说明这种情况不会长久存在,亏损也仅是浮动亏损。

当然这只是解决跨品种套利的方法之一,统计套利数据的方法还有很多,一般都需要对历史数据进行统计,有时还需要数学推理。

有些人还喜欢利用豆油和棕榈油套利,其实这种做法并不太稳妥,因为两个品种的相关性并不大。虽然两种油的主要用途都是食用,但在我们中国,北方更喜食豆油,而南方更喜食菜籽油。所以想通过不同品种的油脂套利,最好选择豆油和菜籽油。

还有些看似相关性不大,但内在联系却相当密切的品种,也可以进行跨品种套利交易,比如黄金和石油。这两个品种的套利在国外已经被研究很久了,并且给出了两者之间合理的价格比,即黄金价格除以石油价格大约等于10.3,这个比值也可以称为中枢区。如果比值偏高,则卖出相同金额的黄金,同时买进相同金额的石油;若比值偏低,则买进相同金额的黄金,同时卖出相同金额的石油。

这样做的难点在于比值偏离多少才开始动手,比如比值达到10.31或比值达到 10.29 时,我们要不要做。不过根据我多年的统计数据来计算,可以得出如下数据。

高于 10.3 的比值。若按开盘价的比值来计算,平均值为 13.88,方差为 4.74,标准差为 2.18;收盘价的比值中,平均值为 13.99,方差为 2.15,标准差为 1.47。

低于 10.3 的比值。若按开盘价的比值来计算,平均值为 8.7,方差为 1,标准差为 1;收盘价的比值中,平均值为 8.68,方差为 0.99,标准差为 0.99。

我们在平均值上各加减一个标准差,作为上下边界。当偏离值位于 12.52～14.46 时,我们选择卖出黄金、买进石油。当偏离值位于 7.69～9.67 时,我们选择买进黄金、卖出石油。

2.4.3 跨合约套利

前文我们讲到了基差,为什么存在基差,因为远期合约的商品需要各种仓储费用、运输费用、保险费用等,所以造成了期货与现货的差额,或者说远期合约与近期合约的差额。但基差是会发生变化的,如果这一变化偏离过大,就会给我们带来套利空间。

假设在供求关系没有发生变化的情况下,某商品的各种间接费用是 200 元,那么 09 合约的费用就比 05 合约的费用高出 400 元,两个合约之间的理论价差应该为 400 元。但由于某种原因,两个合约的价差变为 200 元。理论上这种情况不会长久保持,还是要回归到正常价差,所以我们此时要卖出 05 合约,同时买进 09 合约,以期两者之间的价差再回到 400 元。相反,如果两者价差由于某种原因变为了 600 元,则应买进 05 合约同时卖出 09 合约。

但基差的变化还要根据商品的特性进行分析。若是国内农产品,可能一季产出后,一年都不会再有新货源出现,可以进行理论上的基差计算。但现在世界贸易如此发达,我国虽然不再产出,但是巴西、阿根廷这些南半球国家的产出恰好填补了空白。巴西、阿根廷等国产出后立刻装船运到我国,之间也就不存在仓储的费用了,而是要计算运输的费用。

进行基差计算是需要大量的基本面数据与分析功底的,更简单的方法还是进行数据统计,拿出同一品种不同合约的历史数据进行对比分析。例如,聚氯乙烯 09 合约与 01 合约的数据分析显示,它们之间的价差集中在 –700 元～350 元,并且占了 90% 以上。在这 90% 中,又有 33% 的价差处于 200 元～300 元。所以,当我们发现价差处于这些范围两端时，就可以按照既定的原则进行跨合约套利交易了。

跨合约套利还有一种更为复杂的形式，即蝶式套利。每个品种虽然有很多不同月份的合约，但能成为主力合约的基本只有 3 个。以农产品为例，主力合约只有 01 合约、05 合约和 09 合约。我们可以买进 2 倍的 05 合约，同时卖出 1 倍 01 合约和 1 倍 09 合约；或者卖出 2 倍 05 合约，同时买进 1 倍 01 合约和 1 倍 09 合约。

套利交易注重的并不是某个品种走势的方向，不论它是上涨还是下跌，都与套利没有关系。套利更注重的是价差，价差出现不合理的极端情况时，就是套利的好机会。

2.4.4 股指期货无风险套利

无风险套利的机会可遇不可求，虽然收益很低，但它的无风险属性让我们稳盈不亏，这正是我们进行无风险套利的原因。正常情况下，传统的商品期货各合约之间或现货与期货之间的差价，主要是由各种费用产生的，金融期货也不例外。在说股指期货无风险套利之前，我们必须先了解一下资产的定价。

假设你现在有价值 100 万元的资产欲出售，如果是当场货款两清，那自然没有异议。但若是买方想在 3 个月后付款呢？你打算卖出时收他多少钱？

如果你现在卖出的话，拿到 100 万元，把钱放到银行里，至少还有 3 个月的利息收入。所以站在你的角度来看，3 个月后还卖 100 万元的话，肯定亏了。3 个月的利息有多少呢？假设 3 个月的整存整取年利率为 1.35%，那么 100 万元存放 3 个月的利息为 0.337 5 万元。所以站在买方的立场上，如果价格高于 100.337 5 万元，他就亏了。那么 100.337 5 万元，就是理论上远期交易的定价。

为什么我们没有说仓储费用，因为我们只是拿刚刚的例子引出金融产品的远期合约。我们都知道，金融资产几乎没有仓储费用，不过却有特有的增值方式。例如我手中的股票会占用我的资金，占用资金就会产生机会成本，最小的机会成本也就是银行利息。

假如双方都想对 3 个月后的一个投资组合进行交易，该投资组合与沪深 300 股指期货指数完全对应，市场价格为 90 万元，那么对应的沪深 300 股指期货指数为 3 000 点（每点 300 元）。3 个月的年利率为 1.35%，并且手中股票预计还可以在未来的3个月内分得红利3 000元。那应该如何为远期交易定价呢?

第一,3个月占用资金的利息为3 037.50元(90万元×1.35%×3÷12)。

第二,1个月后收到红利3 000元,按活期存款利率0.3%计算,可存2个月,利息为1.50元,连本带利为3 001.50元。

第三,3 037.50元为失去的成本,3 001.50元是收到的利润,所以净成本为两者之差36元。

第四,3个月后的理论价格为900 036元。

多出来的36元,如果换算成指数点数,为0.12点(36元÷300元每点),那么3个月后的理论点数为3 000.12点。

通过上面的计算,我们得出了3个月后的理论点数为3 000.12点,但是3个月后到期的股指期货点位为3 200点,比理论点数整整高出了199.88点。期货估值高于现货估值,就给我们带来了套利空间。

首先,应在期货市场中卖出一张股指期货合约,成交价为3 200点。然后,我们按现行的年贷款利率4.35%向银行贷款90万元,购买沪深300股指期货对应的所有股票。1个月后将收到的3 000元股息按活期存款0.3%的利率存入银行。2个月后即将交割,将股指期货合约平仓,同时将股票全部卖出。然后将贷款还给银行,贷款成本为9 787.50元(90万元×4.35%×3÷12)。

由于股指期货合约到期,现货价等于期货价,不论股指期货指数上涨还是下跌,我们都能盈利。假定3种情况:第一种,股指期货指数继续上涨至3 300点;第二种,股指期货指数持平;第三种,股指期货指数下跌至3 000点。无风险交易明细如表2-11所示。

表2-11　无风险套利交易明细

	3 300点	3 200点	3 000点
期货盈亏	3 200点-3 300点=-100点,亏损3万元	3 200点-3 200点=0	3200点-3000点=200点,盈利6万元
现货盈亏	3 300点-3 000点=300点,盈利9万元	3 200点-3 000点=200点,盈利6万元	3 000点-3 000点=0
合计	盈利6万元	盈利6万元	盈利6万元

股指期货不论比我们交易时的点位高还是低,我们都能从中套利200点,每点300元,也就是6万元。但我们还需要扣除成本,再加上新的利润。其中

要扣除贷款成本 9 787.50 元，收到 3 001.50 元的本利利润，最后盈利 53 214 元。

理论上说，这种无风险套利是不需要成本的，因为所有的资金都是借来的，并且其中产生的任何利息我们都已经在利润中扣除了。但还有一些因素是会发生变化的，如交易的手续费、做多期指做空股票时的融券利息、利率的变动等，这些因素都会影响我们的最终收益。不过只要现实价格与理论价格之间的差额能够覆盖全部费用，便可以进行无风险套利。

即使考虑到了上述的影响因素，还是存在着模拟误差。我们能不能同时买进 300 只股票，或者同时卖出 300 只股票，有没有滑点的存在等，这些现实交易都与模拟不同，之间相差的部分即为模拟误差，所以我们应尽量选择成分股更少的指数进行交易。例如上证 50 指数，只有 50 只成分股，交易 50 只股票产生的模拟误差一定会比交易 300 只股票要少得多。

另外，股票交易的最少交易量为 100 股，我们的全部资金不可能分配到每只股票上都可以恰好取整，可能会出现 546 股这样的数字，四舍五入后，少交易的 46 股就会对最终结果产生误差影响。如果每一只股票都出现这样的零散误差，那么几十只几百只股票的误差和就相当大了。

第 3 章

K 线图

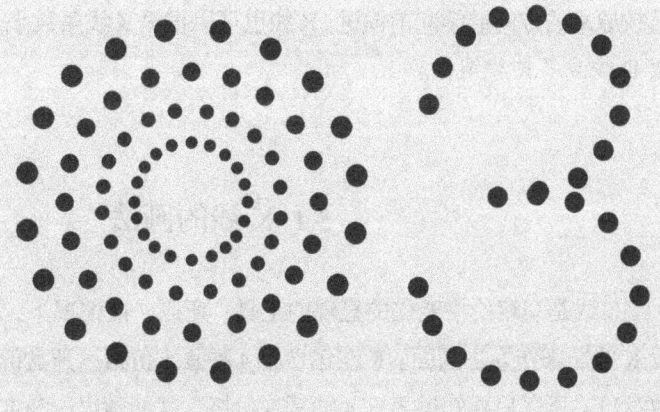

K线图也称蜡烛图。K线图的历史非常久远,可以追溯到日本德川幕府时代,K线图的发明者本间宗久利用K线分析大米价格,成为一代大商巨贾,他本人著有《本间宗久翁密录》。后世以他的出生地酒田市来命名他的方法为"酒田战法"。酒田战法经后人加工演绎后,成为今天人所共知的蜡烛图,即K线图。

K线可分为两大类:一类为反转形态,价格趋势转向;一类为持续形态,价格按原来的方向继续向前演进。K线也可以根据K线条数来分类,可分为单K线、双K线或多K线组合。

3.1 K线的画法

K线是观察价格变化的直观的工具,所以一般情况下,看盘软件都会默认设置K线图来作为主画面。K线包含了4种基本价格:开盘价、最高价、最低价、收盘价。所以只要知道了这4种基本价格,就能画出一条K线。

例如某日,铁矿1705合约的开盘价为710元,最高价为713.5元,最低价为674元,收盘价为698.5元,5步K线画法如图3-1所示。第1步,先画一条横线,代表开盘价。第2步,比较开盘价与收盘价,如果收盘价高于开盘价,则在开盘价上方画一条平行的横线;如果收盘价低于开盘价,则在开盘价下方画一条平行的横线。第3步,将两条平行线连接成一个长方形。第4步,在长方形中间的上方,画一条竖线,代表最高价;在长方形中间的下方,画一条竖线,代表最低价。第 5 步,如果收盘价低于开盘价,将 K 线实体部分涂成黑色或绿色;如果收盘价高于开盘价,将 K 线实体部分涂成白色或红色。本例为当日下跌,所以将实体涂为黑色。

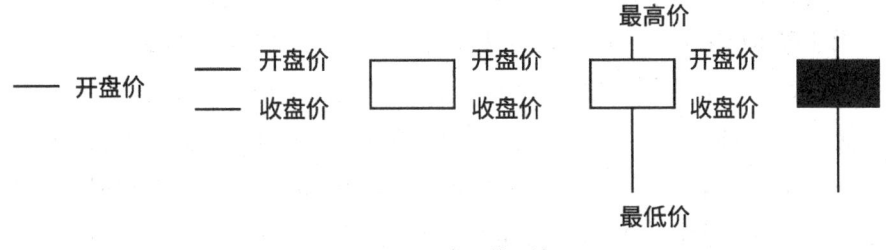

图 3-1　5 步 K 线画法

图 3-1 是我们画的最普通的 K 线,有实体,有影线。但有些 K 线的形状不同,有些没有上影线,有些没有下影线,有些上下影线都没有,有些没有实体,有些只有一条横线。不过形状越是怪异的 K 线,它的指导意义就越强。图 3-2 为一些形状怪异的 K 线。

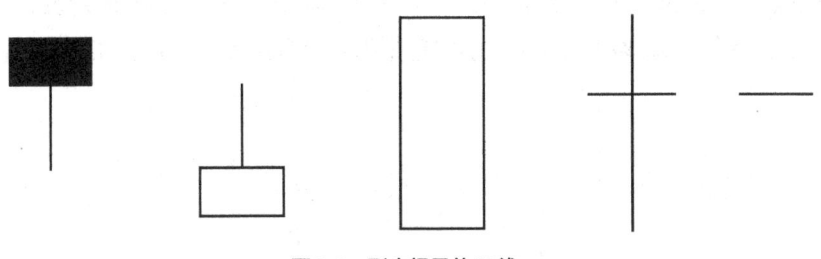

图 3-2　形态怪异的 K 线

3.2　K 线反转形态

很多人都会问,今天涨了,是什么原因;今天跌了,又是为什么。其实很多情况下,涨跌都是无意义的,或因为惯性而持续上涨、持续下跌,或因为恐惧和侥幸而高低震荡。在行情走势的一大半时间内,基本都是无意义的或者是无意识的波动。千万不要为每一点的波动都寻找原因,那样只会把你逼入过度分析中去。

同样的道理，并不是每两条或几条 K 线放在一起都是有意义的，有一些人甚至穷尽所有 K 线的排列组合，给每一种组合都赋予意义。这种人在行为上是做无用之功，在思想上是不能观其大略。

K 线组合除了几组特别有意义的，其他的都可以解读为某一种力量的延续或是衰弱，几乎没有特别的意思。而形成经典 K 线组合的条件其实也非常苛刻，在屏幕上显示出来的 K 线中，能找到真正的一两组 K 线组合已实属不易。

如果每一条 K 线都有意义，那么这意义的权重几乎是一样的，也无法分出主次来。其后果就是前几条 K 线组合的意义为看涨，再加入一条可能就是看跌，再加一条又可能再次变回看涨。如此反复，让人无所适从。每一条 K 线都有意义，也就是每一条 K 线都无意义，因为这种意义无法归结到操作层面。

所以，我们找出十几组真正有意义的 K 线反转形态来，它们虽然不能指示大的趋势方向，但在短期内还是具有指导意义的。

3.2.1 锤子线

锤子线的标准形态：它出现在一波可见的下跌趋势后；它的实体相对非常小；它的下影线非常长，至少要达到它实体的 3 倍以上；它的上影线最好没有，如果有也要小到可以忽略不计；它是阴线还是阳线没有太大的关系。如图 3-3 所示。

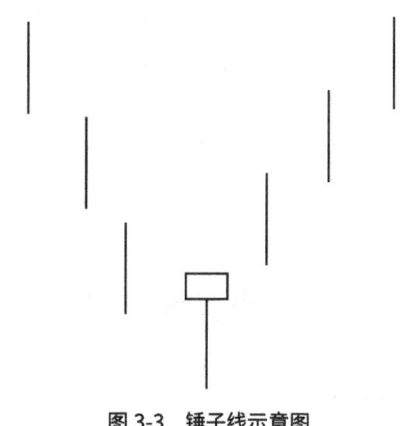

图 3-3　锤子线示意图

锤子线那长长的下影线，就像"定海神针"一样，也被称为"探水竿"，试试下面的水有多深。探测过后，发现水并不深，即使很深，价格也返回了。

所以锤子线的意义就是底部反转，由原来的下跌趋势转换为上涨趋势。

图3-4为铁矿2001合约2019年5月至7月的走势图。在一波下跌趋势后，出现了一条带着长长的下影线、几乎可以忽略不计的上影线以及拥有短小实体的阳K线。它的实体长度为7.5元，下影线长度为16元，下影线长度超过实体范围3倍，所以可视为锤子线。锤子线出现后，铁矿价格最高上涨至816.5元，上涨幅度为26.79%。按15%的保证金率计算，理论最高盈利幅度为保证金金额的178.57%。如果以锤子线收盘时的价格买进，则应以锤子线的最低点为止损点。

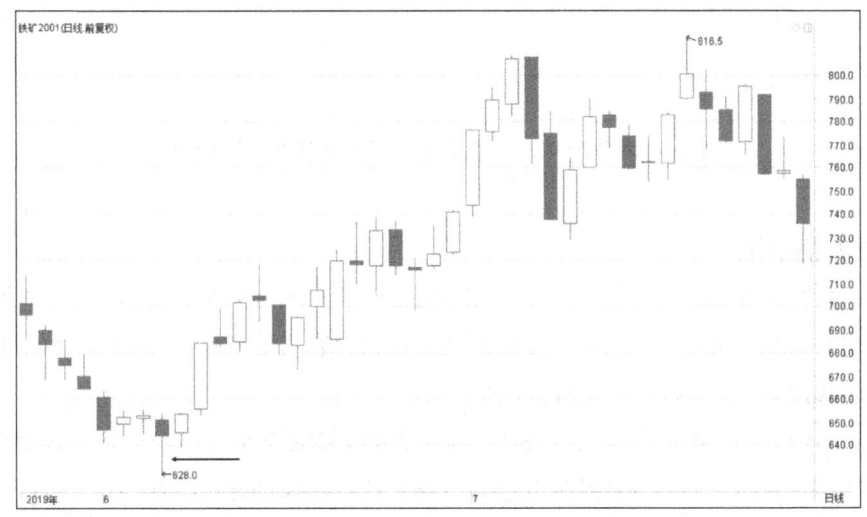

图3-4　铁矿2001合约2019年5月至7月走势图

图3-5为沥青2006合约2018年12月至2019年5月的走势图。与上个案例不同的是，此次锤子线出现的位置并不是一波下跌趋势后，而是在上涨趋势的回调中。上涨当然不会呈直线状，上涨中必然会存在回调。在回调结束，出现底部反转形态锤子线时，就是继续买入之时。长长的下影线预示着下跌乏力，回调即将结束。

图 3-5　沥青 2006 合约 2018 年 12 月至 2019 年 5 月走势图

3.2.2　启明星

启明星是锤子线的特殊形态，它本身是一条星线。星线的实体非常小，开盘价与收盘价的距离非常短，上下影线也不长。启明星与锤子线的区别就是将上影线拉长一点，将下影线缩短一点。

启明星的标准形态：它出现在一波可见的下跌趋势后，与前一条 K 线为跳空状态（启明星形态的开盘价低于前一条 K 线的实体部分）；它的上下影线都非常短，实体部分非常小；它是阴线还是阳线没有太大关系。如图 3-6 所示。

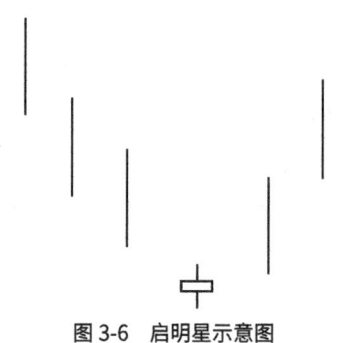

图 3-6　启明星示意图

启明星是以星线形态出现的，它的整体幅度非常小，说明在底部大家对价格的看法和预期是停滞的，向下的动能已经释放得差不多了，接下来很可能结束下跌并转头向上。

图 3-7 为焦炭 2005 合约 2019 年 5 月至 7 月的走势图。在一波下跌趋势后，出现了一条星线，它的实体部分为 0。启明星出现后出现了 6 连阳上涨，基本可以确定启明星的有效性。以启明星作为基础，焦炭价格由 1 900 元最高上涨至 2 177.5 元。

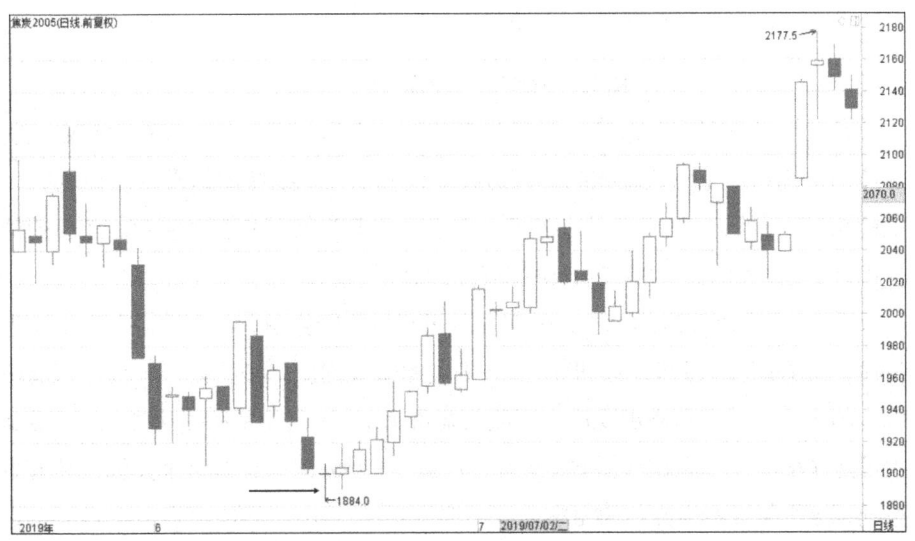

图 3-7　焦炭 2005 合约 2019 年 5 月至 7 月走势图

3.2.3　刺透形态

刺透形态的标准形态：它出现在一波可见的下跌趋势之后；它由两条 K 线组成，前一条为阴线，后一条为阳线；阳线的收盘价必须接近当日最高价，如果有长上影线，就失去意义了；如果出现了刺透形态却没有快速卖出的行情出现，反而向回吃透了阳线，则证明刺透形态失败；刺透形态的阳线必须刺透阴线实体的 50% 以上，如果这一条件不能达成，那么就不是刺透形态。对于刺透形态的验证，后市走势的收盘价必须要高于刺透形态中阳线的收盘价。如图 3-8 所示。

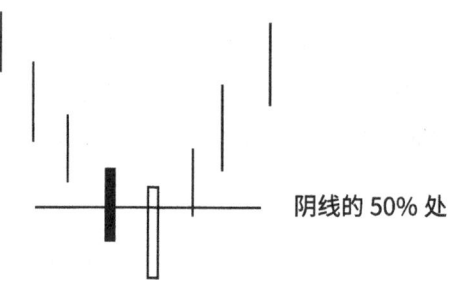

阴线的 50% 处

图 3-8 刺透形态示意图

有些形态类似刺透形态，但都没有刺透形态的力度。它们或者没有插入阴线体内，或者只是切入阴线的下方边缘，或者插入阴线体内但没有达到 50% 以上的幅度。虽然有些情况下，这些力度不够的类似刺透形态出现后，随后的价格也会上涨，但其成功率没有标准刺透形态高。

图 3-9 为乙烯 2005 合约 2019 年 8 月至 9 月的走势图。在一波可见的下跌趋势后，走势继续低开向下，但没下跌多久便转头向上，多头收复了前一日 50% 以上的失地。刺透形态出现后，阳线收盘价为 7 125 乙烯的价格由 7 125 元最高上涨至 7 690 元，最高的上涨幅度为 7.93%。按 15% 的保证金率来计算，其最高盈利幅度为保证金金额的 52.87%。

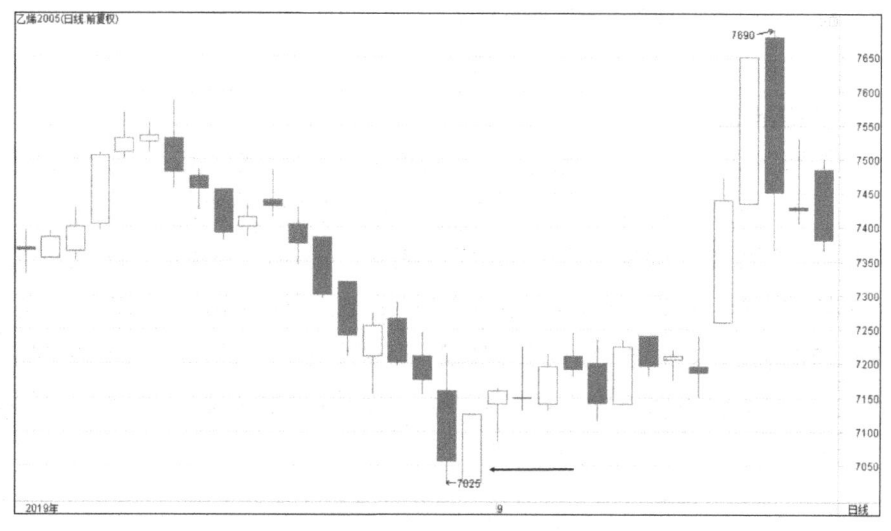

图 3-9 乙烯 2005 合约 2019 年 8 月至 9 月走势图

图 3-10 为菜油 2005 合约 2019 年 10 月至 12 月的走势图。本例中的刺透形

态出现在上涨趋势的回调中。从中可以看出，反转形态并不一定总是出现在大级别的反转中，这也是 K 线形态的特点。这是优点，但也是缺点。回调结束后，随着刺透形态的出现，菜油价格上涨至 7 530 元。

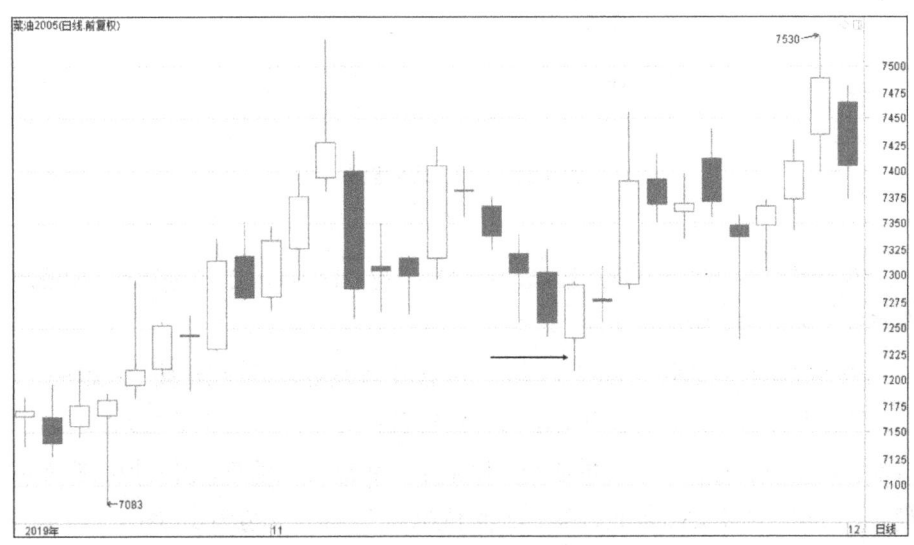

图 3-10　菜油 2005 合约 2019 年 10 月至 12 月走势图

3.2.4 看涨抱线

看涨抱线与刺透形态类似，是刺透形态的变体，我们只需要将刺透形态的阳线再拉长一点，就变成了看涨抱线形态。

看涨抱线的标准形态：它必须出现在一段清晰可见的下跌趋势之后；必须由两条 K 线组合完成，而且后一条阳线必须覆盖前一条阴线的实体；影线可以不必包括在内；前后两条 K 线的颜色必须是相反的，前面是阴线，后面是阳线，当然也有特例的情况，即前后两条都是阳线，但这种特例的条件必须是前一条 K 线的实体部分非常小。若后继走势的收盘价处于看涨抱线形态长阳线的收盘价之上，则给出了看涨抱线形态的有效验证；若后继走势并没有向上而是再次向下运行，收盘价处于看涨抱线形态长阳线的开盘价之下，则破坏了整体形态，看涨抱线形态失败。如图 3-11 所示。

图 3-11　看涨抱线示意图

看涨抱线的力度强于刺透形态，它收复了前一日 100% 以上的失地，明确地告诉你多方已经开始反攻了。

图 3-12 为沪铝 2001 合约 2019 年 11 月至 12 月的走势图。在一波下跌趋势后，阴线跳空开盘而下，虽然盘中反弹，但最终仅留下长上影线。但第二天低开后，行情快速拉升，包住了前方的阴线，吹响了多头进攻的号角。看涨抱线形态出现后，沪铝价格由 13 635 元最高上涨至 14 065 元，上涨幅度为 3.15%。

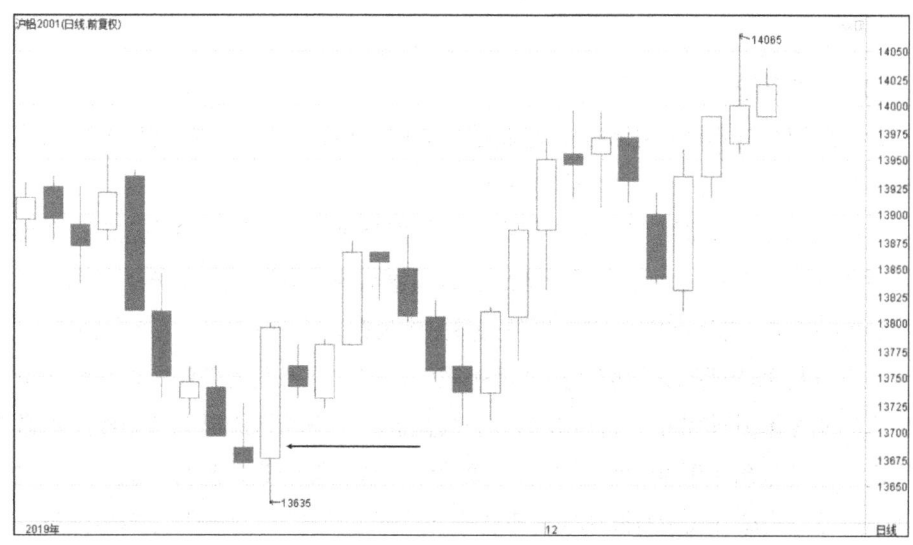

图 3-12　沪铝 2001 合约 2019 年 11 月至 12 月走势图

图 3-13 为锰硅 2001 合约 2019 年 11 月至 12 月的走势图。上涨趋势的回调末期，看涨抱线形态登台，回调结束，锰硅继续回归到上涨趋势中。K 线的底部反转形态对于寻找结束回调位有非常高的成功率。

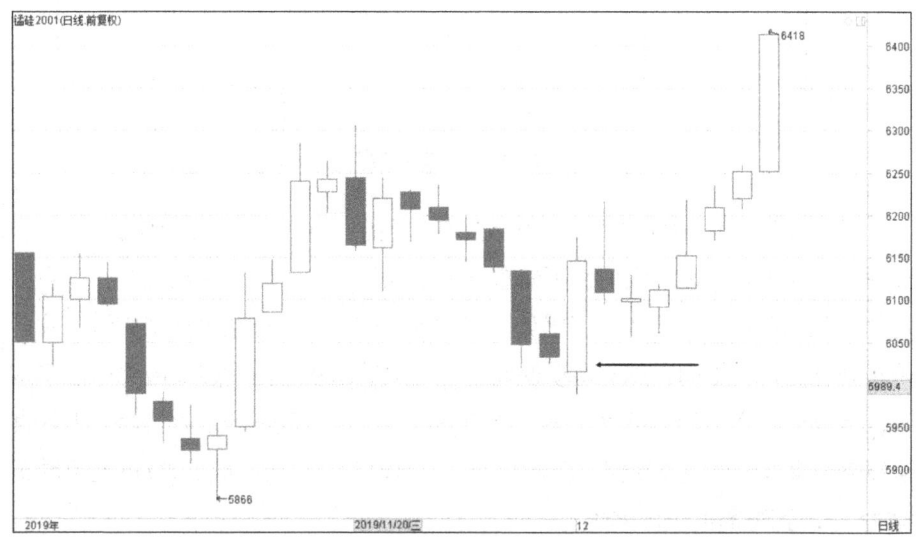

图 3-13　锰硅 2001 合约 2019 年 11 月至 12 月走势图

3.2.5　上吊线

上吊线与前面 4 个形态相反，它是顶部反转形态。而它的形态与锤子线几乎一样，只是出现的位置不同。

上吊线的标准形态：K 线的实体非常小，而且实体部分一定要处于整条 K 线的顶端；K 线的下影线一定要非常长，越长越好，至少是实体部分的 2～3 倍；上吊线一定是在一段清晰可见的上涨趋势后出现；上吊线的实体颜色无关紧要，也就是说，它是阴线还是阳线都无所谓。当后继走势的收盘价低于该疑似上吊线的收盘价之下时，上吊线确认形成，价格将持续下跌；当后继走势的收盘价高于该疑似上吊线的收盘价之上时，上吊线形态被破坏，上吊线不具备指导意义。如图 3-14 所示。

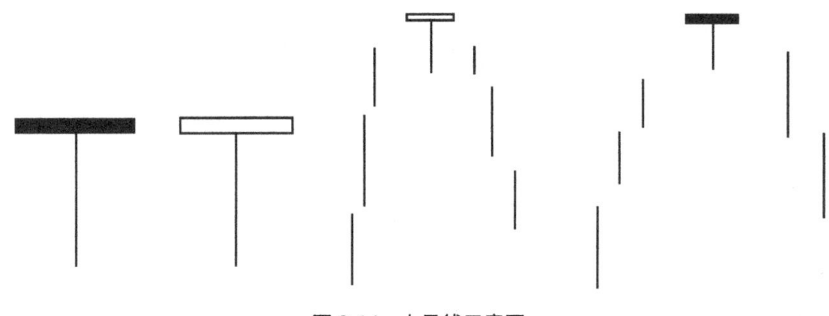

图 3-14　上吊线示意图

图 3-15 为燃油 2005 合约 2019 年 6 月至 9 月的走势图。在上涨趋势的尽头（当然在上吊线出现之前，我们并不知道这是上涨的尽头），当未收盘时，盘中出现的 K 线为阴线，空头占据了优势。但收盘之前，多头还是收复了失地，收盘价与开盘价几乎相同，这一举动说明空头尝试着出货，虽然多头最终保住了阵地，但只能防守，无力进攻。第二个交易日内，行情低开低走收长阴，下跌直至图表结束都未出现成规模的反弹。上吊线出现后，燃油价格由 2 440 元下跌至 2 092 元，下跌幅度为 14.26%。

图 3-15　燃油 2005 合约 2019 年 6 月至 9 月走势图

图 3-16 为白银 2002 合约 2019 年 7 月至 12 月的走势图。上吊线出现后，白银价格一路下跌，跌幅之深，几乎将前期涨幅全部跌回。

图 3-16 白银 2002 合约 2019 年 7 月至 12 月走势图

3.2.6 黄昏之星

黄昏之星与启明星互为镜像，就像上吊线与锤子线一样。我们只需要把方位倒置一下，其他条件不变，启明星即为黄昏之星。

黄昏之星的标准形态：K 线实体非常小，甚至可以没有实体；K 线上下影线的长短大致相等，但不要过长，越短小越好；黄昏之星一定是在一段清晰可见的上涨趋势后出现；黄昏之星的实体颜色无关紧要，也就是说，它是阴线还是阳线都无所谓。当后续走势彻底回补了黄昏之星左侧的跳空窗口时，黄昏之星确认形成，价格将持续下跌；当后续走势的收盘价高于该疑似黄昏之星的收盘价时，黄昏之星形态被破坏，不具备指导意义。如图 3-17 所示。

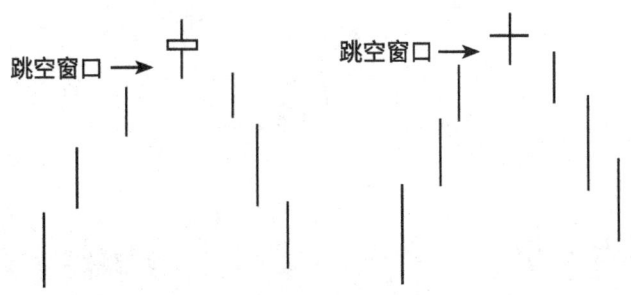

图 3-17 黄昏之星示意图

图 3-18 为沪锡 2001 合约 2019 年 9 月至 11 月的走势图。黄昏之星出现在下

跌的反弹高点中，就像前文底部反转形态也可以出现在上涨趋势的回调中一样。不分级别是 K 线形态用起来最方便的地方，不论是大级别高位，还是反弹高位，我们都可以利用 K 线形态。黄昏之星出现后，沪锡价格开始下跌。

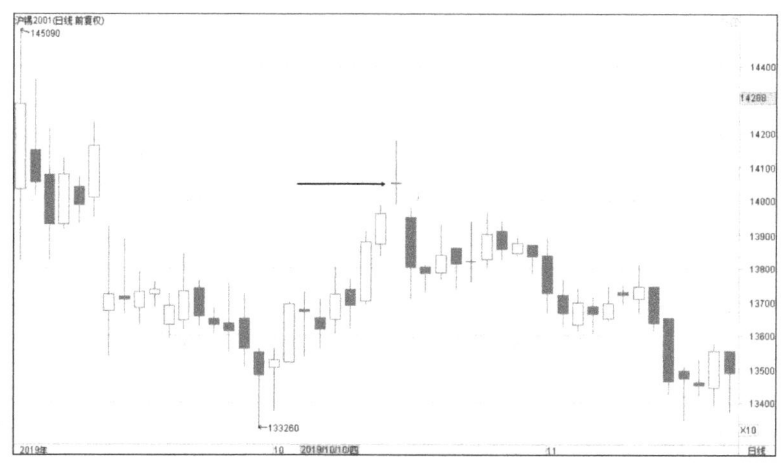

图 3-18　沪锡 2001 合约 2019 年 9 月至 11 月走势图

图 3-19 为豆粕 2005 合约 2019 年 9 月至 12 月的走势图。上涨的最后阶段是较疯狂的，一条长阳线后连收两条星线。此时上涨乏力，多空双方都在思考。黄昏之星的后面，一条阴线验证了黄昏之星的有效性。豆粕价格后市直线下跌，由 2 957 元下跌至 2 702 元，下跌幅度为 8.62%。

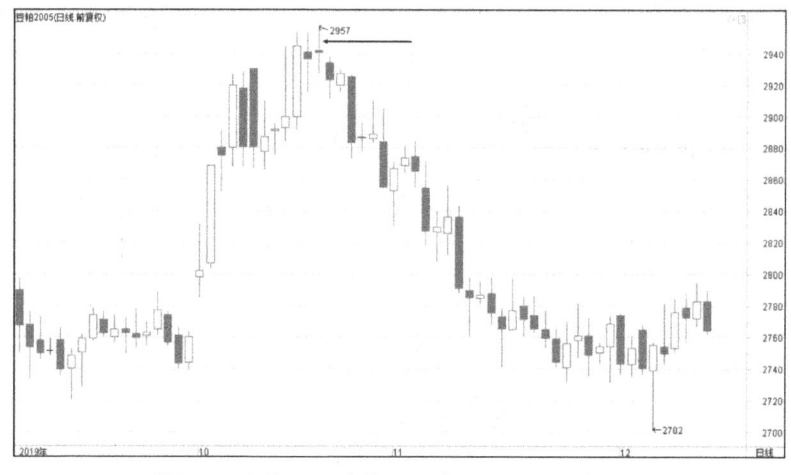

图 3-19　豆粕 2005 合约 2019 年 9 月至 12 月走势图

3.2.7 乌云盖顶

乌云盖顶与刺透形态互为镜像。乌云盖顶的标准形态：它由两条 K 线组合而成，一条是在上涨趋势中的阳线，在阳线之后是一条由上至下插入阳线实体内部的阴线；插入的幅度必须刺透阳线实体的 50% 以上；乌云盖顶必须出现在一段清晰可见的上涨趋势之后。当后续走势的收盘价低于乌云盖顶中阴线的收盘价时，乌云盖顶被证明为有效，其指导意义为顶部反转；当后续走势的收盘价高于乌云盖顶中阴线的开盘价时，乌云盖顶被破坏，没有任何指导意义。如图 3-20 所示。

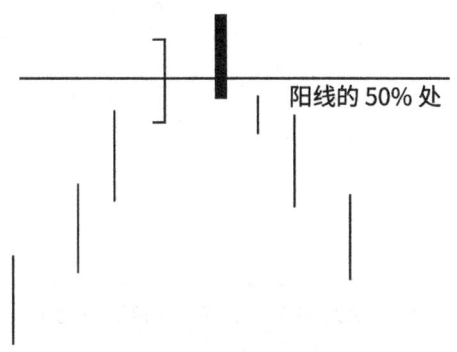

图 3-20　乌云盖顶示意图

与刺透形态一样，乌云盖顶的阴线如果不能插入前方的阳线或者插入的幅度不够大，其反转力度都不够大，准确度也不够高。

图 3-21 为玉米 2005 合约 2019 年 8 月至 12 月的走势图。乌云盖顶作为顶部反转形态，同样出现在下跌趋势的反弹高点上，也说明此处还有多头仓位的最后机会。乌云盖顶形成后，反弹结束，玉米价格一路下跌至 1 882 元。

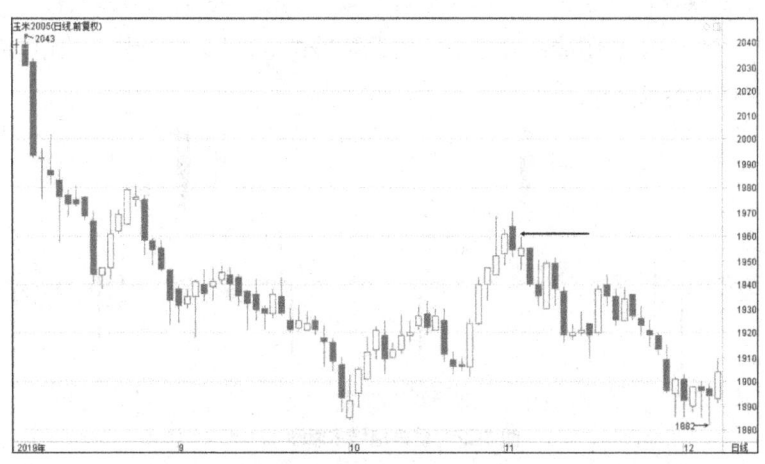

图 3-21　玉米 2005 合约 2019 年 8 月至 12 月走势图

图 3-22 为菜粕 2005 合约 2019 年 9 月至 11 月的走势图。乌云盖顶出现后，菜粕价格应声下跌，下跌过程中几乎没有一次成规模的反弹，价格由 2 449 元下跌至 2 221 元。

图 3-22　菜粕 2005 合约 2019 年 9 月至 11 月走势图

3.2.8　看跌抱线

看跌抱线与看涨抱线互为镜像。看跌抱线的标准形态：它由两条 K 线组合而成，第一条为小阳线，第二条为将第一条小阳线整体包住的长阴线；如果第一条 K 线的实体很小，那么可忽略它的颜色，它是阳线还是阴线都无所谓；看跌抱线形态必须出现在一段清晰可见的上涨趋势上方。当后续走势的收盘价低于长阴线的收盘价，证明看跌抱线形态有效，其指导意义为顶部反转；当后续走势的收盘价高于长阴线的开盘价，看跌抱线的整体形态被破坏，无任何指导意义。如图 3-23 所示。

图 3-23　看跌抱线示意图

图 3-24 为橡胶 2005 合约 2019 年 5 月至 8 月的走势图。在上涨的后期，一条长阴线包住了前方阳线的全部实体，下跌信号确立，橡胶价格由 13 635 元下跌至 11 400 元。从已有数据看，看跌抱线出现后，价格下跌幅度为 16.39%。

图 3-24　橡胶 2005 合约 2019 年 5 月至 8 月走势图

图 3-25 为甲醇 2001 合约 2019 年 9 月至 11 月的走势图。此处的顶部反转形态出现在下跌中继的反弹高点处。K 线形态的灵活性再一次显现出来了：只要是在一波下跌行情后出现底部反转形态，那么价格有极高的上涨概率，不论级别如何；反之，只要在一波上涨行情后出现顶部反转形态，价格同样也有极高的下跌概率。在本例中，甲醇价格下跌至 1 891 元。

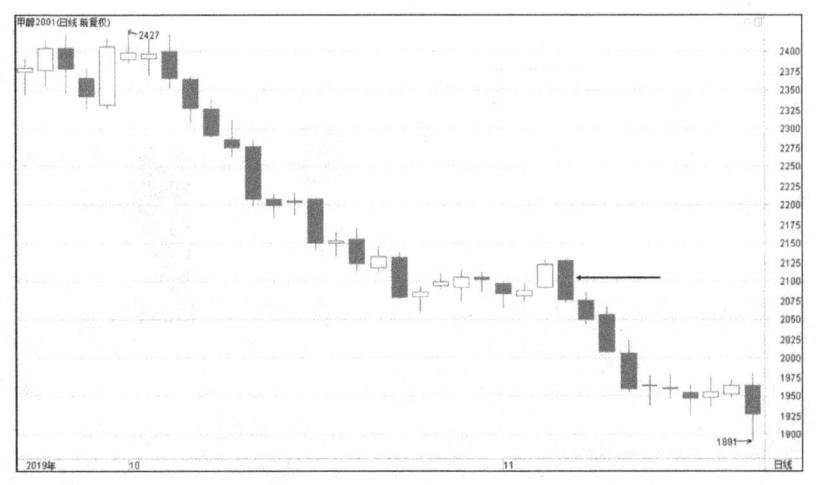

图 3-25　甲醇 2001 合约 2019 年 9 月至 11 月走势图

3.2.9 流星线

流星线,有的书中译为射击之星,所以这两种形态是一回事。

流星线的标准形态:K 线的实体非常小,而且实体部分一定要处于整条 K 线的底端;K 线的上影线一定要非常长,越长越好,至少是实体部分的 2～3 倍;流星线一定是在一段清晰可见的上涨趋势后出现;流星线的实体颜色无关紧要,也就是说,它是阴线还是阳线都无所谓。当后续走势彻底回补了流星线左侧的跳空窗口时,流星线确认形成,价格将持续下跌;当后续走势的收盘价高于该疑似流星线的收盘价时,流星线形态被破坏,不具备指导意义。如图 3-26 所示。

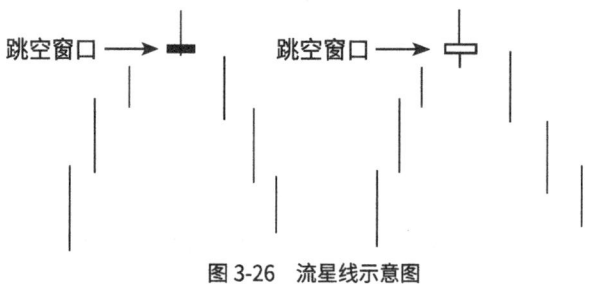

图 3-26 流星线示意图

图 3-27 为沪深 1912 合约 2019 年 10 月的走势图。请注意看流星线与前方 K 线的跳空窗口。虽然流星线有跳空的要求,但这不是绝对的要求。有些时候,流星线与前方 K 线也有交集,但在其他特征都符合的情况下,这也是可以接受的。顶部反转信号出现后,沪深 300 股指期货的价格在 5 个交易日中一直下跌。

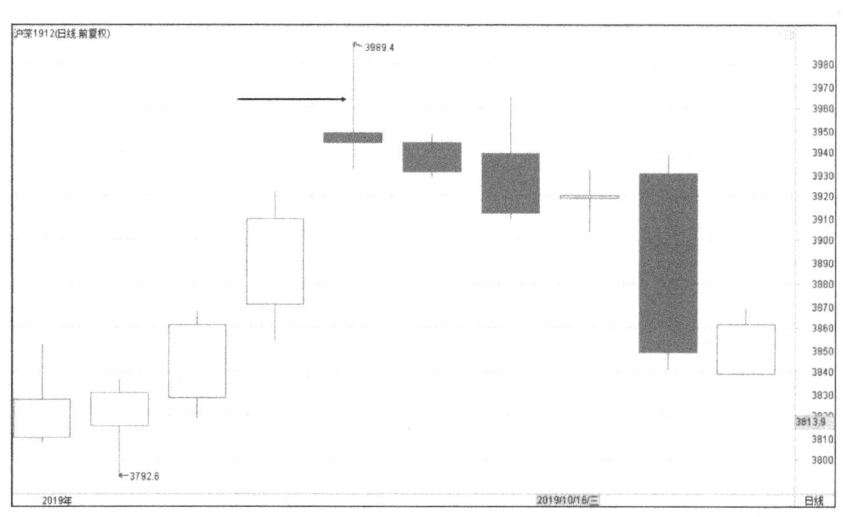

图 3-27 沪深 1912 合约 2019 年 10 月走势图

3.2.10 孕线

孕线并没有强烈的反转力度，它更像是一个刹车踏板。孕线的标准形态：它由两条 K 线组合而成，顶部反转孕线的前一条 K 线为长阳线，后一条 K 线为阴线，如果后一条 K 线的实体很小，那么它是阴线还是阳线都无所谓；第一条阳 K 线最好没有上下影线，如果有，也应该短到可以忽略不计；顶部反转孕线一定是在一段清晰可见的上涨趋势后出现。当后续走势向下突破了第一条阳线的实体部分时，顶部反转孕线形态确认形成，价格将持续下跌；当后续走势的收盘价高于该疑似孕线的阳线实体部分之上时，顶部反转孕线形态被破坏，不具备指导意义。如图 3-28 所示。

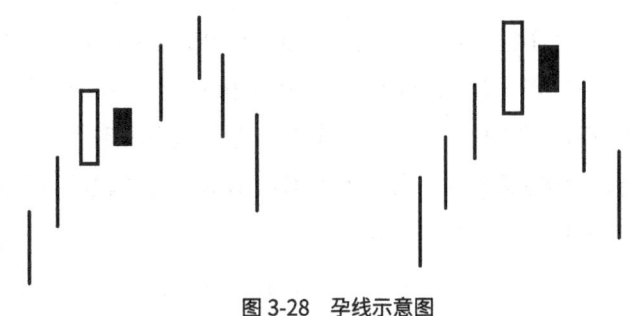

图 3-28 孕线示意图

图 3-29 为黄金 2002 合约 2019 年 6 月至 8 月的走势图。图中孕线两次出现在阶段回调的起始点，没有任何过渡。虽然孕线的意思是刹车，但也有急刹车的时候，不能轻视孕线。

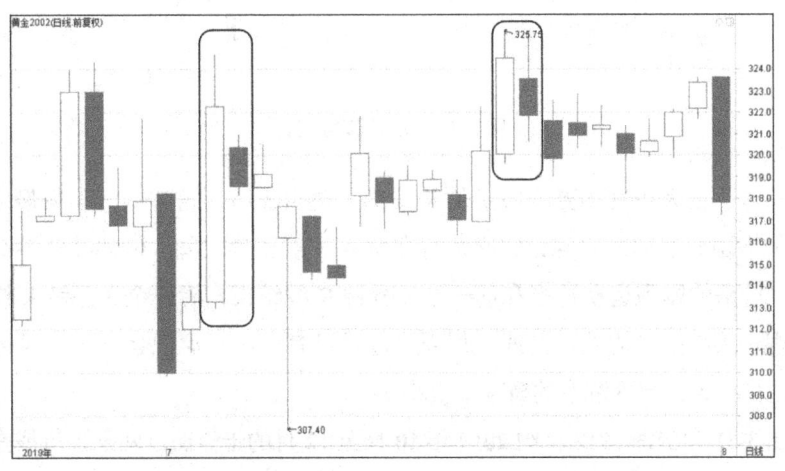

图 3-29 黄金 2002 合约 2019 年 6 月至 8 月走势图

3.3 持续形态

持续形态相对于反转形态来说意义并不大。底部反转和顶部反转过程中的任意一处都是持续形态。在一波趋势中,反转只有两次,而持续形态却有很多。作为一名趋势交易者,我们几乎不需要持续形态,只要趋势没有变化,就可以一直持有。但同样地,作为一名趋势交易者,我们也不会单纯地使用 K 线形态进行分析。

与其说持续形态的意义是让我们看出目前趋势正在行进中,不如说持续形态是让我们在出现疑似反转的形态时,神经不要太过敏。

3.3.1 跳空窗口

两个交易日之间价格不连续,就会出现跳空窗口。例如昨天的最高价为 100 元,今天直接在 103 元开盘,之间跳过了 101 元和 102 元,价格出现了不连续的情况,那么两个点之间的缺口就是跳空窗口。之所以会出现跳空窗口,是因为大家都着急要买,唯恐买不到,所以人人都报高价,自然就推高了价格。有向上跳空,就会有向下跳空。如图 3-30 所示。

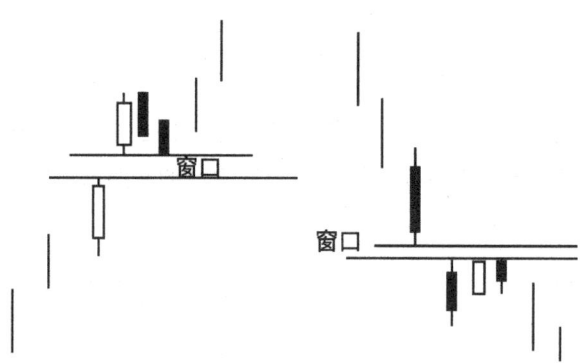

图 3-30 跳空窗口示意图

相对于更大级别和更小级别的 K 线图,跳空窗口在日线中出现得最多。跳空是价格剧烈运动的表现,它必须赶在两条 K 线相连之间。例如 3 分钟级别的 K 线,价格的剧烈运动要赶在前一个 3 分钟 K 线结束,后一个 3 分钟 K 线开始时出现。大级别的周线、月线,每周或每月只有一次开盘机会,而在周月 K 线换线的那一天,出现跳空的概率就更小了。

图 3-31 为沪深 1912 合约 2019 年 10 月至 12 月的走势图。两条平行线左端,便是向下跳空窗口,表示当时价格急速下跌,如果不卖出会出现更大的风险。

所以此时不计眼前的亏损，尽快离场才是最重要的。

随后的价格反弹再一次遇到向下跳空窗口，窗口的压力依然存在，价格遇阻下跌。后市是否能持续上涨趋势，重要的是价格能否突破跳空窗口的压力。

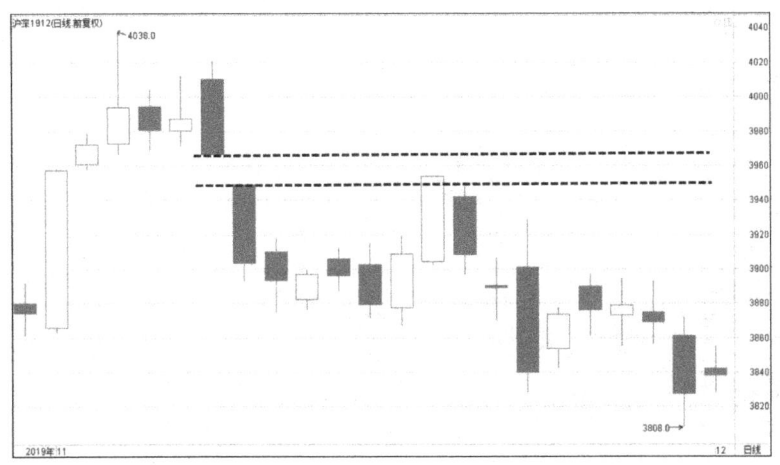

图 3-31　沪深 1912 合约 2019 年 10 月至 12 月走势图

图 3-32 为甲醇 2001 合约 2019 年 8 月至 10 月的走势图。在向上跳空出现后，其后的几个交易日都试图向下关闭窗口，但最终也未能成功，收盘价都在跳空窗口的下限之上。由此可见跳空窗口的支撑力度有多么强大。

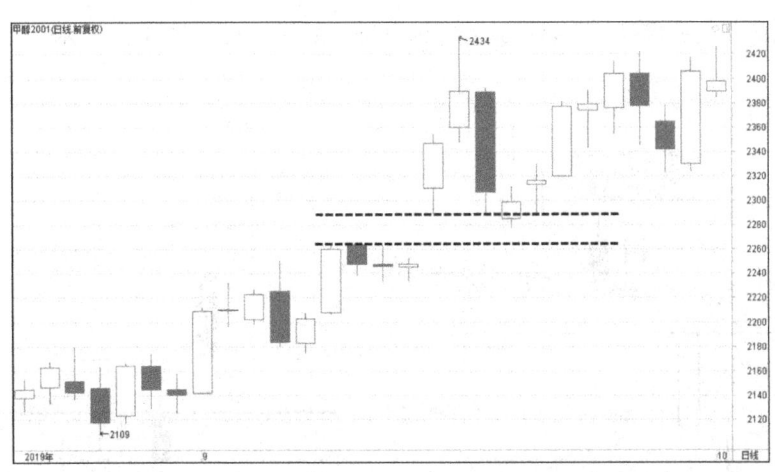

图 3-32　甲醇 2001 合约 2019 年 8 月至 10 月走势图

从以上两个案例中可以总结出，有效的跳空窗口总是出现在趋势中才能显示出强大的支撑或压制作用，而跳空窗口出现在震荡行情中则毫无意义。

图 3-33 为沪铜 2002 合约 2019 年 7 月至 12 月的走势图。在震荡走势中出现了 13 次跳空窗口，但它们都被反复地上穿下叉，没有起到任何支撑或压制的作用，这些窗口在震荡走势中是毫无意义的。

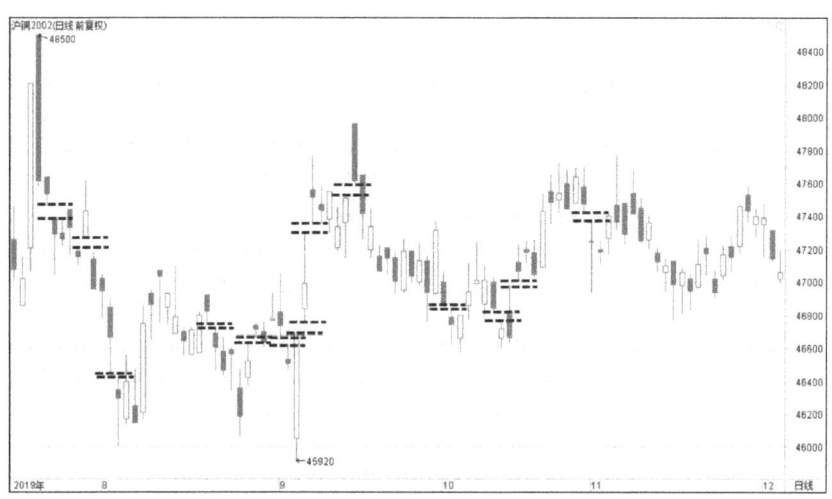

图 3-33　沪铜 2002 合约 2019 年 7 月至 12 月走势图

3.3.2 跳空并列阴阳线

跳空并列阴阳线，是跳空窗口的一种快速变种形态，它没有普通跳空窗口出现后的冗长的震荡，而是继续快速地行进。如图 3-34 与图 3-35 所示。

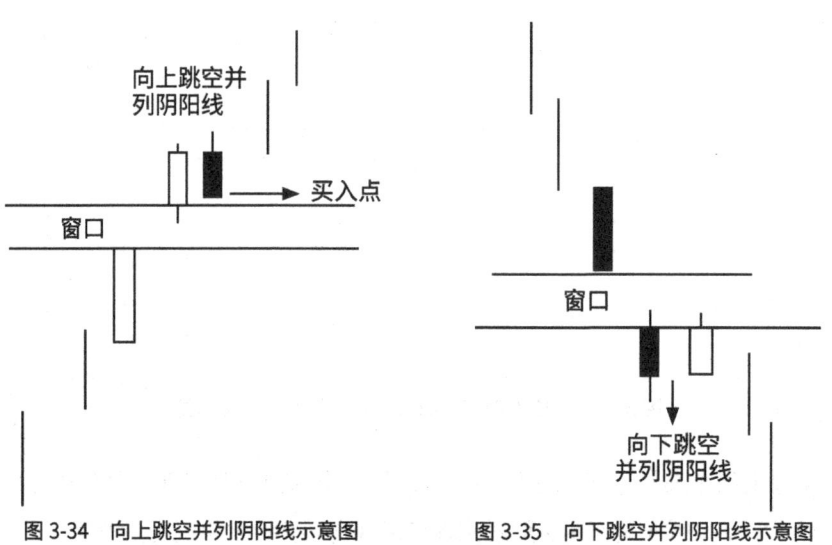

图 3-34　向上跳空并列阴阳线示意图　　图 3-35　向下跳空并列阴阳线示意图

跳空窗口出现后，只有一个交易日的回测窗口的时间，动作非常快。如果在趋势之初没有抓住机会，则可以在这种上涨或下跌的中继形态中找到进场的机会。我们也可以把它理解为快速上涨中的回调低点买进，或是快速下跌中的反弹高点卖出。

图 3-36 为 IH2004 合约 2019 年 3 月至 4 月的走势图。在快速上涨中，多头以跳空来彰显强劲的上涨动力。跳空后，热情有些消退，出现了一条与阳线并列的阴线，虽然阴线幅度较小，但意义不变。回试了跳空窗口的支撑力度后，发现上涨并非空中楼阁，所以后续走势继续向上。如果我们在前期没有建立多单，那么在并列阴阳线的阴线回试窗口时，是短线多单极佳的入场点。

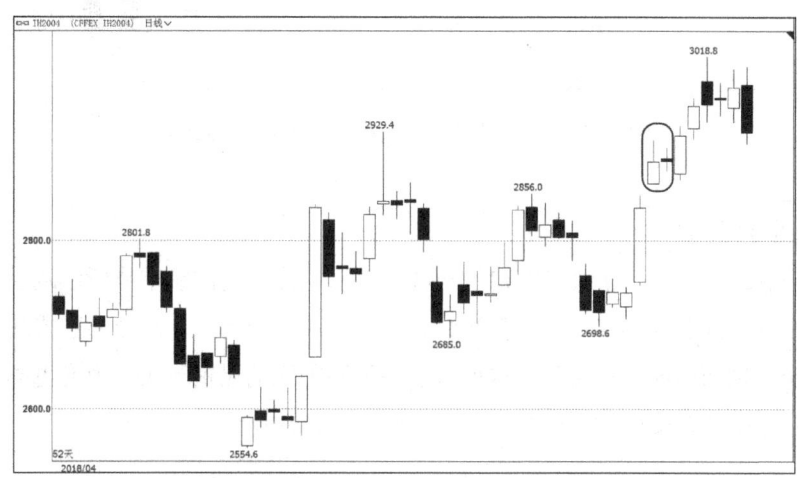

图 3-36　IH2004 合约 2019 年 3 月至 4 月走势图

图 3-37 为 LmeS_铜 3 合约 2019 年 4 月至 6 月的走势图。铜价高位震荡后短暂冲高，随即下行，出现跳空窗口且并列出现一阴一阳两条 K 线，阳线未能冲关闭窗口，表明窗口的压力依然存在。在回试窗口后，铜价继续下跌。

图 3-37　LmeS_ 铜 3 合约 2019 年 4 月至 6 月走势图

3.3.3 平台跳空

平台跳空也是基于跳空窗口的一种变形,也称为高位跳空或低位跳空。价格先在高位或低位形成一个震荡平台,震荡一段时间后向上高位跳空或向下低位跳空,进而形成一波趋势。这比跳空并列阴阳线的级别更大,力度也更强,毕竟它经过了更长时间的蓄力。如图 3-38 与图 3-39 所示。

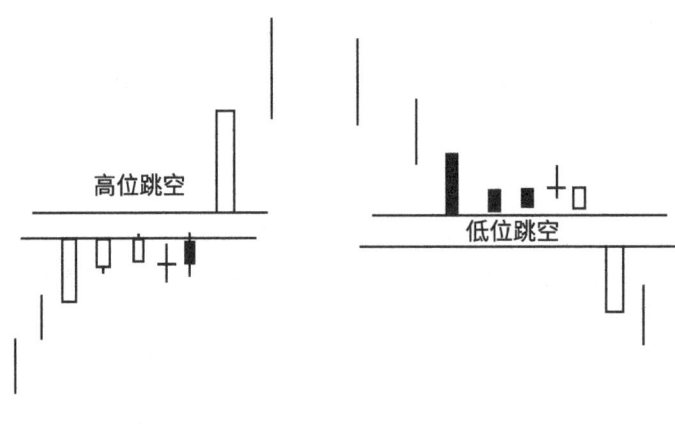

图 3-38　向上高位跳空示意图　　图 3-39　向下低位跳空示意图

图 3-40 为豆粕 2005 合约 2019 年 9 月至 10 月的 2 小时走势图。30 多条 K 线构成的震荡平台使豆粕价格陷入了横盘状态,直到一条 K 线向上跳出了平台,

才延续了之前的上涨趋势。

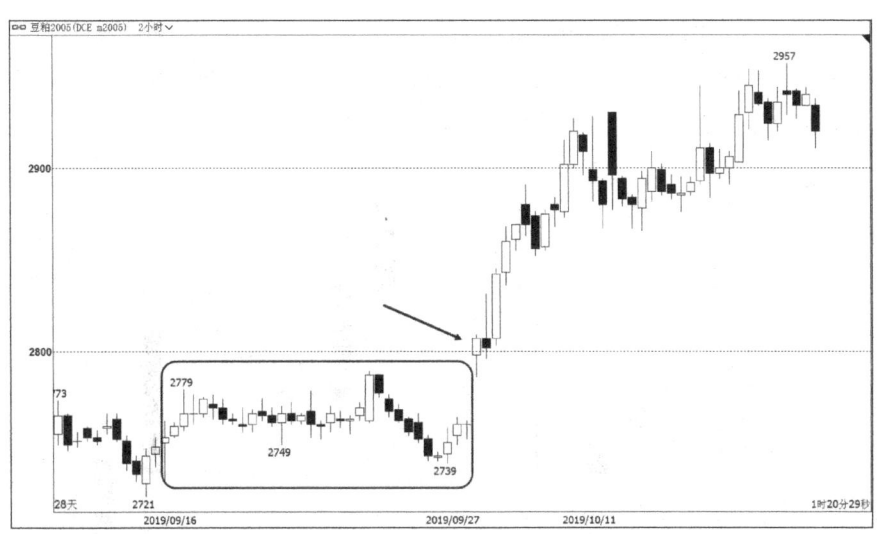

图 3-40　豆粕 2005 合约 2019 年 9 月至 10 月的 2 小时走势图

图 3-41 为 IC2012 合约 2019 年 6 月至 8 月的 2 小时走势图。在快速下跌，价格横向震荡了一段时间后，形成了一个震荡平台。箭头标示处，阴线跳空低开，脱离了平台的控制，中证 500 股指期货价格继续下行。

图 3-41　IC2012 合约 2019 年 6 月至 8 月的 2 小时走势图

3.3.4 上升/下降三法

所谓上升/下降三法，指的是在几个交易日内进行的极小规模的小回调，是修正前期过快走势的一种手段。这个过程中，分时图表中的各种摆动指标也都得到了修正，为后市更进一步上涨做了准备。如图 3-42 与图 3-43 所示。

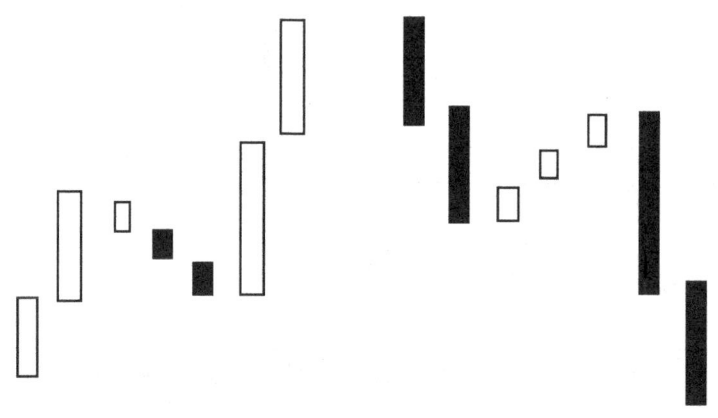

图 3-42　上升三法示意图　　　　图 3-43　下降三法示意图

我们以上升三法来说明。在上涨的过程中，一条长阳线的实体内部包裹着 3 条或若干条小的 K 线，不论是几条 K 线，它们都在其前方长阳线实体内部，实体部分不会摆脱长阳线的控制，在长阳线内部震荡了几个交易日后，由震荡的底部再起一条长阳线，将价格带回到快速上涨的趋势中去。

有必要说明的是，上升三法中前后两条长阳线所夹的小 K 线的数量不限，可以是一条，也可以是十几条，只要没有脱离前方长阳线的实体范围即可，并且内部小 K 线的颜色也无所谓，可以是阳线，也可以是阴线。另外，最后向上突破的长阳线的收盘价一定要高于第一条长阳线的收盘价，形成向上突破之势，如果没有突破，则不是上升三法。

图 3-44 为郑油 2005 合约 2019 年 6 月至 8 月的走势图。4 条小阴线包含在前面一条阳线的实体内部，4 个交易日的回调并未吃掉阳线。回调结束后，价格继续上涨。我们可以在突破上升三法的第一条阳线的高点时买进。

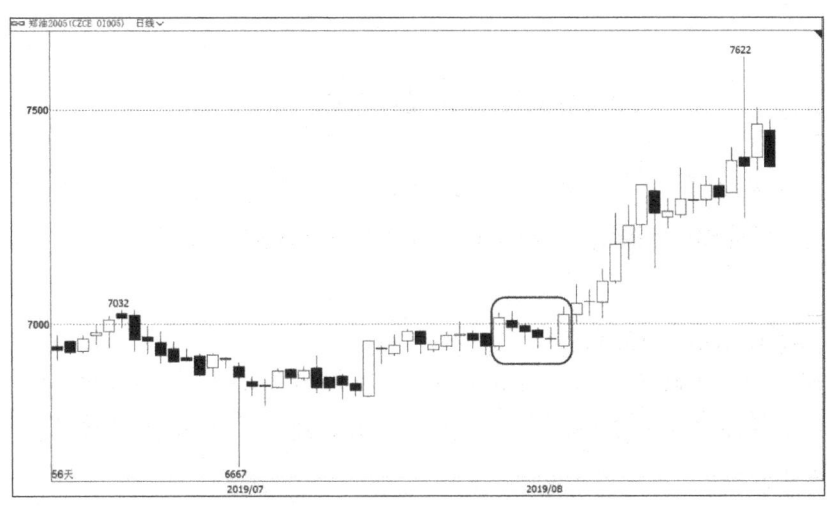

图 3-44　郑油 2005 合约 2019 年 6 月至 8 月走势图

图 3-45 为螺纹 2005 合约 2019 年 6 月至 9 月的走势图。图中反弹的力度极小，未超过第一条阴线。上升三法或下降三法的更深一层理解可以是以每日 K 线为基准，在上涨中，如果前一条长阳线没有被吃掉，那么上涨趋势保持不变；在下跌中，如果前一条长阴线没被吃掉，那么下跌趋势也保持不变。而三法形态中的小 K 线，无非就是前方长 K 线的第二条孕线而已。图中孕线没起到孕线的作用，反而被突破、超越，因此其反转作用消失。

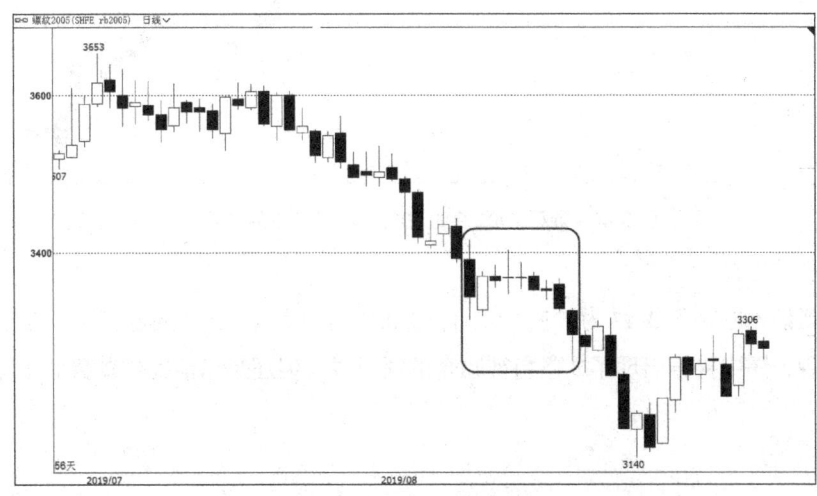

图 3-45　螺纹 2005 合约 2019 年 6 月至 9 月走势图

3.4 对 K 线形态的深入思考

K线形态确实经典,但是我们不能只看到成功的案例。例如锤子线、启明星等,都是经典的底部反转形态,为什么有些时候它们就失效了呢?

3.4.1 条件全面严格量化

图 3-46 为淀粉 2001 合约 2019 年 7 月至 9 月的走势图。在下跌趋势中,图中标示处出现了一次锤子线和一次启明星,并且都符合它们的特征描述,但为什么会失效呢?

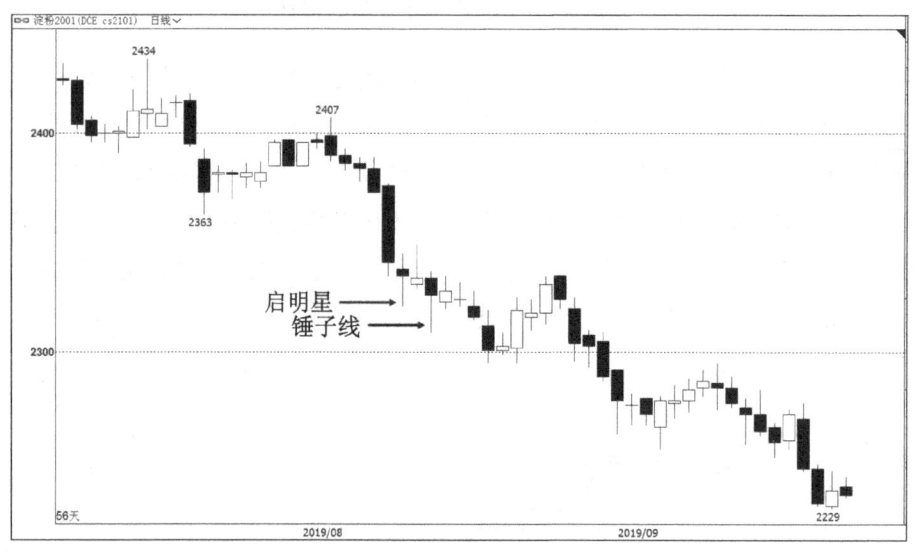

图 3-46　淀粉 2001 合约 2019 年 7 月至 9 月走势图

孤证不立。图 3-47 为沪铅 2101 合约 2019 年 9 月至 12 月的走势图。在下跌过程中,图中接连出现了 3 条特征吻合的锤子线,但还是未能扼住跌势。

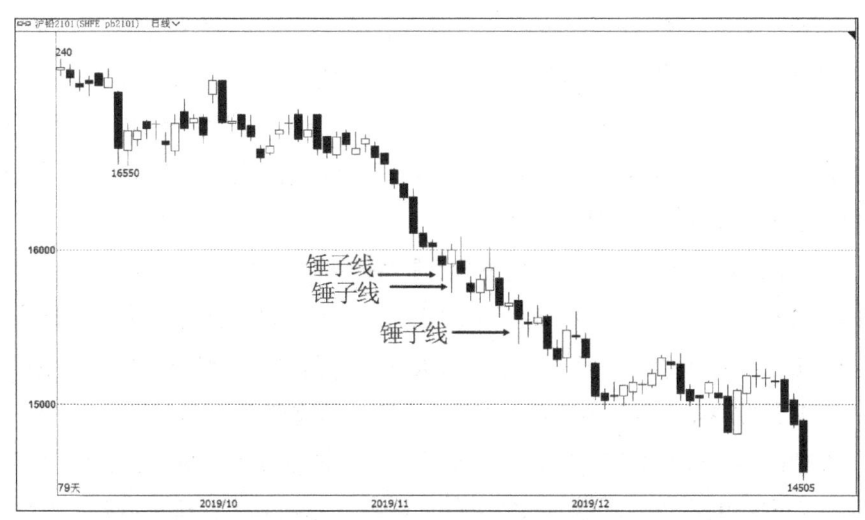

图 3-47　沪铅 2101 合约 2019 年 9 月至 12 月走势图

其实这里面没有什么玄机。首先，K 线图并不是百分之百准确的一种分析方法，但它的准确率基本大于 50%，我们使用它终归还是有胜算的。至于如何解决它不完全准确的问题，我们会在后文详细说明。其次，K 线组合的形态条件非常多，这也就是本节主要想说的问题。它提示对了，恭喜你，你看到了它全部的条件；它有时对，有时错，对不起，是你看得不够全面。

在以上两个案例中共出现了 1 次启明星形态，4 次锤子线形态。至于反转形态是否生效，必须要进行验证。怎样验证？至少在出现反转形态之后的 K 线收盘价要高于形态本身的收盘价。拿启明星形态来说，它只是收出了一条星线而已，此时的启明星形态只是疑似状态。启明星后的收盘价低于启明星本身的开盘价，也就是说启明星的看涨作用没有发挥出来，一拳打到了空处当然不会伤敌，所以还要等。

至于后面出现的 4 次锤子线，只有第二个锤子线给出了验证，并且从后续走势来看，这还是一次不准确的信号。而另外 3 条锤子线都未给出验证，锤子线后面的收盘价都未高于锤子线本身的收盘价，所以这些锤子线在形成之初就是失败的，我们也不用据此进行交易。（四个信号中唯一不准确的信号，可以以锤子线的最低点作为止损点，而其他 3 次都可以避免亏损。）

条件没看懂，没看全，是 K 线图不好用的原因之一。单就条件来说，重要的有两点：第一，该形态出现的位置；第二，某些形态需要严格量化。

第一，该形态出现的位置。如果价格一路上扬，突然回撤两天，你就想在该位置找到底部反转形态？此时一定要注意底部反转形态的条件之一，是在一段清晰可见的下跌走势之后出现。回撤两三天是清晰可见的下跌吗？所以在这个位置根本不要想底部反转的问题。

第二，严格量化。你看到的K线图都是图形，而我看到的K线图都是数字。比如刺透形态，前一条阴线，后一条阳线插入阴线实体，用数字表示是什么？第一条K线：收盘价＜开盘价；第二条K线：收盘价＞开盘价，并且开盘价＜前一条K线收盘价，同时收盘价＞（前开盘价＋前收盘价）÷2。

你把图形看成是数字，就可以写成程序。写成程序的好处是什么？数字能给你一个严格的系统和严格的执行条件，而图形能给你的只是差不多。再比如乌云盖顶的量化以及各种星线形态中的跳空窗口。

条件虽然不足，但或许接下来的走势会与条件充足时的走势一样，这里面充满了不确定性。但如果一切都是碰运气的话，还要技术分析干什么呢？

3.4.2 形态转换

先说流星线和黄昏之星，这两个形态基本就是一回事。流星线除了需要一条长长的上影线以外，其他几乎都与黄昏之星相同。你了解了黄昏之星，根本就不用再特意背诵流星线了。流星线和黄昏之星还能演变出弃婴形态，只是在启明星的右侧加一个跳空窗口就可以了，如图3-48所示。

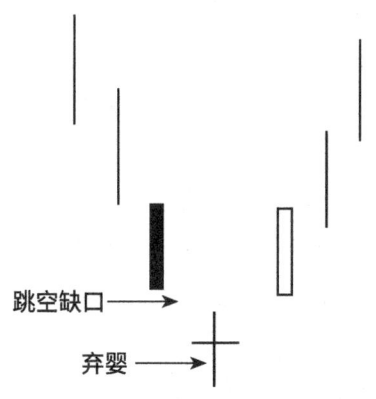

图3-48　由黄昏之星演变的弃婴形态

弃婴形态就是左右两侧皆有跳空窗口的锤子线或启明星，只是弃婴形态由于右侧的向上跳空窗口，显示了更强的上涨欲望，所以显得更加强烈。称为弃婴，是想表示丢弃了下方的十字星线，与下方的任何走势都没有关系了，并有两侧的跳空窗口为证。

弃婴形态还有另一种变化——岛形反转，如图 3-49 所示。如果我们把左右跳空窗口上方的若干条 K 线合并起来，看成是一条 K 线（星线），就变成了弃婴形态。岛形反转只不过是弃婴形态的一种拉长变体，其核心意义是一样的。把顶部岛形反转倒过来，就是底部岛形反转。

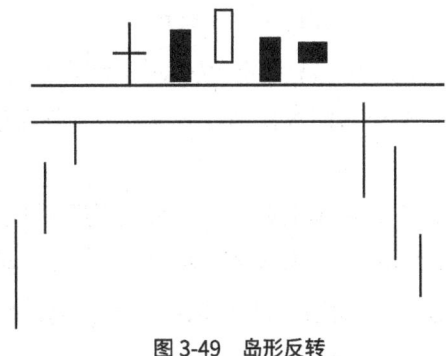

图 3-49　岛形反转

如果是一个失败的岛形反转呢？它就成了跳空并列阴阳线了，如图 3-50 与图 3-51 所示。

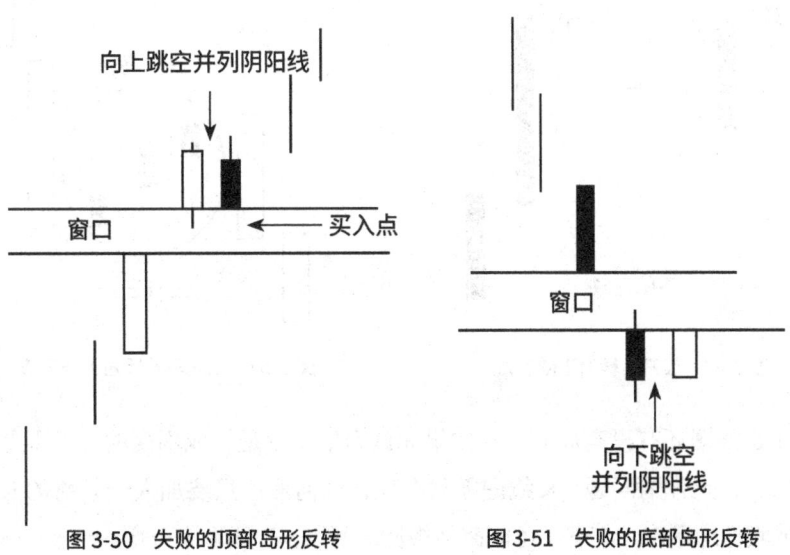

图 3-50　失败的顶部岛形反转　　　　图 3-51　失败的底部岛形反转

它开始或许是想走一个岛形反转,但在左侧的跳空窗口支撑(压制)力度实在惊人,没反转过来,反而顺势上涨(下跌)。岛形反转失败了,那么反转就变成了持续,继续上涨(下跌)。

这几组互相转换的形态意义是一样的,只不过结果不同而已,K线组合基本都依托于跳空窗口前后的转换。成了就是成了,不成就变成了其他的形态。它们本身没有一定之规,只不过是力量博弈的结果不同。

至于红三兵、三只乌鸦什么的,只不过是凑个数量而已。红三兵就是3条排列整齐的中小阳线,三只乌鸦就是3条排列整齐的中小阴线。

单说红三兵就至少分为3种形态:一种前进形态,一种前方受阻形态,一种停顿形态。3条阳线是否预示着后期走势就是上涨呢?未必。在单边上涨的行情中,别说3条阳线,几十条阳线排列整齐的都有,你可以说其中任意3个都是红三兵形态。

红三兵只能说现在多方占了上风,但后面是不是还占上风不好说。如果继续上涨,那么红三兵就很厉害了;如果不成也没关系,红三兵就变成了下降三法,如图3-52所示。再反过来,如果三只乌鸦成了,就预示着下跌;如果没成,就变成了上升三法,如图3-53所示。

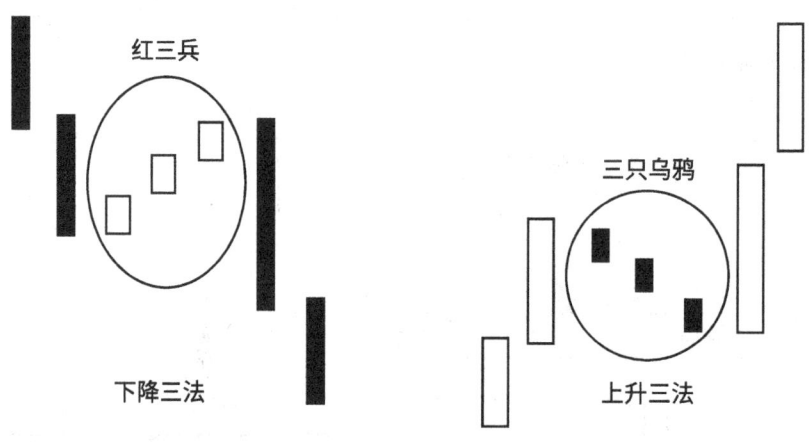

图3-52 红三兵转为下降三法　　图3-53 三只乌鸦转为上升三法

那K线图还有没有原则了?如果你认为事物就是一成不变的,那不是K线图的问题,是你的问题。K线图随时在变,任何形态只要加入一条新的K线就会变成其他的形态,其意义可能截然相反。所以,K线形态万变。

说万变，自然要说到"万变不离其宗"，那就是不变，不变的是什么？是多空双方力量的博弈，你看到的或许是图形，或许是量化的数字。但这都不重要，重要的是其内在力量的转换。

我们举一个最方便看图的例子，就是图3-53中的上升三法。初看3条阴线时，由于排列整齐，一下子就让我们想到了三只乌鸦。乌鸦看跌，你看到图形也好，看到量化数字也好，不变的是力量向下的趋势，空方的力量占优。

但我们还要考虑到一点，虽然出现了连续下跌的3条阴线，但它们始终没有脱离前一条阳线的实体，说明空方力量占优只是小范围的，并没有脱离多方力量占优的大环境。那现在多空两方到底谁的力量占优呢？

如果其后的走势并没有突破前一条阳线的实体底部，那还是多方力量占优；如果突破了前一条阳线的实体底部，那就是空方力量占优。

从图形上看，三只乌鸦要么变成真乌鸦，要么变成上升三法，这要看力量倾向于谁。K线图的引申与转换，就是力量的引申与转换，至于形态的名字是什么，不重要；形态给出的指导意义是什么，不重要。多，不重要；空，也不重要。

追随力量的方向，最重要！

3.4.3 几无大用

K线图看起来非常明晰、简单，只要背下来十几个反转、持续形态，基本就可以上手操作了——但这只不过是自以为是罢了，你很难通过单纯使用K线图获利。

为什么？要先说清一件事：K线图最重要的意义在于反转形态。有一句非常拗口的话：顶底必然出现反转形态，而反转形态并非必然出现在顶底。这与"金银天然不是货币，但货币天然是金银"是一个意思。

大顶大底，都有K线图的反转形态出现，这毋庸置疑——这也正是K线图受很多投资者推崇的原因。

可关键的问题在于，在非大顶大底的位置，哪怕是一个两三天的小回调、小反弹中，也会出现反转形态。而单纯用K线图来操作的话，大顶大底和小顶小底在反转形态上几乎没有差别，也就很难区分它是不是真正的大反转。

当然，我们利用验证的方法来设定止损，可以避免大幅度的亏损。但这就会引出一个新的问题。

小反转随后只有数个交易日可以获利，大反转随后的一波走势可能要跌去所有的涨幅。对策是什么？小反转短持，大反转长持。关键的问题在于，在持有阶段中，你能不能利用K线图技术拿住单。

一波完整的涨势从底部反转形态开始，到顶部反转形态结束，其顶部和底部一定会出现K线图的反转形态或者K线图反转形态的变体。但整个涨势的中间部分呢？出现了多少次的不连贯上涨，出现了多少次所谓的顶部反转形态或者反转形态的变体？我们在中间如何自处？能拿得住单吗？

这里有两个特别为难的点。第一，K线图的反转形态或变体不论出现在什么位置，它们的规模、组合是不变的，你无法通过其他手法分辨出这到底是大反转，还是小反转；第二，如果按照一致性来交易，在上涨过程中只要出现顶部反转形态或变体就平仓，等反转形态失效后再买回来，基本上一波涨势也只能赚到30%左右，但其余的部分都被这一次次的"惊弓之鸟"消耗了。

所以在实际的K线图操作中，如果我们放弃一致性，那就只能碰运气，看哪次反转是真的，哪次反转是假的。如果我们坚持一致性，一大波涨势就只能截断成零零星星的几段小涨势，除却手续费未必能赚到什么钱，还要耗费精力。

K线图对于新手来说，是学习技术分析必不可少的一环，学起来简明、上手快。但正是因为它基本都是以图说话，很多人只看图不看文字，所以漏掉了很多K线图组合形成的必要条件，即使学了也是似是而非，用起来并不得心应手。

所以说，K线图的作用几乎就是让新手少亏损或不亏损，但指望用它来长期稳定获利，那就比较困难。顶底必然出现K线图反转形态或变体，但反转形态或变体并非必然出现在顶底，理解透彻了，至少可以让我们在一定的概率下规避在大顶被套牢的风险。

总体来看，K线图只能是嵌套在大系统中的小系统，它有一定的灵活性。但只有小系统才可以奢侈地使用灵活性，大系统必须守中守正。换句话说，判断趋势是个大问题，不能用K线图，只能用更加稳健的方法。但如果趋势方向已经有了结论，那就该K线图上场了，它可以在上涨趋势内，提醒我们在出现任意空方力量强大的时候平仓，但是不能建空，再找底部形态再次建立多单。在下跌趋势内，我们同样可以随时根据形态平掉空单，再找顶部形态，也就是反弹高点放空。

那怎样才能判断趋势呢？这就要用到判断趋势的最重要的方法了，也就是我们下一章要讲到的道氏理论和它的量化工具趋势。

第 4 章

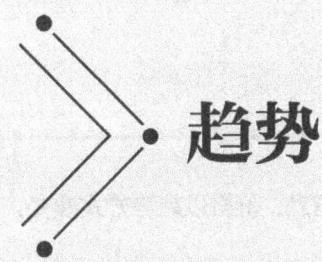

趋势

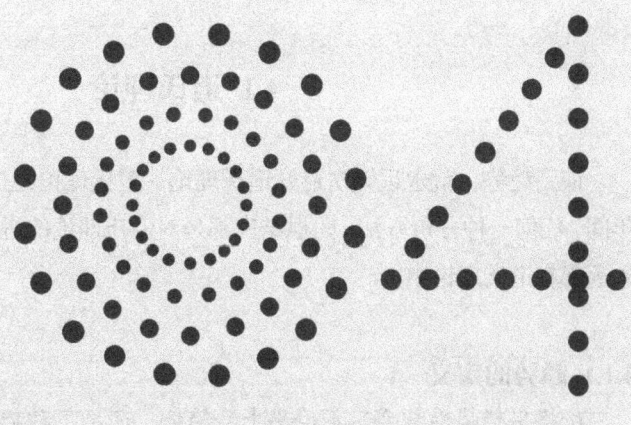

技术分析有三大假设：市场行为包容消化一切信息，价格以趋势方式演变，历史会重演。

承认趋势存在，是技术分析存在的基础。那它有没有底层逻辑呢？有。只要有产业泡沫、资本逐利、供需不平衡的情况存在，趋势就一定会存在。特别是前两点，大多都是人类的心理因素造成的，所以只要人性存在，趋势就会永存。

4.1 道氏理论

谈到趋势，就永远无法避开道氏理论。道氏理论是技术分析的基石，100多年间，任何一种分析方法，归根结底都是对道氏理论的进一步量化。而底层逻辑，永远都在道氏理论中。

4.1.1 趋势的定义

价格呈趋势性演变。不论是上涨趋势，还是下跌趋势，都不是以一条直线直上直下地运行，而是像波浪一样，是逐步推进的。前进三步，后退两步，再前进三步，后退一步，如此循环往复。

既然像波浪一样，那一定会存在波峰和波谷。如果波峰一浪比一浪更高，同时波谷也是一浪比一浪更高，此时的趋势便是上涨趋势。反之，若波峰一浪比一浪更低，同时波谷也是一浪比一浪更低，此时的趋势便是下跌趋势，如图4-1与图4-2所示。

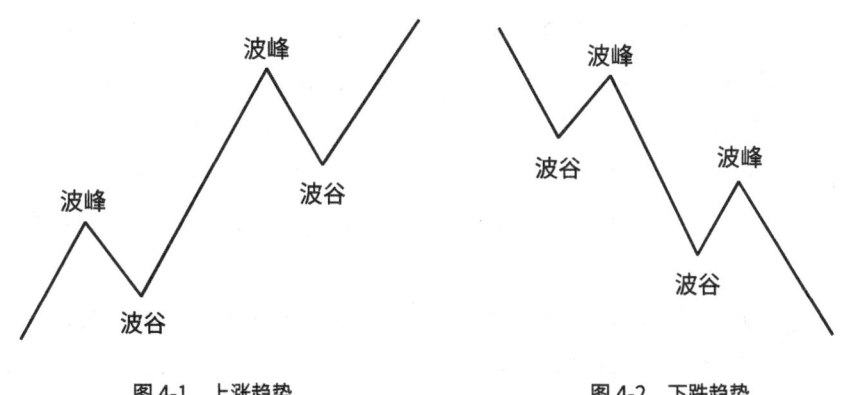

图 4-1 上涨趋势　　　　　　　　　图 4-2 下跌趋势

如果我们只看这几条粗略的线段就能识别出趋势的方向,那就太容易了。真实的情况是错综复杂的 K 线组合,让人眼花缭乱,我们会迷失在纷乱的 K 线中。所以,我们必须首先在 K 线图中找到明确的高点和低点,通过高点、低点的分布情况来确认趋势的方向。

图 4-3 为白银 2002 合约 2019 年 7 月至 12 月的走势图。在中央竖线的左侧,波峰和波谷依次升高,为上涨趋势;右侧,波峰和波谷依次降低,为下跌趋势。

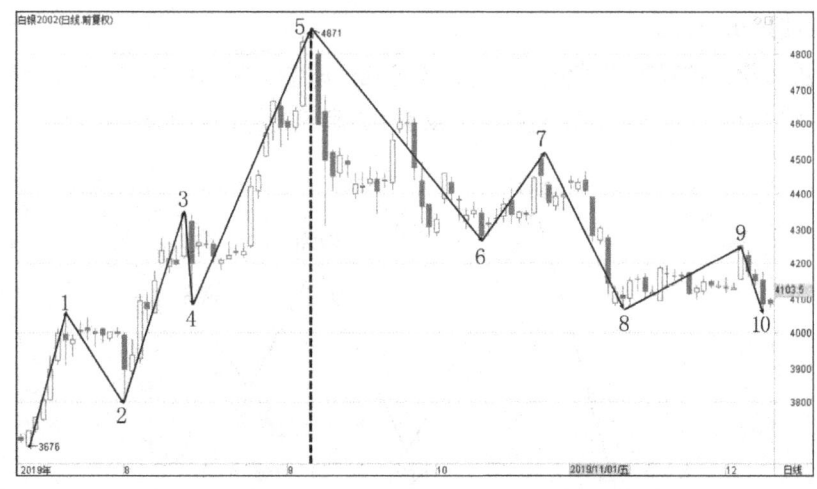

图 4-3　白银 2002 合约 2019 年 7 月至 12 月走势图

何时出现的上涨趋势呢?上涨起始点就是图中左侧的最低点,也是上涨趋势的第一个波谷。随后价格上涨到 1 点(波峰),此时也仅有一个波峰和一个波谷,并不能确定为上涨趋势。价格回调至 2 点(波谷),此时有一个波峰和两个波谷,只能看出波谷不断升高。因为仅有一峰，所以看不出波峰的动向。当价格向上并突破1点时，可以确定此时为两峰两谷依次升高，从而判断目前为上涨趋势。

白银价格顺势涨至3点（波峰），再向下回调至4点（波谷）。此时三谷两峰，还是依次升高的排列。根据趋势的定义，只要波谷4点不低于波谷2点，则它始终处于上涨趋势中。价格继续上涨到波峰5点，5点高于3点，符合上涨趋势的定义。

价格继续回调至波谷6点，未低于波谷4点，依然处于上涨趋势。而后继续上涨至波峰7点，但此处并未突破前方高点5。即使如此，我们也不能确定上涨趋势就此结束了，因为它可能只是暂时的停顿，还会继续上涨。直到价格由波峰7点向下跌，突破了波谷6点，峰谷依次上涨的状况被改变了，上涨趋势就此结束。

白银价格向下跌破6点，波峰5与波峰7依次降低，波谷6与跌破波谷6时的价格显示波峰依次降低，白银进入了下跌趋势中。此后，只要后一个峰谷不高于前一个峰谷，它就一直处于下跌趋势中。

4.1.2 趋势的方向

那有没有波峰越来越低，而波谷越来越高的情况呢？当然有，这种情况既不是上涨趋势，也不是下跌趋势，它属于内敛型无趋势，如图4-4所示。

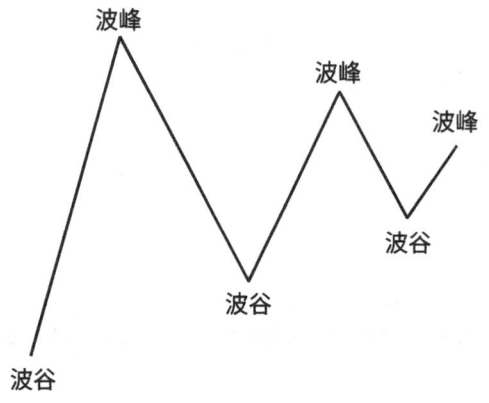

图4-4 内敛型无趋势

波峰和波谷之间的距离越来越窄，说明不论多方还是空方，都不敢贸然发起进攻，双方处于僵持状态。既可以说它是无趋势，也可以说它是震荡走势。

图 4-5 为沪锌 2002 合约 2019 年 9 月至 10 月的走势图。图中波峰依次降低，波谷依次抬高，形成了一段无趋势走势。我们在后文要讲到价格形态，这就是典型的对称三角形形态。

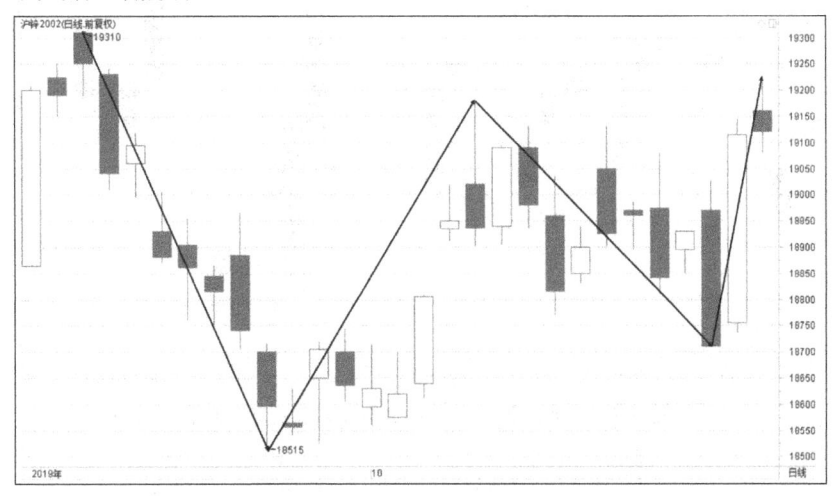

图 4-5　沪锌 2002 合约 2019 年 9 月至 10 月走势图

既然有内敛型无趋势，那就有扩张型无趋势，也就是波峰不断地抬高，波谷却不断地降低，如图 4-6 所示。

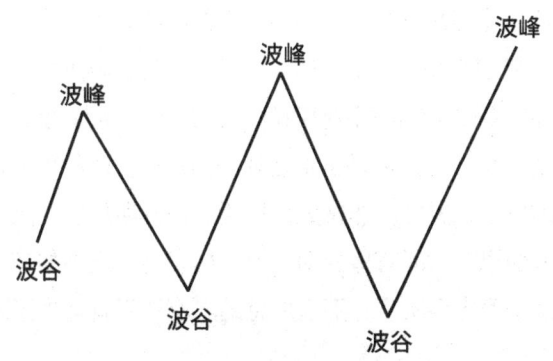

图 4-6　扩张型无趋势

峰谷只有依次抬高或降低才能称为趋势，所以至少有两峰两谷才能确定趋势。我们截取其中任何一段，不论它是突破前高，还是突破前低，都只有一峰一谷的度量。图 4-7 为 LmeS_ 铜 3 合约 2019 年 2 月至 4 月的走势图。在后文的价格形态中，我们会讲到喇叭形形态，也要用到此类图。

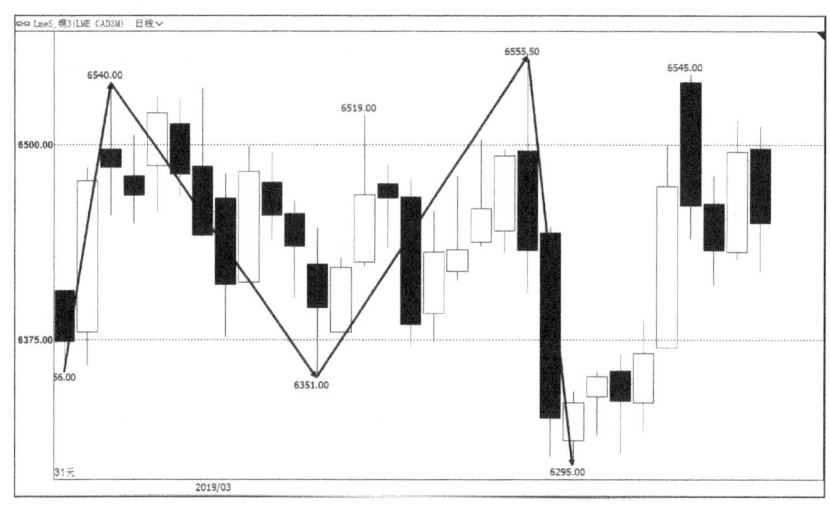

图 4-7　LmeS_ 铜 3 合约 2019 年 2 月至 4 月走势图

4.1.3　道氏理论的基本原则

道氏理论的基本原则与技术分析的三大假设基本相同。基本原则共分为 6 条：平均价格包容消化一切因素；市场具有 3 种趋势；大趋势可分为 3 个阶段；各种平均价格必须相互验证；交易量必须验证趋势；唯有发生了确凿无疑的反转信号之后，我们才能判断一个既定的趋势已经终结。

第一，平均价格包容消化一切因素。我们不必去预期某个消息会对价格的后势产生什么影响，因为就连这种预期都包含在价格走势内了。例如美国联邦储备委员会声称要加息，这对商品价格是利空的。但彼时的情况是尚未加息，只是人们预期加息的概率或者力度非常大，只要这种预期形成一定的氛围，商品价格就会下跌。或者加息的时间有些变动，或者加息的力度不如预期，但只要当前加息这项政策已经是既定事实了，那么加息的利空作用就消失了，反而会促使商品价格大幅上涨。

若芝加哥期货交易所公布大豆的种植面积预期会减少 3 000 万亩，但报告出炉后，只减少了 2 000 万亩，预期没有达到，大豆价格会不跌反涨。这就是股市中经常说到的一句话，"买消息卖事实"。消息就是预期，而事实一旦出现，靴子落地，它的作用反而消失了。

所以从以上例子中我们可以真切地体会到，价格包含了已发生的、未发生

但预期发生的一切因素。

第二，市场具有3种趋势，分别为主要趋势、次要趋势和短暂趋势。在上文中我们已经提到了趋势的定义，当波峰波谷依次抬高时为上涨趋势，反之为下跌趋势。由众多峰谷组成的大级别趋势就是主要趋势。

在主要趋势的体内，与主要趋势方向相反的走势为次要趋势。例如大趋势向上，峰谷不断地抬高，整体为主要趋势。而在主要趋势内，每一次由波峰到波谷的下跌，都是次要趋势。在走势中，主要趋势就是趋势的方向，而上涨趋势中的回调或下跌趋势中的反弹，就是主要趋势中的次要趋势。

需要注意的是，主要趋势与次要趋势并非没有关联，它们是一个整体，主要趋势包含次要趋势，它们不是并列的关系。

比次要趋势级别更小的走势为短暂趋势，它们的幅度更小、持续时间更短。如果主要趋势可以持续几个月至几年，那么次要趋势可以持续几个星期至几个月，而短暂趋势只能持续几天到几个星期。

第三，大趋势可分为3个阶段。如果你熟悉波浪理论的话，就会知道波浪理论是对道氏理论的量化。大趋势的3个阶段，就是波浪理论中主浪的3个推进浪。例如波浪理论中，一次完整的上涨走势可分为12345浪，那么主升浪中的3次推进就是1浪、3浪和5浪3个阶段。

第一个阶段也被称为积累阶段，它衔接着熊市的末端与牛市的开端，此时大部分人都未能发现熊市已经结束，不过根据第一个基本原则——平均价格包容消化一切因素，一切泡沫的破裂都包含在低价之中了。那些最先发现熊市完结的人，已经开始悄悄买进。所以在第一阶段，它的涨势可能不会过于强烈，也不会过于坚决。

第二个阶段，各种消息都开始回暖，而技术指标也差不多调整完毕。此时人们的眼中只看到更多利好消息，而选择性地忽略那些不利的因素。什么价位买进不是考量的因素，能不能买得到才是考量的因素。

第三个阶段，各种好消息如烈火烹油，谁也不想卖出，谁都想更多地买进。直至风险累积到一定程度，最后一根稻草落下，骆驼轰然倒地，牛市完结，熊市来临。

在股市中，这种情况可能会持续几年。在期货市场中，牛熊的转换更为频繁。但工业品确实有着比农产品更好的趋势性，铁矿石、螺纹钢、焦煤、焦炭等品种通常都是几年的熊市与几年的牛市相互转换，更适合趋势交易者操作。

第四，各种平均价格必须相互验证。在股市中有非常多的指数，例如上证综合指数（简称"上证综指"）和深证成分股指数（简称"深证成指"）。如果上证综指见底了，而深证成指没有见底，两个指数没有互相验证，那这个底就不能算作是底。

图 4-8 与图 4-9 分别为棕榈 2005 合约与菜油 2005 合约在 2019 年 9 月至 11 月的走势图。

图 4-8　棕榈 2005 合约 2019 年 9 月至 11 月走势图

图 4-9　菜油 2005 合约 2019 年 9 月至 11 月走势图

大级别的走势两幅图是相同的，只是在最后的下跌阶段，菜油价格已破前低，而棕榈油价格却还高高在上。菜油与棕榈油是高度相关的品种，那么到底是菜油随着棕榈油变得更强势呢,还是棕榈油随着菜油变得更弱势呢?

根据第四个基本原则,相关品种走势发生分歧,双方都不能对对方进行验证,此时只能继续等待,两者共震时才有正解。

图 4-10 与图 4-11 分别为棕榈 2005 合约与菜油 2005 合约的后续走势图。图中棕榈价格继续上行,菜油价格也跟随着上涨了一定幅度。但菜油价格只是日内上穿,随即又回到了前高之上,而棕榈价格此时并未跟随。所以我们还要等到它们再次同步时,才能断定它们是继续向下,还是继续向上。这种高度相关的走势,也给套利交易带来了逻辑基础。

图 4-10 棕榈 2005 合约后续走势图

图 4-11 菜油 2005 合约后续走势图

第五，交易量必须验证趋势。成交量在股票市场中有着举足轻重的作用，但在期货交易中的作用并不太明显，至少它不如日增仓重要。由于在股市中，一般以买进后卖出的交易为主，所以随着股价的上涨，必然伴随着大量的成交量。如果上涨未伴有高成交量，可能涨势并不能继续。

在期货交易中，不论是做多还是做空，都是同等重要的，有一多必有一空相对应。所以我们可以把这条更改为基本原则：主要趋势必须伴随着高成交量，不论主要趋势的方向是上涨，还是下跌。

第六，唯有发生了确凿无疑的反转信号之后，我们才能判断一个既定的趋势已经终结。趋势一旦形成，就不会轻易发生改变，切忌主观判断。价格很低了，并不一定是底部；价格很高了，也并不一定是顶部。

那什么是确凿无疑的反转信号呢？这就涉及趋势的定义，波峰波谷依次抬高为上涨趋势，波峰波谷依次降低为下跌趋势。所以，只有峰谷的排列发生了确凿的变化时，才是确实的反转信号。一切预测，不如跟随。

道氏理论虽然是一切技术分析的基石，但它的部分方法论确实难以让人接受，因为波峰波谷的方向性排列出现后，行情可能已经走出一大半了，不是踏空，就是利润大幅回吐。我们在第8章中还会更加详细地解读道氏理论的方法论。之后发展出来的各种技术分析方法，包括趋势线、价格形态、移动平均线、技术指标、波浪理论、混沌理论等，无一不是对道氏理论的进一步量化，或者说是对道氏理论方法的进一步优化。

4.2 峰谷的支撑与压制

走势中出现波谷，此处必然存在着支撑，不论在此之前是否有支撑位存在。同样，走势中只要存在波峰，也必然存在着压制。而峰谷位的支撑与压制也催生出了量化工具——趋势线。

4.2.1 支撑与压制

不论价格处于极端的上涨趋势中，还是处于极端的下跌趋势中，都有多空分歧，更不用说在无趋势的横盘震荡时的分歧了。峰谷形成的背后必有原因，但只要峰与谷存在，支撑与压制必然存在，如图 4-12 所示。

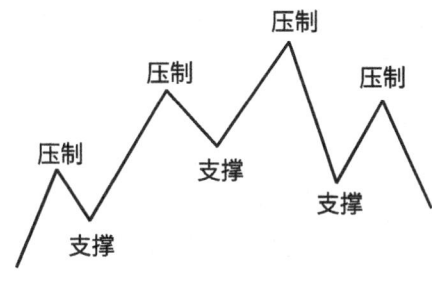

图 4-12　凡有峰与谷，必有支撑与压制

支撑与压制也是趋势持续的关键。支撑位越来越高，说明更多的人并不想让价格下跌。同时压制位越来越高，也说明空头力度越来越弱。多方的力度越来越大，空方的力度越来越小，这是上涨趋势存在的逻辑基础。

当前一个支撑点被击穿时，说明多方的力度已经不足，不能将价格维持在前一个支撑位之上了。继而压制点也越来越低，说明压制的力度越来越大，多空力量发生了转换，趋势的方向也就随之反转了。

我们设想一下，价格在某个区域止跌企稳并向上运行，那么在此处构建多单的交易者就会有利可图，但他们也会感到一丝遗憾，因为他们后悔没有多买一些。而那些错失了购买机会的人，就会更加遗憾，因为他们踏空了。而那些构建了空头仓位的人，就只剩下后悔了。所以不论是多头、空头，还是在场外观望的人，都希望价格能再回去一点：多头想再买一点，空头想平仓，观望的人想再一次抓住机会。

既然大家都希望在原来的位置买进，所以一旦价格回到了那个价位，3 方一齐出手，价格必然不会继续向下跌，而是在那个位置得到某种合力的支撑，价格遇到支撑后即上涨，如图 4-13 所示。

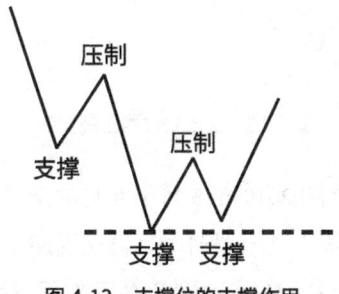

图 4-13　支撑位的支撑作用

图 4-14 为螺纹钢 2005 合约 2019 年 7 月至 12 月的走势图。在下跌趋势中，螺纹钢价格遇支撑位止跌。向上运行了一段时间后，价格再次回探前期支撑位，此支撑位再次显示了它的支撑力度。

图 4-14　螺纹钢 2005 合约 2019 年 7 月至 12 月走势图

将支撑位的心理作用反转过来，就是压制位的心理作用。多头、空头和旁观者都想在原来的高度卖出，3 股力量形成一股合力，在原来的高位处再一次形成压制的力量，如图 4-15 所示。

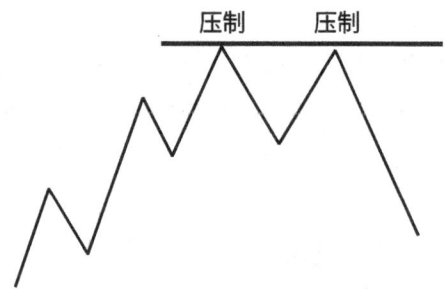

图 4-15　前压制位的压制作用

图 4-16 为玻璃 2005 合约 2019 年 5 月至 8 月的走势图。玻璃价格在 1 433 元处形成了第一次压制，价格下跌一段时间后再次返回了 1 433 元附近。我们分析的 3 股力量，在价格还未到达 1 433 元时就产生了作用。这不是压制不精准的问题，

而是3股力量也存在着博弈。3股力量中的任何一股、任何一个个体，都在玻璃价格接近1 433元时想着，若其他人先于自己卖出，价格就会再次走低，自己也就没有卖出的机会了。所以人人争先恐后地卖出，使得价格未达到1 433元时产生了合力。

图4-16　玻璃2005合约2019年5月至8月走势图

4.2.2 支撑与压制的角色转换

支撑位一旦被彻底击穿，就意味着支撑位的作用不复存在，反而具有了压制的作用。同样，压制位一旦被击穿，它的压制作用也就消失了，摇身一变产生了支撑的作用，如图4-17与图4-18所示。

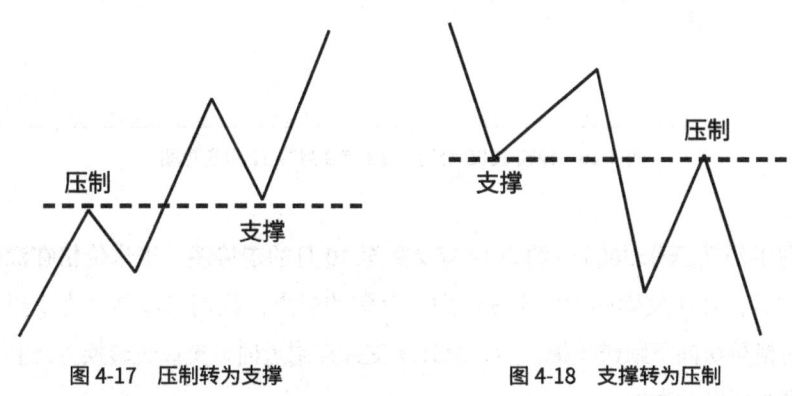

图4-17　压制转为支撑　　　　　图4-18　支撑转为压制

角色转换的心理历程与形成支撑位和压制位的心理历程是一样的。在第一个压制位卖出的人，当价格向上突破了压制位，空单开始亏损，空头渴望着价格能回到原来的位置平仓；未买进的人想在低位买进；在突破压制位买进的人还想在原来的位置上多买点。所以三者在压制位处集中买进，使得原来的压制位变成了支撑位。同理，原来的支撑位被突破后，也变为了压制位。

而这种角色的转换，使得量化起来更加方便。只要价格回调到前期高点，或者价格反弹到前期低点，都可以背靠这些位置开仓交易。知道的人越多，这种作用就会越强大，也就是所谓的自我验证机制发挥了作用。

图 4-19 为橡胶 2005 合约 2019 年 9 月至 2019 年 12 月的走势图。在上涨的过程中，价格遇阻，回调开始。8 个交易日后，橡胶价格才突破了压制位。当价格再次回调时，遇到了前期的压制位，此时压制位的角色已经转换为支撑位，可背靠前压制位做多。

图 4-19　橡胶 2005 合约 2019 年 9 月至 12 月走势图

图 4-20 为玉米 2005 合约 2019 年 7 月至 10 月的走势图。玉米价格在深幅快速下跌后，开始反弹向上收出 5 连阳。反弹的起点，我们可以称之为支撑。当玉米价格再次向下跌破支撑位后，反弹至支撑点附近时，支撑位转换为压制位，可以背靠压制位做空。

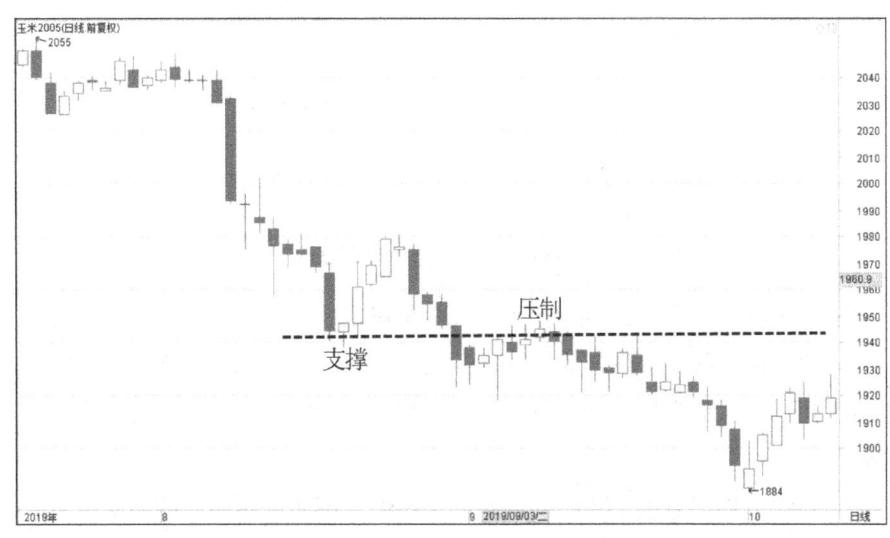

图 4-20 玉米 2005 合约 2019 年 7 月至 10 月走势图

4.3 趋势线

不论是上涨趋势还是下跌趋势，它都会保持着某种速率。例如，平均 N 天上涨 M 点或平均 N 天下跌 M 点，一旦打破了这种速率，也就打破了这种平衡。平衡一旦被破坏，趋势的平衡也就被破坏了，趋势的方向也会随之发生变化。

那么用什么方法来量化这种平衡呢？只有趋势线。趋势线是连接上涨趋势中的低点或连接下跌趋势线中的高点所形成的直线。这条直线上任何一点的斜率都是相同的，相同的斜率表示相同的速率，表示在趋势线之上的走势保持着上涨平衡，在趋势线之下的走势保持着下跌平衡。

4.3.1 趋势线的画法

以上涨趋势为例，经典的趋势线画法是找到相对一低一高的两个低点，将两点连接成一条直线。后势的回调低点，或者恰好落在这条直线上，或者在这条直线之上，如图 4-21 所示。

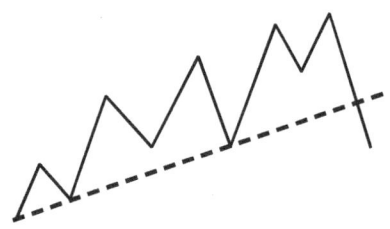

图 4-21 趋势线的一般画法

从图 4-21 中可以明显地看出这种画法的缺点。如果我们只选择最初的两个低点，那么衡量整个上涨趋势的速率问题就都落在了最初两个低点的速率上，也就是把其后大量未知的状态草率地托付到了最初的两个点的相对位置上，这样做就太被动了。

后面的走势可能过于陡峭，可能过于缓慢，可能有其独特的速率，所以只靠最初的趋势线无法衡量后面走势独特的速率。若最初的趋势线过于平缓，当走势最终下破趋势线时，可能真正的下跌趋势线已经走过一大半，甚至已经接近完结了，那么这条趋势线几乎没有作用。

于是，后来慢慢演变出一种新的趋势线画法：在一路上涨的趋势中，找到能包含最多低点的一条线，以这条线为趋势线。这要求当趋势线走出大部分以后，才能着手绘制。若是可供分析的趋势走到一半，或者接近完结的时候无法画出符合条件的趋势线怎么办？难道无法画出，就表示没有趋势线吗？所以这种做法也是毫无意义的。

维克托·斯波朗迪指出，若想画出一条上涨趋势线，必须满足两个条件：首先要以目前最高点之前最近的一个低点为结束点，其次要囊括之前的所有低点。反之，若要绘制下跌趋势线，要以目前最低点之前最近的一个高点为结束点，并且囊括之前的所有高点，如图 4-22 与图 4-23 所示。

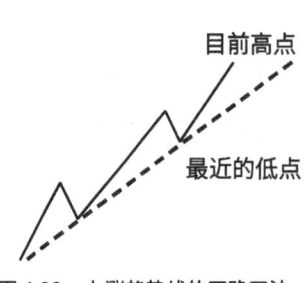

图 4-22 上涨趋势线的正确画法

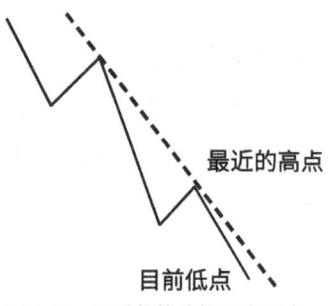

图 4-23 下跌趋势线的正确画法

上涨或下跌趋势线的画法,都以目前高(低)点之前最近的低(高)点为结束点,可以随时跟踪趋势速率的变化。也就是它赋予了最近一处的波谷(峰)更高的权重,而前期的波谷(峰)的作用相对目前的速率来说无关紧要。其言外之意是,我们必须不断地调整这条趋势线。我们以上涨趋势线为例,如图4-24所示。

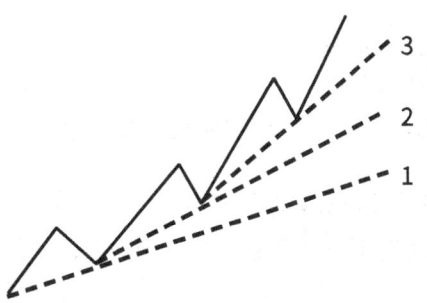

图 4-24　不断修正的上涨趋势线

当上涨趋势初露端倪的时候,只有两个低点,我们用这两个低点画出第一条趋势线。当价格继续上涨,并且出现短暂回调并再次破高时,出现了一个新的最高点和该最高点之前一个新的最近低点,那么我们以这个最新的最近低点为结束点,画出第二条趋势线。同理,价格不断地上涨,又有新高点和新高点之前新的最近的低点出现,再画出第三条趋势线。通过不间断地修正趋势线,画出最新的趋势线,从而描述权重最大的最近的走势。

如此不断逼近的修正法,正是以上涨速率不断变大为基础的。如果上涨速率下降,价格就会下穿趋势线,上涨趋势线绘制结束。你或许会问,上涨趋势并不一定越来越快,它可能刚开始的时候越来越快,但中间也有可能速率变慢,然后再次加快,那么我们这种画法不是把后面的上涨走势给落下了吗?

当然也不排除这种情况的存在,当价格向下跌破不断变陡峭的趋势线后,上涨趋势最快的部分结束了,随后有两种可能,一种是转为下跌趋势线,另一种就是休息一下,然后再次向上。不论是哪一种,都说明这一阶段内的上涨趋势结束了,它是下跌也好,再次上涨也好,都需要一段时间的修整。而我们首先要做的就是随着最快上涨部分的落幕平仓离场,等它调整好了再进来。

如图4-25所示,当价格向下跌破了原来的趋势线后,我们将多单平仓。如果是上文所说的第二种情况,它在短暂的调整后再次向上破高,重拾上涨趋势,我们只需要按照趋势线的绘制规则,再画出一条趋势线就可以了。

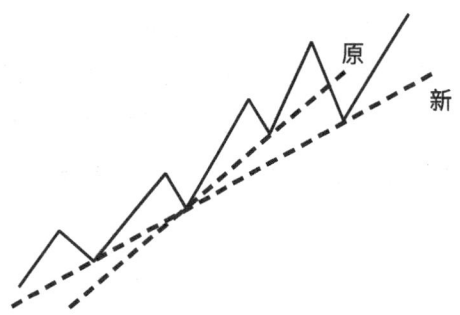

图 4-25　重回上涨趋势后画出的新的上涨趋势线

维克托·斯波朗迪趋势线绘制方法的厉害之处，就在于它赋予最近的走势最大的权重，以最新的速率平衡来判断趋势的走向，而不是用滞后的速率来控制新的平衡。

4.3.2　123 原则

维克托·斯波朗迪之所以要发明一种新的趋势线的画法，就是为了量化道氏理论，并且给出了一种新的方法论。这个方法论就是 123 原则。

在学习 123 原则之前，我们必须再重申一遍趋势的定义：波峰波谷依次抬高为上涨趋势，波峰波谷依次降低为下跌趋势。123 原则就是以趋势的定义为基础发展出来的。

拿上涨趋势来说，先给原来的上涨趋势画出上涨趋势线。当价格向下突破了上涨趋势线时，形成原则 1。价格下跌一段时间后，开始向上反弹，而反弹并没有突破前期的高点，形成原则 2。当反弹结束价格再次向下，突破了原则 1 的低点时，形成原则 3。当 123 原则全部出现时，上涨趋势转为下跌趋势，如图 4-26 所示。

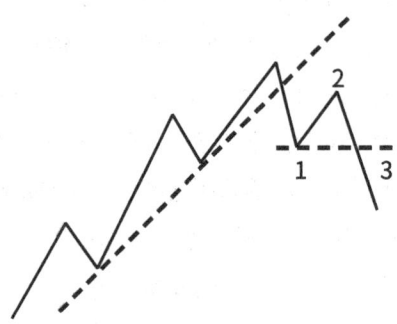

图 4-26　下跌趋势 123 原则

我们也可以用趋势的定义来解释。最高点为一处波峰，下穿上涨趋势线后形成原则 1 处的低点为一处波谷，再次反弹至原则 2 的高点为第二处波峰，下穿原则 1 的低点的瞬间，第二处波谷必然会在原则 1 之下形成。所以在原则 3 出现时，构成了两峰两谷不断降低的局面，下跌趋势形成。

图 4-27 为铁矿 2005 合约 2019 年 6 月至 9 月的走势图。先绘制出上涨趋势线，当价格向下跌破趋势线时为原则 1；再次反弹向上为原则 2；下破原则 1 的低点时，形成原则 3。123 原则形成，说明下跌趋势成立，可在原则 3 形成时做空。

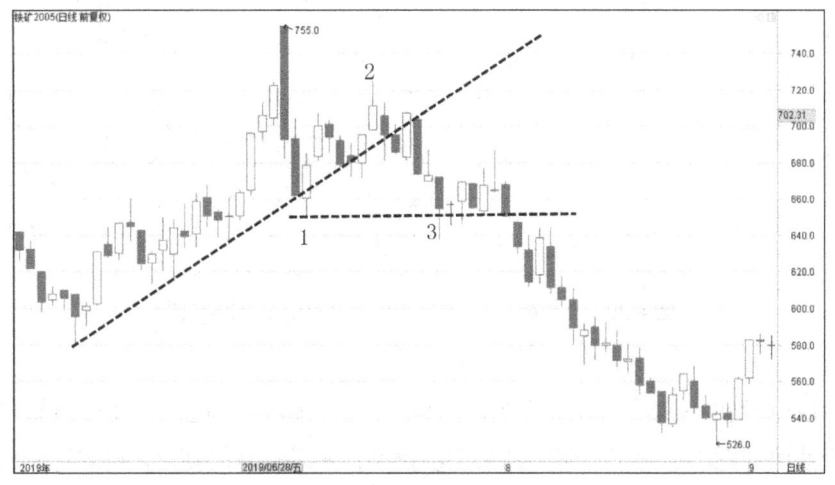

图 4-27　铁矿 2005 合约 2019 年 6 月至 9 月走势图

同样的道理也可以找出上涨趋势的开始。当价格向上突破了下跌趋势线时，此处为原则 1。价格上涨一段时间后，开始向下回调，而回调并没有突破前期的低点，此处为原则 2。当回调结束再次向上，价格突破了原则 1 的高点时，形成原则 3。当 123 原则全部出现时，下跌趋势转为上涨趋势，如图 4-28 所示。

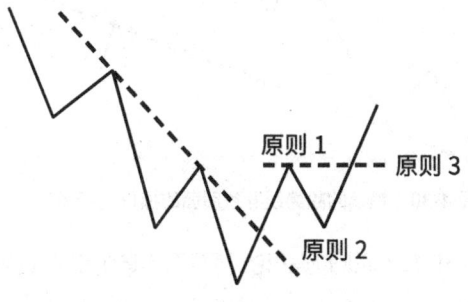

图 4-28　上涨趋势 123 原则

图 4-29 为乙二醇 2001 合约 2019 年 9 月至 12 月的走势图。利用 123 原则，我们可以轻易地找到趋势的反转点，并以原则 3 处为买点。

图 4-29 乙二醇 2001 合约 2019 年 9 月至 12 月走势图

123 原则的关键在于正确地画出趋势线，如果趋势线画错了，那么 123 原则的后期演变就不准确了。假如结束点没找准，未以最后的高点之前最近的低点为结束点，那么这条趋势线就会变得特别平缓，123 原则可能在趋势线之上就已经出现了，但依照错误的趋势线，我们却不敢动手，如图 4-30 所示。此时后面的走势再如何发展，我们都会无所适从。所以正确画出趋势线，才是 123 原则的关键。

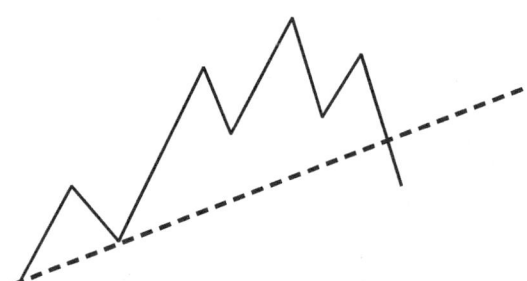

图 4-30 错误的趋势线导致后面的操作无所适从

根据趋势的定义和 123 原则方法论，就可以演变出更直观且准确率也更高的价格形态分析方法来。

第 5 章

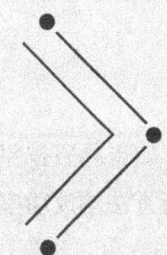

价格形态

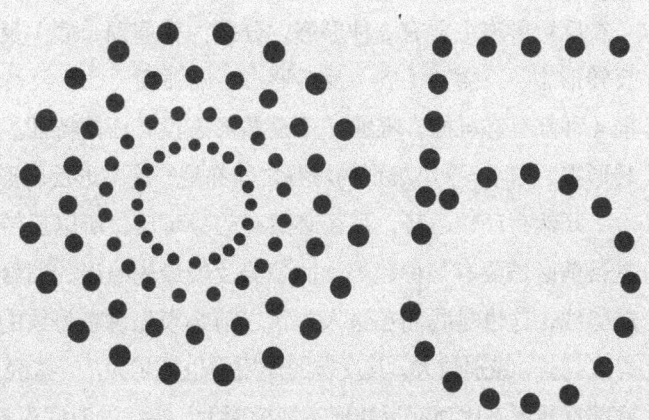

价格形态分析方法，是将峰谷排列固定化的一种分析模式。如果峰谷按照某种方式排列，就代表着趋势可能出现反转或者停顿。这种分析方法的成功率非常高，它可以用趋势的定义来解释，也可以用 123 原则来解释。

5.1 反转形态

反转形态主要有 5 种形态，分别为头肩顶（底）反转形态、双重顶（底）反转形态、三重顶（底）反转形态、圆弧顶（底）反转形态和 V 形反转形态。前 4 种都有迹可循，唯独 V 形反转形态没有任何特征。排除超大级别的 V 形反转形态，任何一个小级别的峰谷之间都是一次 V 形反转形态，所以不必过于介怀。

既然有反转趋势，那么必然有趋势可反，所以反转趋势存在的先决条件就是目前必然要有某种趋势。而趋势反转最先给出的信号通常为突破前期趋势的趋势线，这也是我们在进入本章之前必须先讲趋势线的原因。反转形态的时间跨度越长，级别越大，其反转的作用力也就越大。一些经典的技术分析中会说到，底部反转形态比顶部反转形态规模更大，持续的时间更长，其实这是不准确的。通常情况下，不论是幅度还是时间跨度，顶部形态都会大于底部形态的规模。

5.1.1 头肩顶（底）反转形态

头肩顶（底）反转形态在反转形态中是准确率最高的形态。把头肩顶（底）反转形态稍加变形，就可以演化出其他几种形态，所以我们也可以把它称为各种形态的母形态。

头肩顶（底）反转形态可以通过 123 原则的延展来说明。如图 5-1 所示，最高点为头部，头部左侧的第一个波峰为左肩，头部右侧的第一个波峰为右肩。按照标准的 123 原则，当走势下穿趋势线形成原则 1 时，趋势线之上的最高点即为头部。在头肩顶反转形态当中，原则 2 高点处的右肩通常与左肩的高度相差不多，若是左右两肩相差过多，则不是头肩顶反转形态。

当走势继续向下跌破原则 1 的低点时，原则 3 形成。按 123 原则的规定，当原则 3 形成时，即形成下跌反转走势。但头肩顶反转形态还有它自身的规定。左肩与头部之间的低点和头部与右肩之间的低点连成一条直线，这条直线被称为颈线。当走势向下跌破颈线时，头肩顶反转形态才彻底形成。在图 5-1 中，为了简单说明问题，我们将颈线与原则 3 的水平线合并成了一条线。

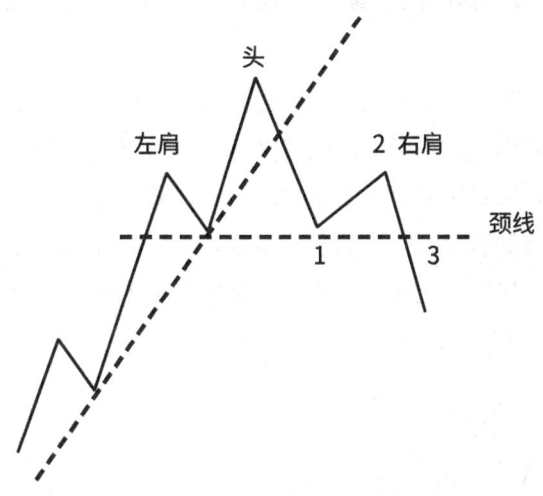

图 5-1　头肩顶反转形态示意图

图 5-2 为豆粕 2005 合约 2019 年 9 月至 12 月的 60 分钟走势图。头部与右肩之间的低点比头部与左肩之间的低点高，使得头肩顶的颈线向右上方倾斜。所以下跌趋势形成时，头肩顶反转形态给出信号的时间要早于 123 原则。

不过，并不是所有头肩顶反转形态的颈线都是向右上方倾斜的，也有可能朝右下方倾斜。若是如此，则 123 原则给出趋势反转的信号要早于头肩顶反转形态。

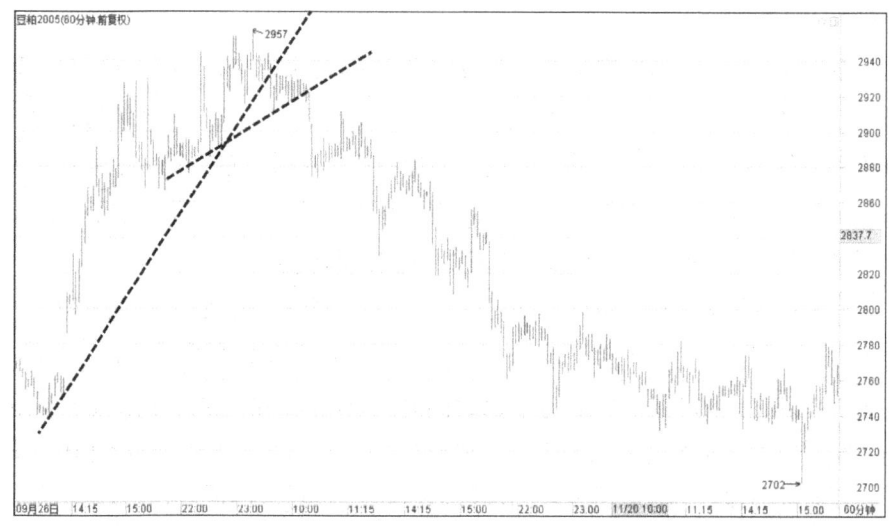

图 5-2 豆粕 2005 合约 2019 年 9 月至 12 月的 60 分钟走势图

头肩底反转形态与头肩顶反转形态互为镜像，如图 5-3 所示。通常情况下，底部形态的规模要小于顶部形态，或许这是头肩顶与头肩底的唯一区别吧。如果你不打算在反转形态中使用 123 原则，那就要谨记另外一个原则——是否突破颈线是衡量反转形态是否完成的唯一标准。如果走势并未突破颈线，你只是觉得现在的走势好像要演化成头肩形态，那就会走入误区，因为反转形态与 K 线形态一样，是会互相转化的。

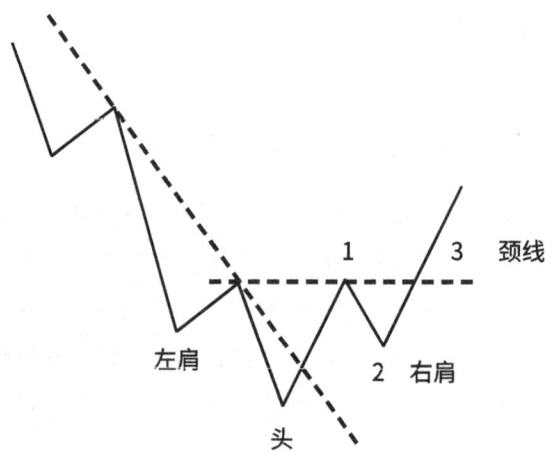

图 5-3 头肩底反转形态示意图

图 5-4 为乙二醇 2001 合约 2019 年 9 月至 12 月的走势图。本例中的头肩底反转形态规模非常小，只有十几条 K 线构建而成，如果不仔细观察很难发现。突破颈线的点位与 123 原则中突破原则 3 的点位非常接近。双重验证给出了下跌趋势反转的信号，买点同时产生，遇到这种情况可放心买入。

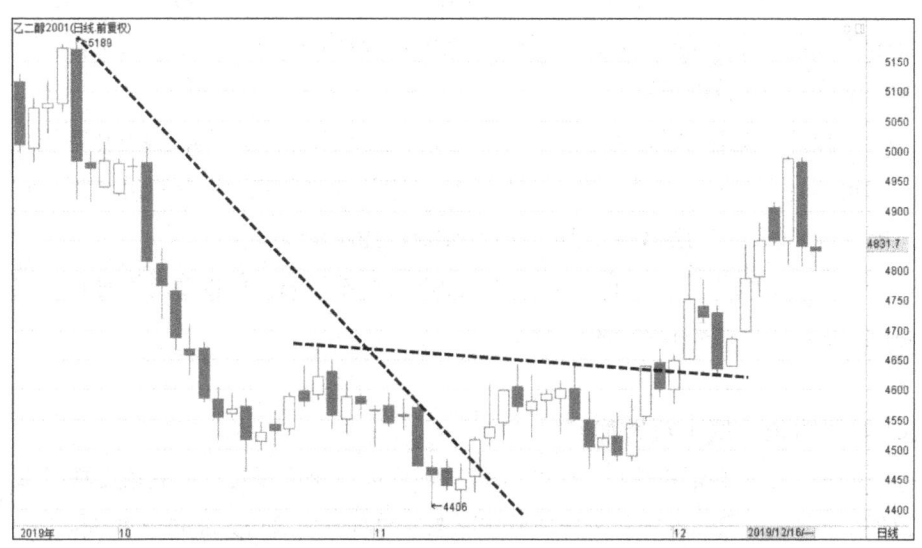

图 5-4　乙二醇 2001 合约 2019 年 9 月至 12 月走势图

头肩顶（底）反转形态不仅可以指引方向，它还有预判下跌（上涨）幅度的作用。若头肩顶（底）反转形态形成，测试一下其头部至颈线的竖直距离，它基本上等于价格在突破颈线后下跌（上涨）的最短距离。需要注意的是，这只不过是理论上的预判，只能用它来作为参考。

在头部形成之时，成交量会下降；当价格突破颈线时，成交量会再次放大。可以用这两种成交量来辅助判断头肩顶（底）反转形态。

价格下破（上破）颈线时，为第一卖点（买点）。完成突破后，有时价格还会对颈线进行反扑，试探颈线的压制（支撑）强度。若形态没问题，对于颈线的反扑通常都会被打回去。当价格反扑到颈线时为第二卖点（买点）。不过这也是一种理论上的参考，不能因为它会反扑颈线，我们就放弃了第一卖点（买点）。反扑可能会出现，也可能不会出现。若反扑不出现，而我们同时放弃了第一卖点（买点），那就彻底丧失了这一波趋势。

有些情况下，头肩顶（底）反转形态不会出现得这么简单容易，它可能在左肩或右肩处给出更为复杂的情况。例如左肩只是简单的涨跌，而右肩出现了三四波更为短小、复杂的涨跌，这让我们很难找到右肩的位置。不过我们也有应对的方法：涨跌是简单还是复杂都不必理会，因为左肩和右肩不能相距太远，这也是价格形态的对称原则——左与右对称、幅度对称、时间对称，它们都不能偏离太多。所以我们只要找到了对称的幅度和对称的时间，不管它多么复杂，我们都能找到正确的位置。

当价格突破颈线时，头肩顶（底）反转形态即宣告完成，即使会反扑颈线，一般也不会再次回穿颈线。所以一旦价格回穿了颈线，就要引起高度重视，它可能告诉你颈线的力度不足，那么该形态就有可能流产。

虽然我们说头肩顶（底）反转形态的准确率相当高，但也绝对不是百分之百的。所以，一定要做好止损工作。

5.1.2 双重顶（底）反转形态

把头肩顶反转形态中的任何两个波峰放到同一个水平位中，它就变成了双重顶反转形态。图 5-5 即把头肩顶反转形态中的右肩拉到与头部同一水平位上，右肩比头部略低。根据统计数据，出现次数最多的形态为头肩顶，而位居第二的非双重顶莫属。由于双重顶酷似"M"，也被称为 M 顶。双重顶的颈线与 123 原则的突破位是统一的。因为双重顶的两个头部之间只有一个低点，所以这个低点的水平直线就是双重顶的颈线，而此处也正是原则 1 的低点，那也就是原则 3 的突破点，二者重合。

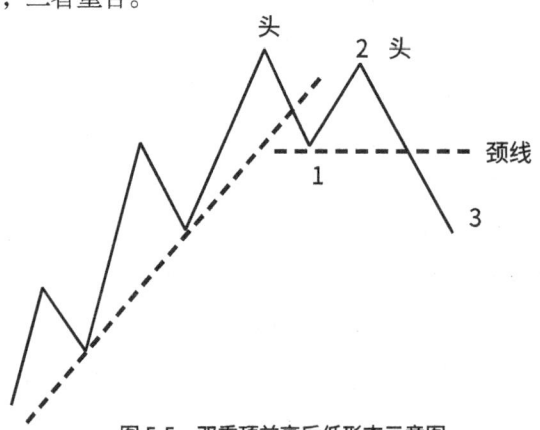

图 5-5 双重顶前高后低形态示意图

但也有一些特殊情况，在图 5-5 中，双重顶的第二个头部略低于第一个头部，所以我们很容易就能看出它与 123 原则的吻合之处。但如果双重顶的第二个头部略高于第一个头部呢，我们还能在其中找到 123 原则吗？也可以，如图 5-6 所示。

我们在讲头肩顶（底）反转形态的时候，提及当价格突破颈线后，一般都会对颈线进行反扑。在图 5-6 中，当双重顶形态形成时，走势下穿了颈线，此处为原则 1，而对颈线进行反扑时，形成了反弹的原则 2，而后价格再次下穿原则 1 的低点后，123 原则给出了趋势反转信号。这时 123 原则给出信号的时间要慢一些。

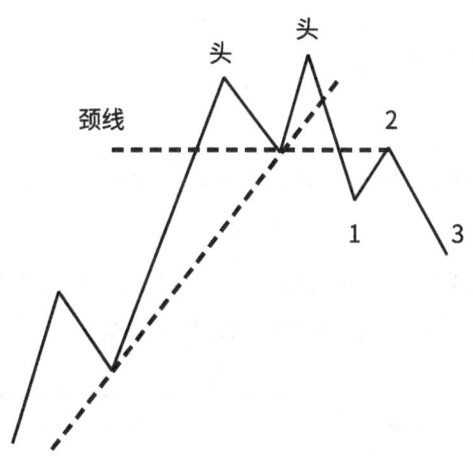

图 5-6　双重顶前低后高形态示意图

图 5-7 为橡胶 2001 合约 2019 年 4 月至 8 月的走势图。本例与图 5-6 一样，第二个头部略高。不过本例中的双重顶非常拖沓，两个头部形成后，价格下穿颈线时并不是直线下跌，而是以小 K 线反复震荡下跌的形式穿越颈线。但价格一过颈线，便一发不可收拾，下跌走势行进了约一个半月。

图 5-7　橡胶 2001 合约 2019 年 4 月至 8 月走势图

图 5-8 为焦煤 2001 合约 2019 年 7 月至 8 月的 2 小时走势图。本例与图 5-5 情况相同，123 原则与双重顶形态同时给出做空信号。

图 5-8　焦煤 2001 合约 2019 年 7 月至 8 月的 2 小时走势图

双重底反转形态与双重顶反转形态互为镜像。因为它酷似"W"，也被称为 W 底。如图 5-9 与图 5-10 所示，它们的指导意义与双重顶反转形态没有任何区别。

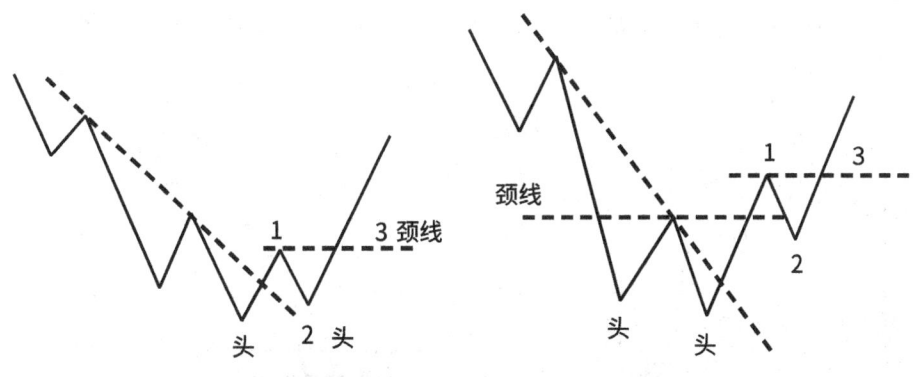

图 5-9　双重底前低后高形态示意图　　　　图 5-10　双重底前高后低形态示意图

图 5-11 为橡胶 2005 合约 2019 年 6 月至 9 月的走势图。双重顶（底）反转形态的规模几乎都非常小，它们更容易出现在小级别趋势线中，远远没有经常出现在大级别趋势中的头肩顶（底）反转形态规模大。本例中的双重底反转形态也只有十几条 K 线，两个头部相隔非常近。颈线与原则 3 的突破位重合，二者共同给出了趋势反转信号，买点同时出现。

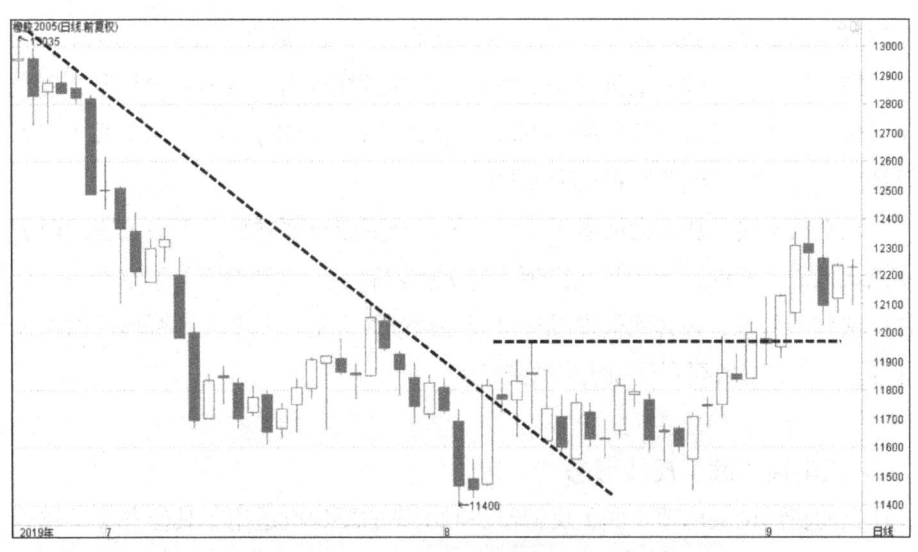

图 5-11　橡胶 2005 合约 2019 年 6 月至 9 月走势图

图 5-12 为伦锡综合合约 2018 年 4 月至 2019 年 5 月的走势图。本例中的第二个头部要低于前一个头部，但它的颈线更高。我们必须选取两个头部中最高点的水平位置画出颈线才有指导意义，但 123 原则中的原则 1 只要突破颈线并且出现高点即可，所以本例的 123 原则率先给出买点，随后双重底也给出了买点。

图 5-12　伦锡综合合约 2018 年 4 月至 2019 年 5 月走势图

双重顶（底）形成时的成交量也有辅助判断的作用。第二个头部处的成交量通常要小于第一个头部的成交量，而在突破颈线时，成交量会异常放大。

如果我们以离颈线最近的头部为起点，向颈线画出一条竖直的线段，那这条线段的长度，基本上等于突破颈线后上涨或下跌的距离。这也是双重顶（底）反转形态对于后势走势幅度的预判功能。

双重顶（底）被大大地滥用了，一般的投资者只要看见差不多位置的两个高点或低点，就说这一定是双重顶（底）反转形态，即着手下单做空做多。这种做法并不可取，因为我们说过，是否穿越颈线，是判断形态是否形成的唯一标准。所以，必须要利用颈线来做判断。

5.1.3　三重顶（底）反转形态

我们在讨论头肩顶（底）反转形态时所说的要领也适用于其他各类反转价格形态，例如本小节要学习的三重顶（底）反转形态。不过三重顶（底）反转形态比头肩顶（底）反转形态少见得多，三重顶（底）反转形态是头肩顶（底）反转形态一个小小的变体，其主要区别是三重顶（底）反转形态的 3 个波峰或波谷位于大致相同的水平上。在判断某个反转形态到底应该属于头肩形态还是三重形态时，往往会有些争议，如图 5-13 与图 5-14 所示。

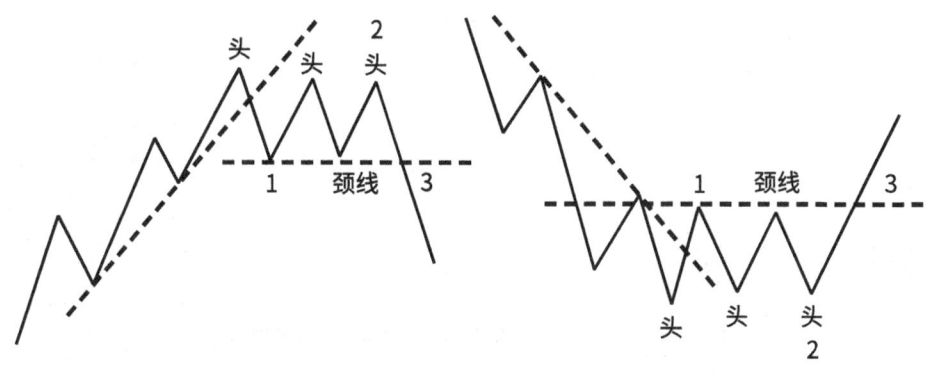

图 5-13　三重顶示意图　　　　　图 5-14　三重底示意图

三重顶（底）反转形态的波峰（谷）都不会再依次上升（下降），而是趋向于横向延展，价格必定会击穿下方（上方）起到支撑（压制）作用的趋势线，这是趋势即将反转的第一个信号，也是 123 原则的原则 1。

在三重顶（底）的 3 个头部逐渐形成的过程中，成交量会逐渐萎缩，渐渐地形成量价背离，这是趋势即将反转的第二个信号。在 3 个顶（底）全部形成之后，3 个头部之间会形成 2 个波谷（峰），将 2 个波谷（峰）的低（高）点连接起来，会形成一条三重顶（底）反转形态的颈线。价格有效地击穿颈线，则标志着三重顶（底）形成。

由于三重顶（底）形成时时间跨度较大、商品期货变动节奏快、主力合约换月频繁等特点，在商品期货中很难找到三重顶（底）反转形态的实例，所以我们暂且用股票的图形来举例说明。图 5-15 为上海电力（600021）2019 年 5 月至 9 月的走势图。3 个头部位置依次下降，但差距并不大，视觉效果上非常直观。我们只需找到 3 个头部之间的 2 个低点并相连成颈线，然后静等价格向下跌破颈线即可。

图 5-15　上海电力（600021）2019 年 5 月至 9 月走势图

图 5-16 为海信电器（600060）2018 年 5 月至 2019 年 3 月的走势图。3 个头部几乎位于同一水平线上，夹在 3 个头部之间的 2 个高点水平位置相差比较大，以致颈线以非常大的角度向右下方倾斜。当价格向上突破颈线后，用了 3 个交易日的时长对颈线进行反扑，反扑力度并不深。随后，颈线发挥了支撑作用，使得价格一路上涨。

图 5-16　海信电器（600060）2018 年 5 月至 2019 年 3 月走势图

为什么突破颈线如此重要？因为反转形态之间的转换是非常方便的，三重顶反转形态如果走出了3个波峰，在没有向下突破颈线之前，不能确认它一定是三重顶反转形态。如果没有向下突破颈线，而是在颈线处再次向上并且创出了新高，那么它的形态反而成了持续形态中的旗形形态（在后文的持续形态中会讲到）。这两种价格形态，一种是反转形态，一种是持续形态，截然不同的两种方向和指导意义，全部取决于价格是否突破颈线，所以对于颈线的突破是检验形态的唯一标准。

对于三重形态的最小测算目标，与头肩形态相同。拿三重顶反转形态举例，先测量中间头部至颈线的竖直距离，再找出向下突破颈线时的价格，用突破颈线的价格减去中间头部至颈线的竖直距离，便是三重顶反转形态的最小下跌目标。一切价格目标的测算都是理论上的，具体还要看在整体走势中有没有重要的压制位与支撑位。

5.1.4 圆弧顶（底）反转形态

圆弧顶（底）反转形态非常少见，但只要这两种形态出现，其成功率是非常大的，并且它们的反转力度也是非常大的，它们没有准确的颈线位置，所以不需要通过颈线的位置判断反转的目标。这两种形态通常是从哪儿下跌的，就要涨回到哪儿去；从哪儿涨起来的，就要跌回到哪里去。

圆弧顶（底）反转形态在形成的过程中，或价格的变化是极度平缓的，它们不会像其他反转形态一样出现一个尖顶或尖底，而是呈锅底一样缓慢地发生转变。其成交量的变化也会相应地根据图形形态的变化而变化，通常也呈锅底状。

在圆弧底中，价格随着圆弧底的形成，在左半边的形态中成交量逐渐萎缩；在圆弧底的右半边，随着价格的缓慢上扬，成交量逐渐增加，直至向上突破价格缓慢运行的临界点，价格直冲而上，成交量也随之迅速放大。反之，圆弧顶也是同理，如图5-17与图5-18所示。

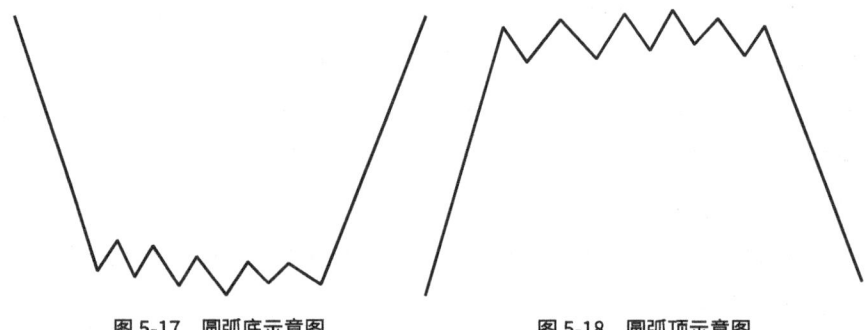

图 5-17　圆弧底示意图　　　　图 5-18　圆弧顶示意图

有时圆弧形态会发生一些形态上的变化。在圆弧底反转形态的底部，价格会窄幅震荡，在向上突破圆弧底的震荡区间后，价格并没有飞速上涨，而是在其震荡区间之上的位置处再次形成一个较小的平台震荡区间。从形状上看，更像是一个平底锅的手柄，在手柄形成之后，价格再次以陡峭的角度上涨。

真实情况是我们很难界定圆弧形态到底何时完成，这全部由弧底而定，有的圆弧形态更加缓慢，我们甚至不知道什么位置是它的圆弧连续。有时圆弧的角度过大，让我们根本没有反应的机会，等发现它时形态已经完成。所以对于圆弧形态，我们还需要一些其他的辅助分析方法。

另外，圆弧形态没有明显的颈线，这在操作性上也大大打了折扣。但通常情况下，在没有更重要的压制位与支撑位时，圆弧形态之前的高低点会对圆弧形态形成后的走势施加压制力。

5.1.5　V形反转形态

V形反转只是价格运行的一种普遍规律而已。因为V形反转只有一个头部，它走出了就是V形反转，没走出来就不是V形反转。若你发现它时，它已完成，那对于操作性来说，就没有任何意义。

也可以说，头肩形态的头和左右两肩是由3个V形反转构成的。双重形态是由2个V形反转构成的。三重形态是由3个V形反转构成的。圆弧形态是由无数个小V形反转构成的。

不过V形反转形态的拐点都出现在某些关键日期中，V形反转通常运行得非常激烈，有它的地方就有暴涨和暴跌，经常弄得我们措手不及，那么我们又该如何识别和利用这种形态呢？

它是反转形态，那么也必然要有趋势存在作为前提。所以，在有趋势的走势中，才有可能出现V形反转。V形反转的特征是暴涨后的暴跌或是暴跌后的暴涨，那么它的左半边必然是原趋势的一部分。根据它的特点，原上涨或下跌走势中极少出现回调或反弹，价格变化得非常快，角度也很大，不论上涨还是下跌，都如狂风骤雨一般，局势甚至一度无法控制，超出了绝大多数人对市场的预期。

若走势朝一个方向运行得过于猛烈，时间过久，那么它就像一根被拉得过长的橡皮筋，一旦一方的力度变松了，它便会以极快的速度弹回来，这就是V形反转的特点。

那么哪些日期是关键日期呢？有兴趣的朋友可以查一下投资大师威廉·江恩的书，他在书中写道："每个月中都会有两段比较重要的时间，在这些日期中，极易发生行情的反转。"也可以通过我们讲过的K线形态来判断。K线形态并不理会趋势怎样演化，它的作用是描述基本价格，如果趋势中有最微小的变动，也会是从K线形态开始反应的。例如那些经典的反转形态，都会在行情快速运行中给出信号。

当然我们还可以利用趋势线来判断。一旦价格突破了趋势线，说明价格已经从快速下跌中脱离出来了，也预示着V形反转形态的左半边已经形成。

V形反转形态的出现通常伴随着过度看多或过度看空的行情，或出现在谣言广布的行情中，或出现在重要消息发布之后。这些消息给大家带来恐慌，让大家一时无法面对，市场中甚至出现怕买不到或卖不出的极端心理，继而引发价格的暴涨或暴跌。在走势快速越过关键价位后，又会触发止损盘的出现，再次加速了行情的暴涨或暴跌。

5.2 持续形态

反转形态的作用是反转当前趋势，由上涨变为下跌，或由下跌变为上涨。反转形态也被称为主要形态，而持续形态相对于反转形态来说，为次要形态。持续形态的作用是对当前趋势进行调整与修正，缓冲一下原趋势运行的力度，调整结束后价格继续按原趋势运行。

为什么将反转形态称为主要形态,而将持续形态称为次要形态呢?因为反转形态是将原趋势进行反转,首先要有足够的动能将当前趋势停止,其次还需要有足够的动能将趋势转向另一个方向,所以它的波动幅度会更大,时间跨度也会更长。

有些反转形态会持续数月甚至数年,所以我们将这种幅度大、时间长的反转形态称为主要价格形态。而持续形态是在同一个趋势中进行演化,它本身并不破坏趋势,只是针对原趋势的前半部分进行调整与修正,它的价格幅度比较小,时间跨度也比较短,属于短暂形态或中级形态,所以我们将持续形态称为次要价格形态。

价格形态与所有技术分析工作一样,都是测算某一种趋势方向的概率,而不是决定性地告诉我们价格一定会涨或一定会跌。不论是同种形态之间,还是相反形态之间,它们的转化都是非常灵活的。例如我们接下来要讲的三角形形态,它本身是一种持续形态,但它在某种情况下还可以转变为反转形态。例如准确率最高的头肩形态,当它的全部结构都已完成,只是没有穿越颈线时,它可以转变为持续型头肩形态。

三重形态在没有穿越颈线时,也可以转换为矩形形态或旗形形态。所以我们一直在反复强调,是否有效、彻底地穿越颈线,是检验反转形态是否完成的唯一标准。而各种形态之间的相互转化,在本章的最后会详细讲到。

5.2.1 三角形形态

三角形形态是持续形态中最常见的形态,它还可以细分为对称三角形、上升三角形与下降三角形,如图 5-19 至图 5-24 所示。

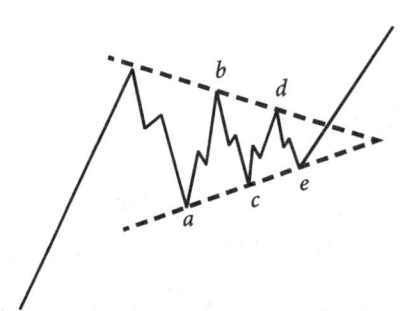

图 5-19　上涨趋势中的对称三角形

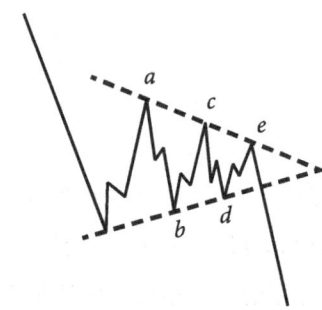

图 5-20　下跌趋势中的对称三角形

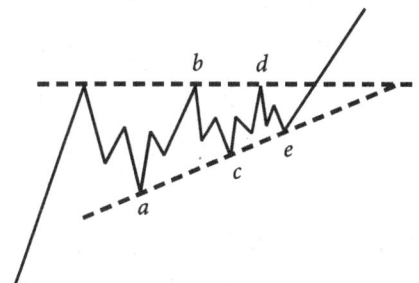
图 5-21　上涨趋势中的上升三角形

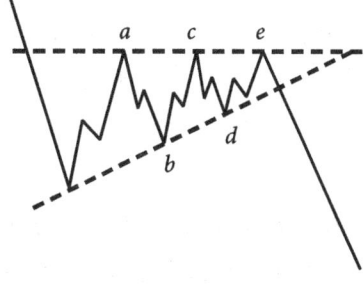
图 5-22　下跌趋势中的上升三角形

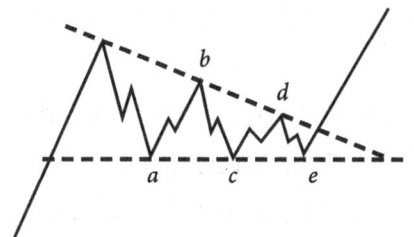
图 5-23　上涨趋势中的下降三角形

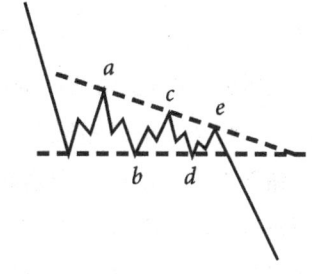
图 5-24　下跌趋势中的下降三角形

以上涨趋势中的对称三角形为例，在三角形的内部会存在 5 个转折点，也就是说三角形内部的震荡走势由 5 个波浪组成。我们通常将这 5 次震荡用 abcde 来表示。通过转折点 a 点与 c 点画出一条趋势线，以此界定三角形形态的下边线。再通过转折点 b 点与 d 点画出一条线，以此界定三角形形态的上边线。两条边线倾斜后相交，类似等腰三角形的两条等腰边。当价格向上突破上边线时，价格恢复原来的上涨趋势。

当然我们无法在形态没有走出来之前，就看出来它是三角形形态，而是要等它至少走到一半以上的时候，才发现它可能是对称三角形形态，此时再向三角形形态上靠拢。若它真的是三角形形态，我们就按三角形的指导意义来操作。若随着走势的逐渐演化，它已经偏离了三角形形态，那就要立刻放弃这个思路，再寻找其他的可能性。

通常三角形内部的 5 次震荡，理论上规定为每次震荡的幅度都是前一次震荡幅度的 0.618 倍，也就是小 b 浪的幅度应该为小 a 浪的 0.618 倍，小 c 浪又是小 b 浪的 0.618 倍，依次类推。当然，实际情况不可能完全按照理论上所说的进行演化。

那为什么会给出这么精确的设定呢？因为这是根据艾略特波浪理论修正过的价格形态进行的讲解，有兴趣的朋友可以去翻查一下《艾略特波浪理论——自然法则》一书，书中不仅讲解了为什么会给出每浪之间的 0.618 倍的设定，还详细地讲解了在持续形态演化的过程中，其中间震荡部分都要分为 5 个小浪的原因。

在三角形内部经过 5 次震荡后，价格应该是在 e 点的位置上，然后继续向上运行，目的是突破上边线。我们在讲反转形态时反复强调，是否有效、彻底地穿越颈线，是判断反转形态是否完成的唯一标准。那么现在到了持续形态了，我们还是要用到这句话，只需要换两个词——是否有效、彻底地突破边线，是判断持续形态是否完成的唯一标准。

在上涨趋势中的三角形形态，最后一定要突破上边线。同样，在下跌趋势中的三角形形态，最后一定要突破下边线。而突破的位置也是有讲究的，三角形的两条边线在其后的某一个时刻必然会相交，我们把交点称为三角形的顶点。通常从三角形形成的那一刻开始计算它到顶点的长度。这个长度是至关重要的，三角形内部经过 5 次震荡后，价格必须按原趋势向上突破边线，而突破边线的位置最好处于 1/2 至 3/4 处。若太晚突破，三角形形态就失去了它的指导意义。

还是以上涨趋势中的对称三角形为例，在原来的上涨趋势中，成交量应是随着价格的上涨不断放大的。进入三角形内部时，与原趋势相反的 ace 浪的成交量是相对萎缩的，与原趋势相同的 bd 浪的成交量是增加的。价格突破上边线时，成交量会突然放大。

至于上升三角形与下降三角形，它们名字里的"上升"和"下降"并没有多少实际意义，也不针对趋势而言。它们的意思是说，在上升三角形里，上边线是一条接近于水平的线，下边线的倾角是向上的；在下降三角形里，下边线是一条接近于水平的线，上边线的倾角是向下的，仅此而已。它们与对称三角形其他的特征都一样。

反转形态都有最小测算目标，持续形态也有。我们可以先测算在第一次上涨时的起涨点至阶段性高点的距离，再找出向上突破边线时的价格，将起涨点至第一阶段性高点距离的数值加在向上突破边线的价格上，此为对称三角形的最小预测目标。

对称三角形不但可以预测最小的目标价格，它还有独特的特质，可以大致预测三角形形态完成的时间。如果你看到三角形形态的两条边线相交了,那么相交的那一刻,三角形形态就此完成。

图 5-25 为沪铜 2002 合约 2019 年 8 月至 12 月的走势图。在实际应用中,铜价走出 abc 点 3 个震荡浪后,我们会发现高点越来越低,而低点越来越高。所以我们有理由判断这可能会出现三角形形态,所以以高点和 b 点画出一条边线,以 a 点和 c 点画出一条边线,然后静待三角形的演化。直到 d 点达到了上边线且未破上边线,e 点达到了下边线且未破下边线,而后一条阳线快速突破了上边线,并且在上边线以上收盘,三角形形态宣告完成。在突破边线时即可买进。

图 5-25　沪铜 2002 合约 2019 年 8 月至 12 月走势图

图 5-26 为沪锡 2101 合约 2018 年 11 月至 2019 年 1 月的走势图。持续形态的一大特征就是走势非常混乱,它不再明确性地向上涨或向下跌,而是杂乱无章,就像我们在前文中提到的无趋势状态。根据无趋势状态下的峰谷排列特征,我们才能明辨市场的真实意图。所以只要波峰波谷杂乱,我们的第一反应就是画出上下边线,看它怎么动。只要突破某一边的边线,即可判断走势方向。

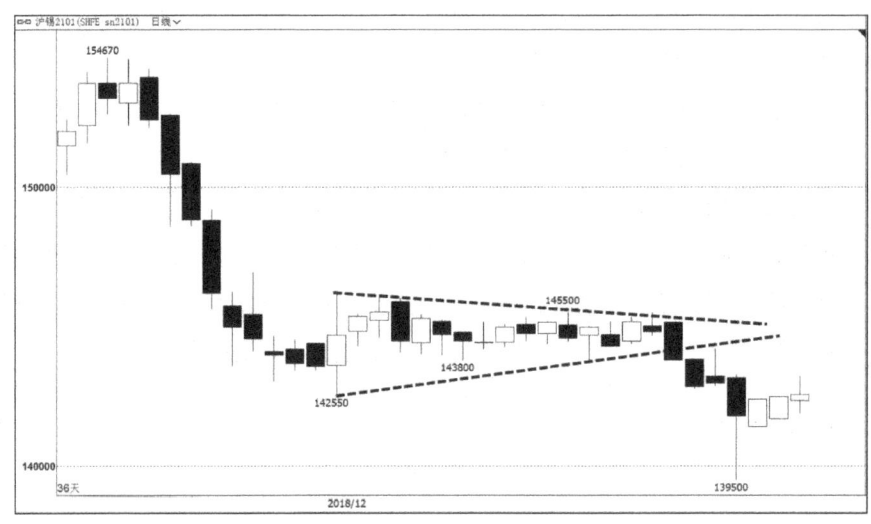

图 5-26　沪锡 2101 合约 2018 年 11 月至 2019 年 1 月走势图

5.2.2 楔形形态

楔形形态是三角形形态的一种变体。三角形形态的两条边线的倾角是相反的，并且两条边线是内敛的。楔形形态的两条边线同样是内敛的，只不过两条边线的倾角是相同的，如图 5-27 与图 5-28 所示。

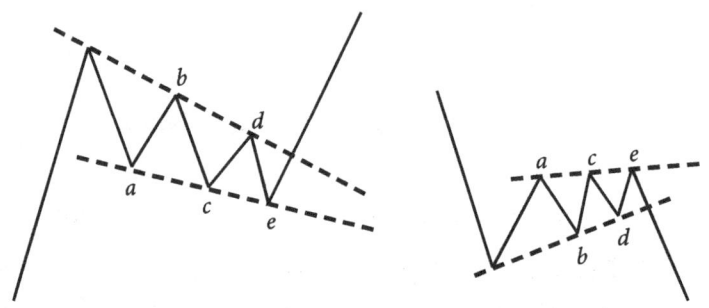

图 5-27　上涨趋势中的楔形形态　　图 5-28　下跌趋势中的楔形形态

本质上说它就是三角形形态，只是一条边线的角度发生了一些变化而已，其他方面与三角形形态并无二致。

5.2.3 喇叭形形态

喇叭形持续形态与三角形形态恰好相反。三角形形态的两条边线是向内收敛的，而喇叭形形态的两条边线是向外扩张的，如图5-29与图5-30所示。

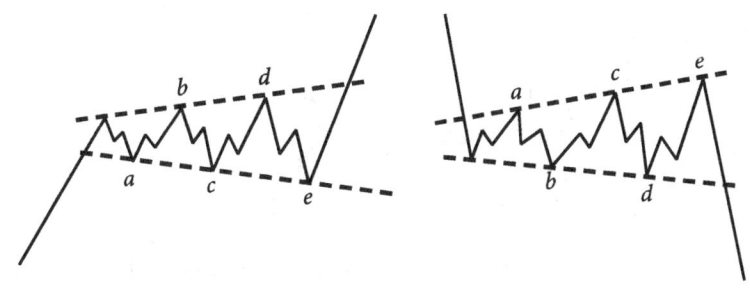

图5-29　上涨趋势中的喇叭形形态　　图5-30　下跌趋势中的喇叭形形态

除了边线的开口越来越大，它的演化过程与三角形都一样。在喇叭形内部的5浪震荡幅度也会越来越大。前文我们讲到三角形内部震荡波浪幅度的关系时曾说，后面的每一浪理论上都是前一浪的0.618倍。喇叭形恰好相反，后面的每一浪理论上都是前一浪的1.618倍。

由于震荡的幅度越来越大，失去了预测最小价格目标的意义，所以出现了喇叭形形态时，市场可能会失去理智，向上破高后再向下破低，再向上破高，再向下破低，专门对付趋势交易者。一旦发现有喇叭形出现的迹象，应该立刻躲得远远的，直到它突破了某条边线，重归理智时，再回来研究它。

图5-31为郑醇2005合约2019年9月至11月的2小时走势图。在本例中，喇叭形形态作为持续形态，在多空激烈的争夺后，郑醇价格最终选择了向下。不过喇叭形只有突破下边线后才能确认它是作为下跌趋势的持续形态，喇叭口处扩张得越大，当我们确认时，下跌趋势的大半部分越可能已经走完，所以喇叭形形态的操作性并不强。

图 5-31 郑醇 2005 合约 2019 年 9 月至 11 月的 2 小时走势图

5.2.4 旗形形态

我们可以把任何一组持续形态都看作是三角形形态的一种变体。如果三角形内部的 5 浪结构变得更有序地向下或向上，则构成了旗形形态，如图 5-32 与图 5-33 所示。

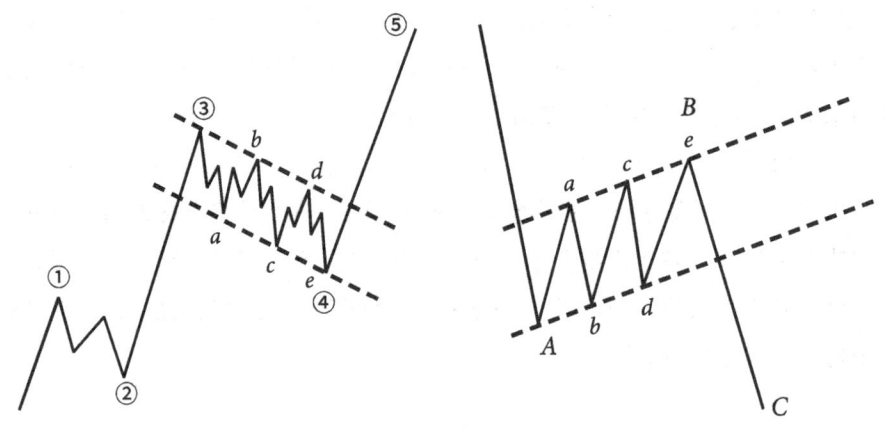

图 5-32　上涨趋势中的旗形形态　　　　图 5-33　下跌趋势中的旗形形态

如果你了解波浪理论，就一定会知道，在调整浪中出现价格形态最多的地方就是 4 浪和 B 浪。所以在上面的图示中，我将整体波浪全部体现了出来。

旗形形态是很常见的一种形态,它出现的频率并不亚于三角形形态。旗形形态通常出现在快速市中,言外之意是旗形形态所衔接的上下两段走势的速度都是非常快的,旗形形态的整体结构并不太大。如果说头肩形态是最可靠的反转形态,那么旗形形态就是最可靠的持续形态。

从图 5-32 与图 5-33 中可以看出,旗形形态的两条边线是平行的,当然在具体的走势中也不可能完全平行。成交量在持续形态构建之时,会逐渐萎缩,当形态结束重归趋势时,成交量会继续放大。

旗形形态内部也是 5 浪结构。在旗形形态之前的上涨(下跌)幅度,就是理论上的旗形形态之后的上涨(下跌)幅度。

图 5-34 为乙烯 2005 合约 2019 年 9 月至 11 月的 60 分钟走势图。持续形态内部走势理论上为 5 浪结构,但现实中走势并不一定每一次都给出 5 浪结构,就像本例中的走势一样。只要我们能画出平行线,也就找到了边线,当价格突破边线时,即可认定形态完成。

图 5-34　乙烯 2005 合约 2019 年 9 月至 11 月的 60 分钟走势图

5.2.5 矩形形态

矩形形态是旗形形态的变体,将旗形形态的波峰波谷都放置到同一个水平位置后,两条边线变成两条平行线,即为矩形形态,如图 5-35 与图 5-36 所示。

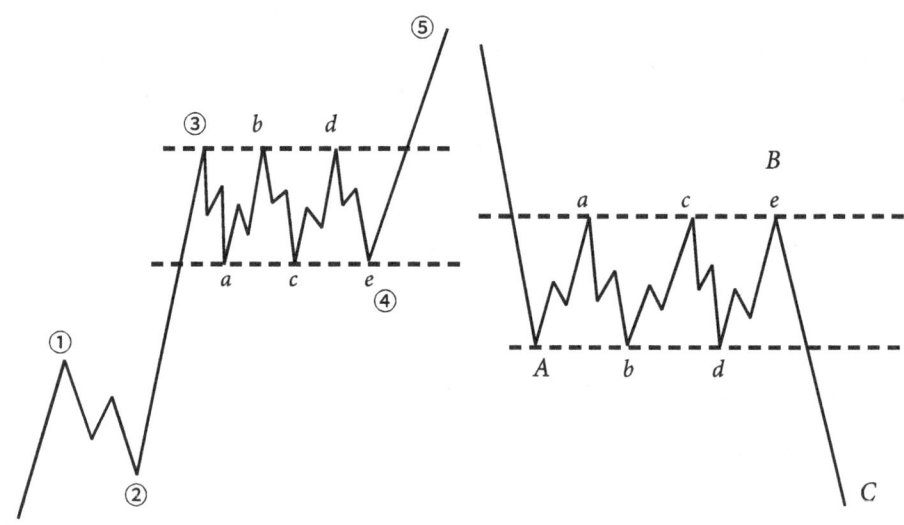

图 5-35　上涨趋势中的矩形形态　　　　图 5-36　下跌趋势中的矩形形态

矩形形态的时间跨度要比旗形形态长一些，并且矩形形态也是持续形态中时间跨度比较大的。除了它的持续形态像一个长方形一样，其他方面都与旗形形态一样。

5.3 形态之间的转化

形态之间的转化，是指反转形态与持续形态之间的转化。例如在反转形态中，形态全部构筑完成后，价格在颈线处被颈线阻挡，不能有效、彻底地穿越颈线，这就不一定会成为一个反转形态，而有可能形成其他的形态。

5.3.1 充当顶部或底部的楔形形态

楔形形态一般被视为持续形态，但如果它们的边线倾角与趋势方向相同，则会演变为顶部或底部楔形形态，如图 5-37 与图 5-38 所示。

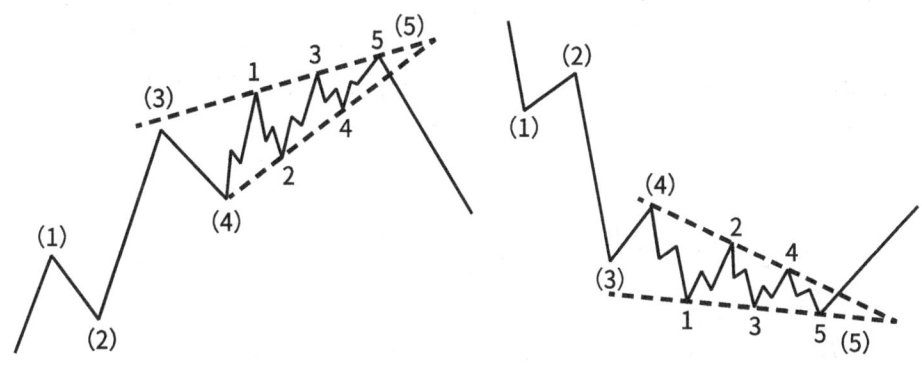

图 5-37　充当顶部的楔形形态　　　　图 5-38　充当底部的楔形形态

图 5-39 为上证 1912 合约 2019 年 8 月至 12 月的走势图。楔形充当顶部形态时，它虽然属于趋势的一部分，但它的波峰和波谷之间是上下徘徊的，这不影响趋势的定义。在上涨趋势中，楔形的出现意味着上涨中的震荡幅度越收越窄，在逐渐收窄的过程中还在持续不断地上涨，直至两条边线无法容纳，下破边线形成顶部。

图 5-39　上证 1912 合约 2019 年 8 月至 12 月走势图

5.3.2 充当顶部或底部的喇叭形形态

当喇叭形形态的内部 5 浪完成后，它并未按原趋势方向突破边线而是突破了相反的边线，此时的喇叭形形态就变成了三重顶形态或三重底形态，如图 5-40 与图 5-41 所示。

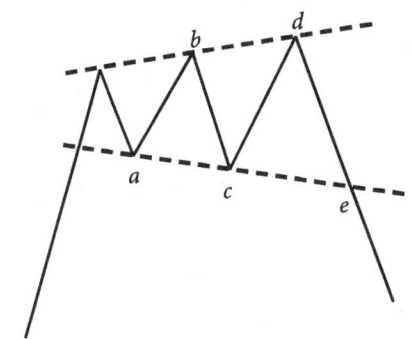

图 5-40　未完成的喇叭形形态转换为三重顶形态　　图 5-41　未完成的喇叭形形态转换为三重底形态

当价格走到 e 点时，应该掉头反向穿越另一边的边线，但它却顺势走了出去，脱离了控制。而此时被它穿越的边线，反而变成了三重形态的颈线。

5.3.3 充当顶部或底部的三角形形态

其实各种持续形态都可以转变为反转形态，反转形态也可以随时转变为持续形态。诸如对称三角形、上升三角形、下降三角形、喇叭形、旗形、矩形，在 5 个小波段的震荡结束后，应按原趋势方向突破边线以完成持续形态。但在 5 波震荡运行结束之际，价格无力再向原方向突破边线，反而突破了与原趋势线相反的另一边边线，使持续形态转为反转形态。

充当顶部或底部的三角形形态，与上文中的喇叭形形态除了边线的角度不一样外，其他方面都没有区别，如图 5-42 与图 5-43 所示。

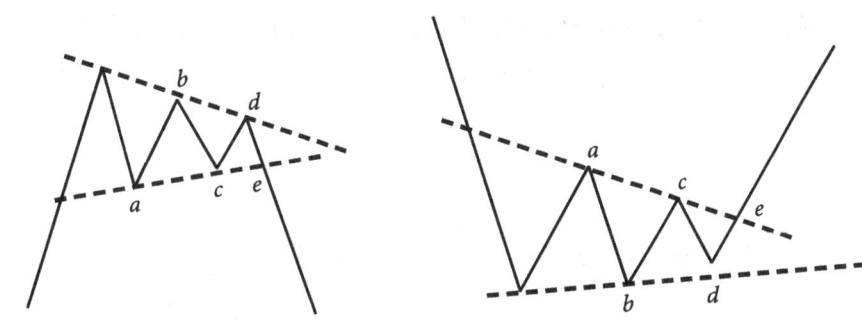

图 5-42　未完成的三角形形态转换为三重顶形态　　图 5-43　未完成的三角形形态转换为三重底形态

图 5-44 为郑醇 2005 合约 2019 年 8 月至 11 月的 2 小时走势图。有很多新学者很着急，他们会在看似三角形形态中的 e 点率先做多或做空，这样可以比突破边线时再建仓多赚一点。本例中 e 点处有一条下影线极长的疑似锤子线出现，如果我们不等其他的信号，看见了疑似锤子线，又恰好在 e 点被反弹而回，而在此处做多的话，第一没等锤子线给出验证，第二没等价格形态给出验证，结果就是郑醇价格向下快速突破下边线，三角形变成了三重顶，造成了严重的亏损。

图 5-44　郑醇 2005 合约 2019 年 8 月至 11 月的 2 小时走势图

5.3.4 头肩形态为持续形态

头肩形态是典型的反转形态，但在一些特殊的情况中，它也会以持续形态出现。其实我们可以将它看成是不规则的三角形、旗形、矩形等形态。常规的持续形态两边线间的峰谷排列井然有序，若峰谷错置，看起来像中间高两边低或中间低两边高，那就形成头肩形态的持续形态了，如图 5-45 与图 5-46 所示。

图 5-45　头肩底形态的持续形态

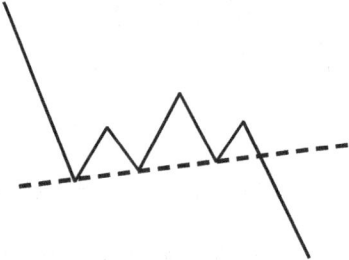
图 5-46　头肩顶形态的持续形态

若边线为水平形态，也就是说它的峰谷处于水平位置，那我们可以将它看成是变形的矩形形态，只不过中间的峰谷更加突出而已。若边线是倾斜的，那我们就可以把它看成是峰谷突出的旗形形态。

价格形态之间的转换是非常灵活的，随便拨弄一个峰谷，随便突破相反的边线，形态即可能发生变化——持续变反转，反转变持续，边线变颈线，颈线变边线。不过不论价格形态怎样变化，我们都要遵循两条规则：如果是反转形态，那么是否突破颈线是衡量反转形态是否成立的唯一标准；如果是持续形态，那么是否突破边线是衡量持续形态是否成立的唯一标准。只要严守这两条，以不变应万变，就足以应付价格形态的任意形态。

第6章

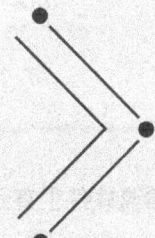

移动平均线系统

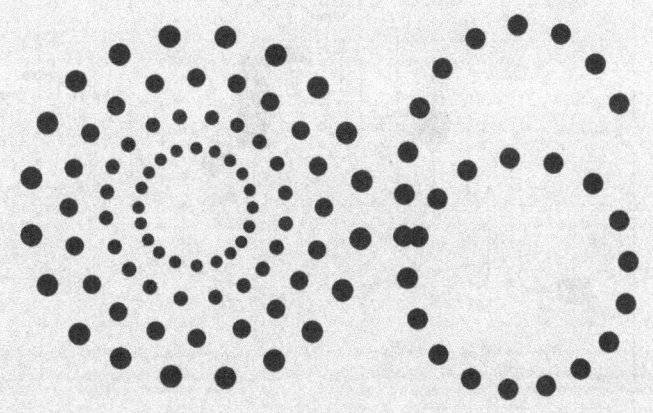

移动平均线,英文为 Moving Average（移动的平均）,所以在看盘软件上直接输入 MA,即可在主图上找到附加均线。在界面的左上角,如图 6-1 所示,它的标识就是 MA。MA 后面附加的数字,为计算移动平均值的周期。例如 MA5,是最近 5 个交易日收盘价的算术平均值；MA60,是最近 60 个交易日收盘价的算术平均值。

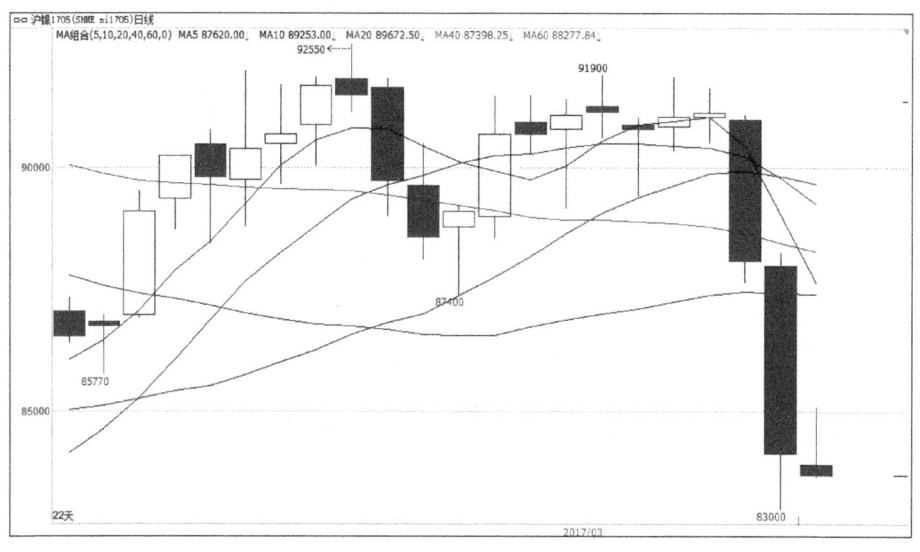

图 6-1 移动平均线

图 6-1 中有 5 根移动平均线,按左上角的提示,分别为 5 日移动平均线、10 日移动平均线、20 日移动平均线、40 日移动平均线和 60 日移动平均线。需要注

意的是，在日K线图中我们称之为某日移动平均线，那么在其他级别的K线图中又是如何称呼的呢？没有统一的标准，如果你要写出来给别人看，就要写明K线图的级别，例如在5分钟K线图中的5日移动平均线。如果你与人讨论，你们面前打开的都是同一张K线图，那么怎么说都无所谓了。

6.1 移动平均线的种类与计算方法

移动平均线大致可分为算术移动平均线、线性加权移动平均线和指数加权移动平均线。算法不同，功效不同，因此各有长短。不过根据美林公司的统计数据，3种均线的算法中最简单的是算术移动平均线。

6.1.1 算术移动平均线

算术移动平均线的计算方法最简单，例如铁矿1705合约最近10天的收盘价分别为714元、690.5元、698元、694.5元、668元、661元、661.5元、661.5元、658元、656元。若要计算5日算术移动平均线，则将第一天至第五天的收盘价相加，再除以5，即可得到第一天至第五天的移动平均值。如法炮制，继续计算第二天至第六天的移动平均值、第三天至第七天的移动平均值，直至计算到最后。计算过程如下。

第一天至第五天：（714 + 690.5 + 698 + 694.5 + 668）÷ 5 = 693（元）。

第二天至第六天：（690.5 + 698 + 694.5 + 668 + 661）÷ 5 = 682.4（元）。

第三天至第七天：（698 + 694.5 + 668 + 661 + 661.5）÷ 5 = 676.6（元）。

第四天至第八天：（694.5 + 668 + 661 + 661.5 + 661.5）÷ 5 = 669.3（元）。

第五天至第九天：（668 + 661 + 661.5 + 661.5 + 658）÷ 5 = 662（元）。

第六天至第十天：（661 + 661.5 + 661.5 + 658 + 656）÷ 5 = 659.6（元）。

将这些移动平均值连接成一条平滑的曲线，就是5日移动平均线了。只要有足够的数据，我们可以计算出任何一个数值的移动平均值。若要计算10日移动平均线，只需要将最近10天的收盘价相加后平均，结果为676.3元。

在软件中，这类移动平均线通常有5～6条，其周期参数可能按照交易时间来设置，例如参数5代表1周有5个交易日，参数10代表2周，参数20代

表4周,参数40为2个月,参数60为3个月,参数120为半年,参数240为1年;也可能按斐波那契数列来设置,例如3、5、8、13、21、34、55、89…还可以根据自己的喜好和使用习惯随意设置。所以,对于均线参数的设置并没有具体的要求。

参数越小,移动平均线越灵活,它会紧跟价格走势的微小波动;参数越大,移动平均线越平滑,它对于微小波动基本没有反应。图6-2为橡胶2005合约2019年10月至12月的走势图。图中有两条均线,分别为5日均线和60日均线。5日均线随着价格的波动而波动,K线形成峰谷,5日均线也随之形成峰谷。60日均线对于这些微小的波动没有反应,因为K线整体趋势是向上的,所以60日均线也追随整体趋势平滑向上,其间没有明显的波动。

图6-2 橡胶2005合约2019年10月至12月走势图

而有些人喜欢另辟蹊径。由于K线描述了4种基本价格(开盘价、最高价、最低价、收盘价),而传统的移动平均线只计算了收盘价,对另外3种价格却没有顾及,所以这些人就开发了其他移动平均算法,将收盘价换成其他3种。图6-3至图6-5分别为橡胶2005合约的开盘价移动平均线、最高价移动平均线和最低价移动平均线。

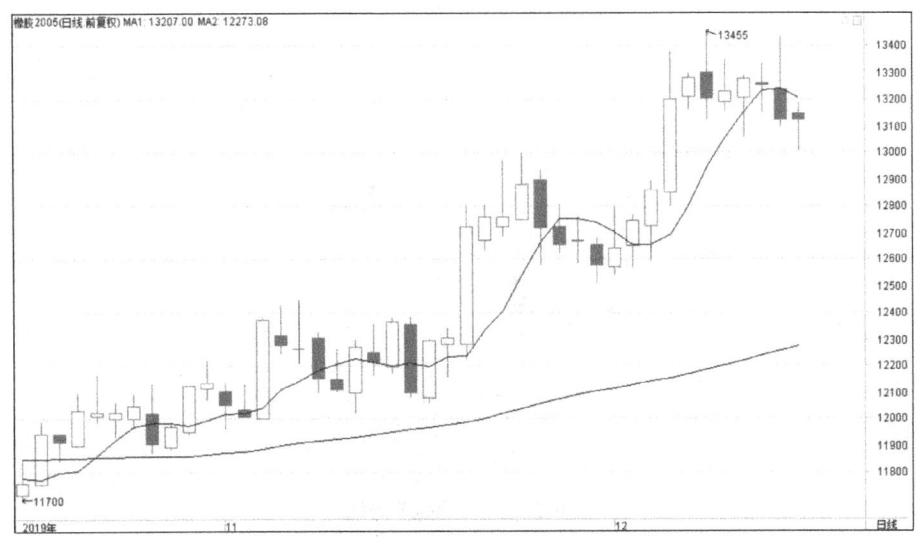

图 6-3　开盘价移动平均线

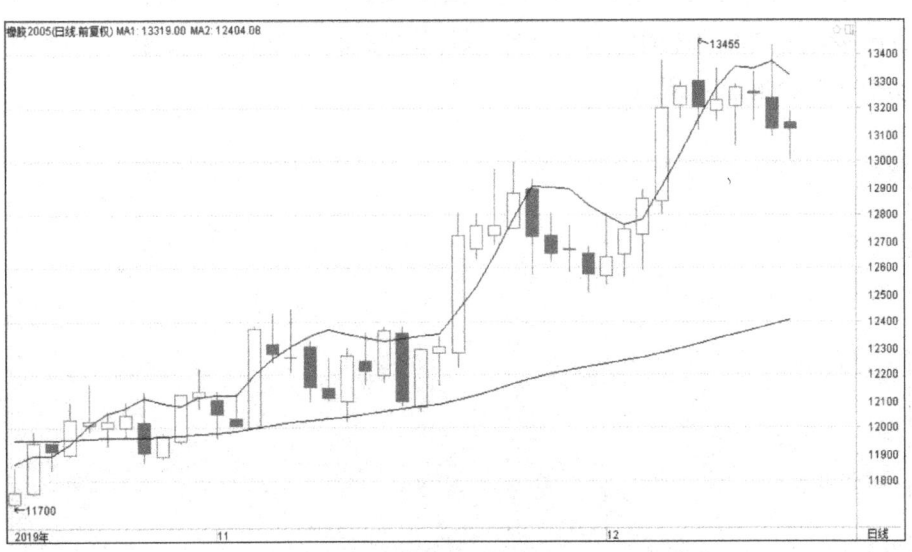

图 6-4　最高价移动平均线

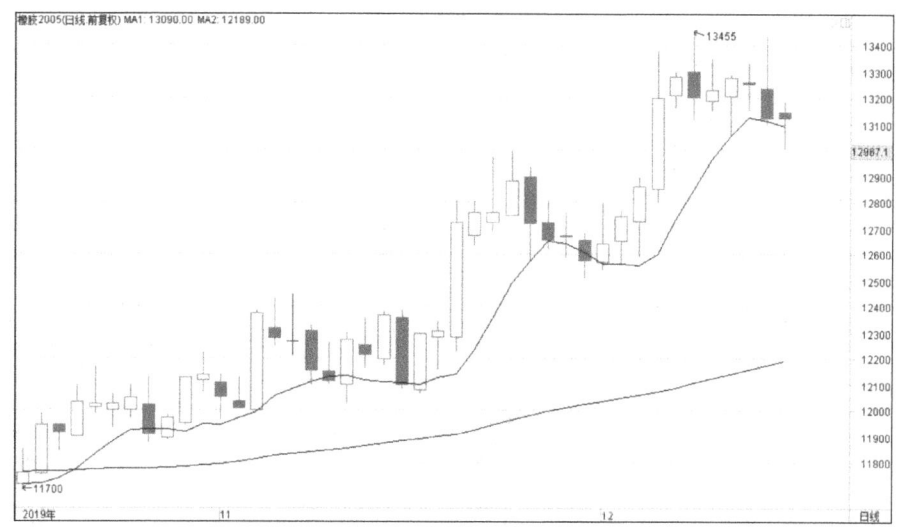

图 6-5　最低价移动平均线

更有甚者认为 3 种价格分别显示还是有些麻烦，不如将 4 种价格平均后计算出移动平均线，或者除去开盘价，只计算最高价、最低价与收盘价三者的移动平均线，如图 6-6 所示。

图 6-6　最高价、最低价、收盘价三者平均后的移动平均线

6.1.2 线性加权移动平均线

5 天前的状况对今天的影响大,还是昨天的状况对今天的影响大?当然是离得越近的影响越大。线性加权移动平均线就是利用了这一点,即对离当前越近的收盘价赋予越大的权重,对离得越远的收盘价赋予越小的权重。

线性加权移动平均线的加权规则按照均线设定的参数来计算。例如 10 日线性加权移动平均线,对于第一天的收盘价给予 1 权重,对于第二天的收盘价给予 2 权重,依次类推,对第十天也就是离我们最近的一天,给予 10 权重。

我们把第一天的收盘价称为 C_1,第二天的收盘价称为 C_2……那么计算第十天的线性加权移动平均线的公式为:($C_1 \times 1 + C_2 \times 2 + C_3 \times 3 + C_4 \times 4 + C_5 \times 5 + C_6 \times 6 + C_7 \times 7 + C_8 \times 8 + C_9 \times 9 + C_{10} \times 10$) ÷ (1 + 2 + 3 + 4 + 5 + 6 + 7 + 8 + 9 + 10)。

为了方便对比,我们将算术移动平均线与线性加权移动平均线放到一张图内,如图 6-7 所示。仔细看各个高低点,线性加权移动平均线在橡胶 2005 合约中表现得要比算术移动平均线好很多。

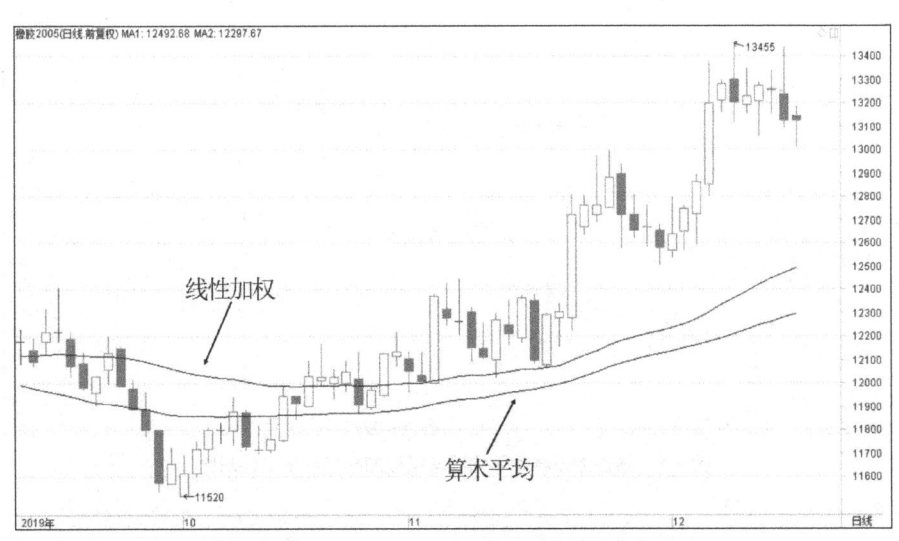

图 6-7　算术移动平均线与线性加权移动平均线对比

6.1.3 指数加权移动平均线

算术移动平均线虽然只计算参数内的平均值,但对每一天的收盘价都同样重视。线性加权移动平均线解决了算术移动平均线存在的部分问题,它对参数天数内的收盘价分别给予了不同的权重,但它只顾及参数设置内的收盘价,并未顾及全部。

例如参数为 N 天,不论是算术平均还是线性加权,它们都只管 N 天内的事,其他的一概不问。但即使 N 再大,也不能涵盖全部。所以指数加权应运而生,它的计算方法覆盖了全部 K 线走势图。

由于指数加权移动平均线的计算方法过于复杂,最初在发明指数加权移动平均线的时候,就是采用计算机辅助完成计算的。这里就不再介绍它的计算方法了,我们可以在任意一款分析软件中找到指数加权移动平均线。K 线图在运行中还会短暂穿插线性加权移动平均线,但它们对指数加权移动平均线并未有任何影响,如图 6-8 所示。如此看来,如果使用单条均线的话,指数加权移动平均线的效果较好。

图 6-8　线性加权移动平均线与指数加权移动平均线对比

3 种算法到底哪个更好呢?我们只用了橡胶 2005 合约一部分的走势图,即使做了对比,也只是对比了这一段走势孰优孰劣,并不能给出全样本的确切性判断。所以我们还是要求助于权威机构，看看他们怎么说。

我们通过《期货市场技术分析》一书，对均线有以下总结。

从回测数据来看，期货价格的走势并不随机。顺应趋势的交易会有极高的利润，移动平均线顺应趋势，所以使用移动平均线作为参考，势必会产生显著的收益。但移动平均线不是万能的，在股价有上升或下降的趋势时，它会支撑或压制价格走出一段趋势，但在震荡区间内，均线将会起到推动作用。移动平均线不是万能钥匙，若用其作为参考，建议使用长周期移动平均线，因为长周期移动平均线能撑得住短期回调，也能压得住短期反弹。在宽幅震荡中，长期移动平均线因其滞后性走平，可以根据它的这个特点，选择暂时离开。

6.2 单条移动平均线的应用

移动平均线（简称为均线）不必五条八条地成组使用，单条也有单条的用法。最简单的方法有两种：利用 K 线高于或低于移动平均线来指导交易，或是利用移动平均线的斜率来指导交易。

6.2.1 K 线穿插单条均线法

操作方法非常简单，当收盘价上穿移动平均线时建立多头头寸，同时将空头头寸平仓。当收盘价下穿移动平均线时建立空头头寸，同时将多头头寸平仓，如图 6-9 所示。

图 6-9　K 线穿插单条均线法示意图

方法虽然简单，但其关键在于选取单条均线的参数，如果参数过小，就会陷入反复止损的境地；若参数过大，则会导致过多的踏空和利润回吐。我们分别用 20 日均线和 60 日均线来做回测，然后进行对比。样本选用铁矿指数 2017 年 3 月 15 日到 2019 年 11 月 14 日的交易记录，K 线穿插 20 日均线法铁矿指数全样本交易记录如表 6-1 所示。

表 6-1　K 线穿插 20 日均线法铁矿指数全样本交易记录　　　　金额单位：元

日期	买开（买平）	日期	卖开（卖平）
2017-03-15	693.5	2017-03-21	639
2017-04-28	517	2017-03-21	639
2017-04-28	517	2017-05-04	480.5
2017-05-19	485	2017-05-04	480.5
2017-05-19	485	2017-05-23	475.5
2017-06-21	432	2017-05-23	475.5
2017-06-21	432	2017-06-22	424.5
2017-06-23	432.5	2017-06-22	424.5
2017-06-23	432.5	2017-08-14	529
2017-08-17	555.5	2017-08-14	529
2017-08-17	555.5	2017-08-29	553.5
2017-08-31	571.5	2017-08-29	553.5
2017-08-31	571.5	2017-09-04	564
2017-09-05	574.5	2017-09-04	564
2017-09-05	574.5	2017-09-06	548.5
2017-10-20	469.5	2017-09-06	548.5

续表

日期	买开（买平）	日期	卖开（卖平）
2017-10-20	469.5	2017-10-27	433
2017-11-02	450.5	2017-10-27	433
2017-11-02	450.5	2017-11-03	448
2017-11-06	475	2017-11-03	448
2017-11-06	475	2017-11-15	454.5
2017-11-16	463.5	2017-11-15	454.5
2017-11-16	463.5	2017-12-07	494
2017-12-08	505.5	2017-12-07	494
2017-12-08	505.5	2017-12-11	495
2017-12-12	501.5	2017-12-11	495
2017-12-12	501.5	2017-12-14	496.5
2017-12-15	506	2017-12-14	496.5
2017-12-15	506	2017-12-27	515
2017-12-29	531	2017-12-27	515
2017-12-29	531	2018-01-16	532.5
2018-01-19	545	2018-01-16	532.5
2018-01-19	545	2018-01-23	523.5
2018-02-13	530.5	2018-01-23	523.5
2018-02-13	530.5	2018-03-05	522
2018-04-19	472.5	2018-03-05	522
2018-04-19	472.5	2018-05-21	462.5
2018-06-06	469	2018-05-21	462.5
2018-06-06	469	2018-06-19	450
2018-06-25	463.5	2018-06-19	450
2018-06-25	463.5	2018-06-26	462.5
2018-06-28	467.5	2018-06-26	462.5
2018-06-28	467.5	2018-07-02	463.5
2018-07-11	463	2018-07-02	463.5
2018-07-11	463	2018-08-21	494.5
2018-09-06	502.5	2018-08-21	494.5
2018-09-06	502.5	2018-09-28	496
2018-10-08	498.5	2018-09-28	496
2018-10-08	498.5	2018-11-01	516
2018-12-13	485.5	2018-11-01	516
2018-12-13	485.5	2019-02-05	588.5
2019-03-01	613.5	2019-02-05	588.5
2019-03-01	613.5	2019-03-06	598.5
2019-03-07	611	2019-03-06	598.5
2019-03-07	611	2019-03-08	600.5
2019-03-14	611.5	2019-03-08	600.5
2019-03-14	611.5	2019-03-20	587
2019-03-19	611	2019-03-20	587
2019-03-19	611	2019-04-18	631.5
2019-04-22	639	2019-04-18	631.5

续表

日期	买开（买平）	日期	卖开（卖平）
2019-04-22	639	2019-04-24	630
2019-05-07	652	2019-04-24	630
2019-05-07	652	2019-05-08	644
2019-05-09	646	2019-05-08	644
2019-05-09	646	2019-06-06	702
2019-06-10	718	2019-06-06	702
2019-06-10	718	2019-07-22	828
2019-09-03	635	2019-07-22	828
2019-09-03	635	2019-09-20	627.5
2019-09-23	639	2019-09-20	627.5
2019-09-23	639	2019-09-24	614.5
2019-10-08	643	2019-09-24	614.5
2019-10-08	643	2019-10-09	627
2019-10-10	645	2019-10-09	627
2019-10-10	645	2019-10-14	625
2019-11-14	603	2019-10-14	625

以上是铁矿石从 2017 年 3 月 15 日到 2019 年 11 月 14 日按 K 线穿插 20 日均线法所产生的全部交易记录，累积收益如图 6-10 所示。只有这些记录还不具有任何意义，我们还需要对这些记录做进一步分析。

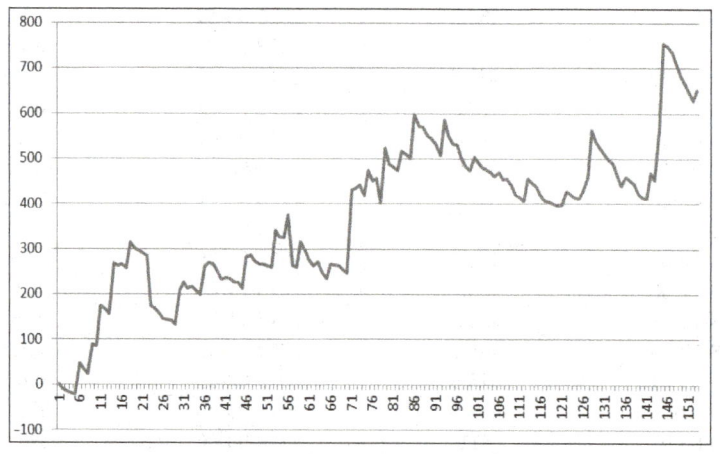

图 6-10　K 线穿插 20 日均线法单手累积收益曲线

若要检测某一系统是否可用，必须对若干品种进行回测，并且回测的样本最好是全样本，即从上市之初到当前最后一天，如此则包含了该品种的上涨走势、下跌走势和震荡走势。只有样本涵盖所有的走势数据，才能给出客观的评估数据。

要回测系统，就要先搞清楚要回测哪些数据。

一要看净利润总额。

想总结一段时间内或者从头至尾，按这种策略我们最后赚了多少钱，它是最常用的一种衡量指标。但需要注意的是这不是最重要的指标，它只是我们最关心的指标。赚多赚少，一目了然。那为什么说净利润总额不太重要呢？

因为它只告诉了你最后的结果，却无法告诉你在使用这套策略时，什么时候赚了钱。可能去年赚了200元，今年亏了100元，利润总额100元，看结果还不错。但我们知道，一年出现了相对巨额亏损，说明这种策略还是有问题的。

虽然它有这样的缺陷，但却是不可或缺的。我们做完回测后，如果它是正的，并且数额还是可接受的，我们会继续对这种策略进行分析、优化，如果为负或者数额太小，就没有进行下一步的必要了。

二要看平均交易回报。

这个指标还是很重要的，其计算方法是用净利润总额除以总交易笔数。如果比值够大，说明你每笔交易都能赚很多钱，这个不用展开。如果比值过小呢？就有两种可能：一是你的净利润总额太小；二是总交易笔数过多，陷入了频繁交易中，赚到的大部分钱都交了手续费了。所以这种策略就不推荐了。

三要看最大获利和最大亏损。

最大亏损如果超过了你的本金的很大一部分，那就算了。如果你运气差，最大亏损每次为10%，再遇到几次连续亏损，你就可能已经损失百分之几十的本金了。所以最大亏损一定要控制好，这关乎生存问题。

最大获利太大了也不一定好。如果一年赚100元，而其中有一次最大获利为50元，那你这一年内其他的交易几乎没赚什么钱。更深层次的意思就是，这种最大获利是非经常性事件，这和我们分析财务报表是一样的，非经常性收益一定要排除掉。只有最大获利与平均交易回报相差不多，才说明这种策略极其稳定。

四要看盈亏比。

这需要先了解两个概念：毛利和毛损。毛利就是所有交易中只算赚到的钱，毛损就是所有交易中只算亏损的钱。两者相加就是净利润总额。

毛利除以毛损的比值就是获利因子。它能告诉你每1元风险可能产生多少利润。我们来举一个详细的例子。

你有2元,投入成本1元,赢了可以赚2元,输了会亏1元。

第一次投入成本,你输了,你损失了1元,此时的毛损就是1元。

再次投入成本,你赢了,你赚了2元,此时的毛利就是2元。

毛利2元除以毛损1元,你的获利因子就是2。

按照定义,获利因子越大,说明你每1元的风险所换回来的利润越高。但这个数值是不是越高越好呢?这个问题本身可能就存在问题,因为交易次数是随时间而增多的,获利因子是随着每笔交易不停变化的。可能你连续盈利,获利因子不断增高,或者连续亏损,获利因子不断下跌,这都不代表什么,只是短期的问题。极佳的策略是使盈利和亏损均匀地分布在时间轴上,那么获利因子或高或低都不重要,越平稳才越重要。

五要看毛利平均利润和毛损平均亏损。

这其实是平均交易回报的一种深入衡量。如果毛利大于毛损,而毛利平均却小于毛损平均,说明盈利都集中在几笔交易中,分布不均匀。分布不均匀是日内策略最大的弊端。分布不均匀的推论使你可能会遭遇非常频繁的连续亏损,它们整合起来将会是一个非常可怕的数字。

六要看最大连续获利交易次数、最大连续亏损交易次数以及获利交易百分率。

最大连续亏损交易次数当然不能过多,这非常重要,不必赘述。最大连续获利的交易次数当然是越多越好。它还有一个妙用,就是利用这些统计数据,如果你知道你的策略连续盈利最大次数为5次,那么当你已经连续盈利4次时,下一次很大概率是会亏损的。此时可不投入或投入成本,这就是你存乎一心的选择了。

获利交易百分率衡量的是你交易总笔数中是盈利占比多,还是亏损占比多。结合以上两个概念,当然是越多越好了。

表6-2为铁矿指数中K线穿插20日均线法系统的回测数据,总体盈利非常高,盈亏比也非常高,只是准确率非常低。如果你想用这种方法进行交易,就必须忍受连续的亏损,并且不改初心,始终如一。

表 6-2　K 线穿插 20 日均线法系统的回测数据

盈利总额	65 100 元
总交易次数	152 笔
平均每笔交易回报	428.29 元
最大获利	19 300 元
最大亏损	11 100 元
毛利润	213 900 元
毛亏损	148 800 元
盈亏比	1.44
盈利交易笔数	42 笔
亏损交易笔数	110 笔
准确率	27.63%
平均毛利润	5 221.43 元
平均毛亏损	1 352.73 元
最大连续笔数	11 笔
最大连续亏损金额	8 200 元

表中准确率太低，是不是我们选用的均线参数太低了呢？如果将参数调大，会包容很多震荡走势，交易次数减少了，会不会更好一些呢？我们再做一次回测，如表 6-3 与表 6-4 所示。图 6-11 为累积收益。

表 6-3　K 线穿插 60 日均线法铁矿指数全样本交易记录　　　　金额单位：元

日期	买开（买平）	日期	卖开（卖平）
2017-06-29	473.5	2017-03-22	603.5
2017-06-29	473.5	2017-07-04	462.5
2017-07-05	467.5	2017-07-04	462.5
2017-07-05	467.5	2017-09-14	508.5
2017-11-22	488	2017-09-14	508.5
2017-11-22	488	2018-01-31	513
2018-02-05	528.5	2018-01-31	513
2018-02-05	528.5	2018-03-05	522
2018-05-14	486.5	2018-03-05	522
2018-05-14	486.5	2018-05-16	480.5
2018-05-17	481	2018-05-16	480.5
2018-05-17	481	2018-05-17	475.5
2018-06-05	465.5	2018-05-17	475.5
2018-06-05	465.5	2018-06-19	450
2018-06-25	463.5	2018-06-19	450
2018-06-25	463.5	2018-07-04	462.5
2018-07-12	466	2018-07-04	462.5
2018-07-12	466	2018-07-13	462.5
2018-07-19	466.5	2018-07-13	462.5
2018-07-19	466.5	2018-11-13	502.5
2018-11-16	510	2018-11-13	502.5

续表

日期	买开（买平）	日期	卖开（卖平）
2018-11-16	510	2018-11-20	503.5
2018-11-21	513	2018-11-20	503.5
2018-11-21	513	2018-11-22	503.5
2018-12-20	502.5	2018-11-22	503.5
2018-12-20	502.5	2018-12-24	497
2019-01-04	514.5	2018-12-24	497
2019-01-04	514.5	2019-08-02	775
2019-11-19	619.5	2019-08-02	775
2019-11-19	619.5	2019-11-20	617

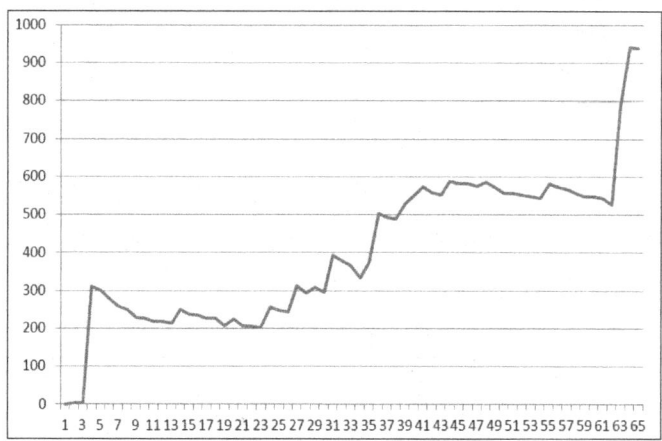

图 6-11　K 线穿插 60 日均线法单手累积收益曲线

表 6-4　K 线穿插 60 日均线法系统的回测数据

盈利总额	93 900 元
总交易次数	64 次
平均每笔交易回报	1 467.19 元
最大获利	30 600 元
最大亏损	3 250 元
毛利润	134 950 元
毛亏损	41 050 元
盈亏比	3.29
盈利交易笔数	21 笔
亏损交易笔数	43 笔
准确率	32.81%

续表

平均毛利润	6 426.19 元
平均毛亏损	954.65 元
最大连续笔数	9 笔
最大连续亏损金额	10 700 元

参数放大后，显示出了大参数的优越性，总体收益、准确率、盈亏比都在提高。

当然，这只是铁矿石一个商品标的物的回测数据，如果换一个品种，回测数据可能会出现翻天覆地的变化。但最重要的是参数不同，回测结果不同，可能有些参数的回测数据会比现在的更加漂亮。可是那有什么用呢？如果我们用历史数据找到一个非常适合的参数，能让我们获得极大的利润，那也只不过是高度拟合的参数而已，并不一定适用于后面的走势。

那有什么办法能弥补这方面的缺陷呢？对于带有参数的交易系统，这种缺陷是天生的，根本无法回避。我们只能随着行情的变化，主观地手动设置新参数。

6.2.2 单条均线斜率法

当震荡走势出现时，均线系统会变得一无是处，K 线穿插均线是家常便饭。在那段时间里，几乎每一天都有交易，并且在来回穿插的过程中多次频繁止损。这是 K 线与单条 K 线配合的根本问题，有没有解决的方法呢？

如果我们只利用均线而不考虑 K 线的话，就能避免 K 线反复穿越均线的问题。那么少了 K 线的参照，单条均线如何提供交易信号呢？均线是趋向类指标，所以它本身就有趋势性。如果今天的均线值比昨天的均线值高，均线向右上方运行，它的斜率为正，我们默认此时为上涨趋势。相反，今天的均线值比昨天的均线值低，均线向右下方运动，它的斜率为负，我们默认此时为下跌趋势。

所以我们使用单条均线的斜率交易方法：当均线斜率为正时，买进开仓，并且平掉空头头寸；当均线斜率为负时，卖出开仓，并且平掉多头头寸，如图 6-12 所示。

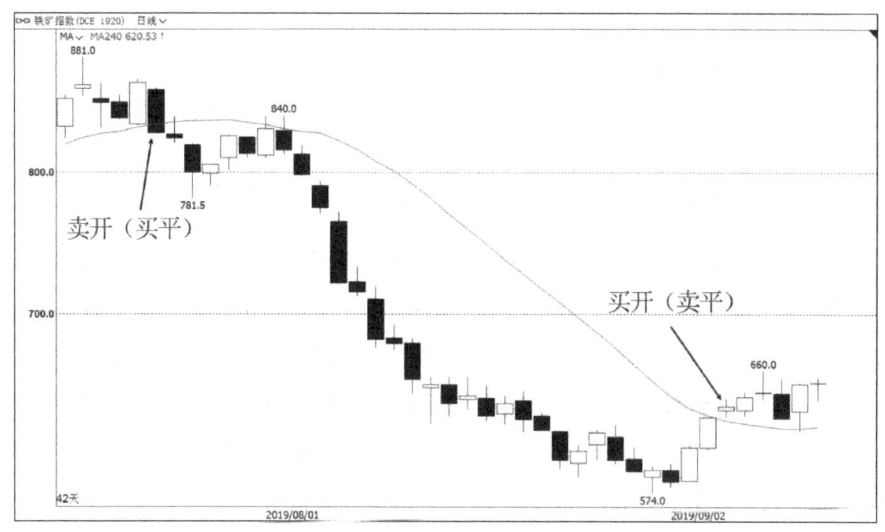

图 6-12　单条均线斜率法示意图

我们还是利用铁矿指数的全样本数据进行回测,以方便对比,数据如表 6-5 至表 6-8 所示。累积收益图分别如图 6-13 与图 6-14 所示。

表 6-5　20 日均线斜率法铁矿指数全样本交易记录　　　　金额单位:元

日期	买开(买平)	日期	卖开(卖平)
2017-03-15	693.5	2017-03-10	631.5
2017-03-15	693.5	2017-03-17	678
2017-05-17	473.5	2017-03-17	678
2017-05-17	473.5	2017-05-18	465
2017-05-19	485	2017-05-18	465
2017-05-19	485	2017-05-22	490
2017-06-27	454	2017-05-22	490
2017-06-27	454	2017-09-04	564
2017-09-05	574.5	2017-09-04	564
2017-09-05	574.5	2017-09-06	548.5
2017-09-11	531.5	2017-09-06	548.5
2017-09-11	531.5	2017-09-14	508.5
2017-11-02	450.5	2017-09-14	508.5
2017-11-02	450.5	2017-11-03	448
2017-11-06	475	2017-11-03	448
2017-11-06	475	2017-11-15	454.5
2017-11-16	463.5	2017-11-15	454.5
2017-11-16	463.5	2017-11-17	465.5
2017-11-20	475.5	2017-11-17	465.5
2017-11-20	475.5	2018-01-02	543.5

续表

日期	买开（买平）	日期	卖开（卖平）
2018-01-04	543.5	2018-01-02	543.5
2018-01-04	543.5	2018-01-16	532.5
2018-01-17	533.5	2018-01-16	532.5
2018-01-17	533.5	2018-01-22	542.5
2018-01-24	524.5	2018-01-22	542.5
2018-01-24	524.5	2018-01-29	517
2018-02-14	542	2018-01-29	517
2018-02-14	542	2018-03-08	503
2018-04-19	472.5	2018-03-08	503
2018-04-19	472.5	2018-04-20	459.5
2018-04-23	475.5	2018-04-20	459.5
2018-04-23	475.5	2018-05-21	462.5
2018-05-29	462.5	2018-05-21	462.5
2018-05-29	462.5	2018-05-30	454
2018-06-22	458	2018-05-30	454
2018-06-22	458	2018-06-27	461.5
2018-06-28	467.5	2018-06-27	461.5
2018-06-28	467.5	2018-07-04	462.5
2018-07-17	464.5	2018-07-04	462.5
2018-07-17	464.5	2018-08-24	490.5
2018-08-29	481	2018-08-24	490.5
2018-08-29	481	2018-09-03	484.5
2018-09-13	503.5	2018-09-03	484.5
2018-09-13	503.5	2018-09-14	501.5
2018-09-18	506.5	2018-09-14	501.5
2018-09-18	506.5	2018-11-06	505
2018-12-21	503	2018-11-06	505
2018-12-21	503	2019-03-08	600.5
2019-03-18	619	2019-03-08	600.5
2019-03-18	619	2019-03-19	620.5
2019-03-25	591	2019-03-19	620.5
2019-03-25	591	2019-03-28	587
2019-04-01	627	2019-03-28	587
2019-04-01	627	2019-05-07	652
2019-05-16	678.5	2019-05-07	652
2019-05-16	678.5	2019-07-29	813.5
2019-09-09	651	2019-07-29	813.5
2019-09-09	651	2019-10-09	627
2019-10-10	645	2019-10-09	627
2019-10-10	645	2019-10-14	625
2019-11-15	613	2019-10-14	625

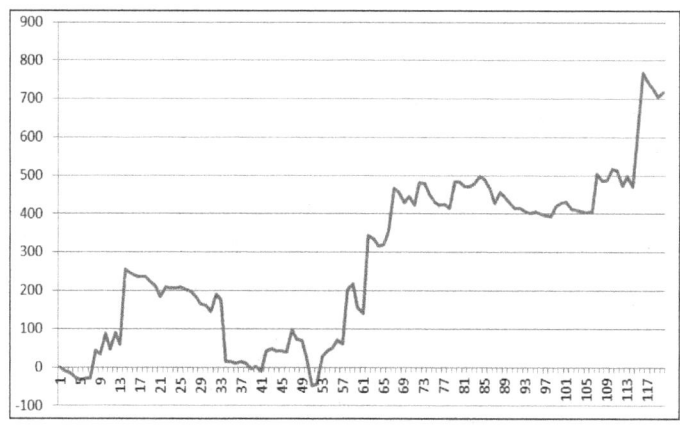

图 6-13 20 日均线斜率法单手累积收益曲线

表 6-6 20 日均线斜率法系统的回测数据

盈利总额	71 850 元
总交易次数	119 笔
平均每笔交易回报	603.78 元
最大获利	20 450 元
最大亏损	16 150 元
毛利润	191 550 元
毛亏损	119 700 元
盈亏比	1.6
盈利交易笔数	49 笔
亏损交易笔数	70 笔
准确率	41.18%
平均毛利润	3 909.18 元
平均毛亏损	1 710 元
最大连续笔数	7 笔
最大连续亏损金额	16 750 元

表 6-7 60 日均线斜率法铁矿指数全样本交易记录 金额单位：元

日期	买开（买平）	日期	卖开（卖平）
2017-03-13	654	2017-03-31	557
2017-04-05	563	2017-03-31	557
2017-04-05	563	2017-04-07	525.5
2017-07-14	476.5	2017-04-07	525.5
2017-07-14	476.5	2017-07-26	509
2017-07-28	520.5	2017-07-26	509

续表

日期	买开（买平）	日期	卖开（卖平）
2017-07-28	520.5	2017-09-21	469.5
2017-09-27	471	2017-09-21	469.5
2017-09-27	471	2017-09-28	449.5
2017-12-18	534	2017-09-28	449.5
2017-12-18	534	2018-03-05	522
2018-06-15	472.5	2018-03-05	522
2018-06-15	472.5	2018-06-19	450
2018-06-22	458	2018-06-19	450
2018-06-22	458	2018-07-17	464.5
2018-07-18	464.5	2018-07-17	464.5
2018-07-18	464.5	2018-07-19	466.5
2018-07-20	471.5	2018-07-19	466.5
2018-07-20	471.5	2018-11-07	505.5
2018-11-08	511.5	2018-11-07	505.5
2018-11-08	511.5	2018-11-09	512.5
2018-11-12	508.5	2018-11-09	512.5
2018-11-12	508.5	2018-11-13	502.5
2018-11-16	500.5	2018-11-13	502.5
2018-11-16	510	2018-11-20	503.5
2018-11-21	513	2018-11-20	503.5
2018-11-21	513	2018-11-23	485.5
2018-12-21	503	2018-11-23	485.5
2018-12-21	503	2018-12-24	497
2018-12-28	499	2018-12-24	497
2018-12-28	499	2019-01-02	493.5
2019-01-07	518	2019-01-02	493.5
2019-01-07	518	2019-01-11	513
2019-01-14	517	2019-01-11	513
2019-01-14	517	2019-01-16	515
2019-01-21	534.5	2019-01-16	515
2019-01-21	534.5	2019-01-22	528.5
2019-01-24	537.5	2019-01-22	528.5
2019-01-24	537.5	2019-08-09	654
2019-11-21	625	2019-08-09	654
2019-11-21	625	2019-12-05	633.5
2019-12-09	661	2019-12-05	633.5
2019-12-09	661	2019-12-13	658.5

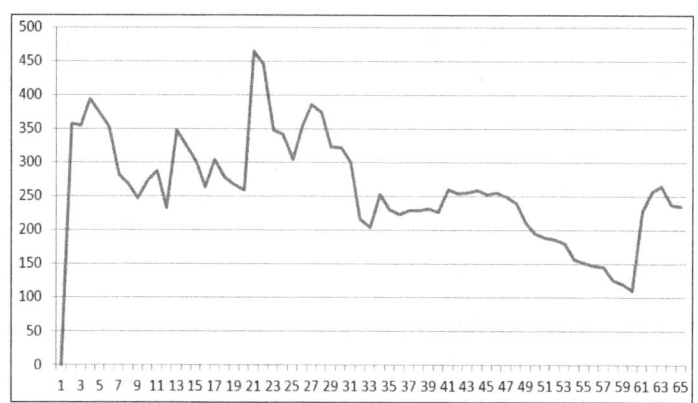

图 6-14 60 日均线斜率法单手累积收益曲线

表 6-8 60 日均线斜率法系统的回测数据

盈利总额	23 500 元
总交易次数	64 次
平均每笔交易回报	367.19 元
最大获利	35 800 元
最大亏损	9 700 元
毛利润	113 450 元
毛亏损	89 950 元
盈亏比	1.26
盈利交易笔数	20 笔
亏损交易笔数	44 笔
准确率	31.25%
平均毛利润	5 672.5 元
平均毛亏损	2 044.32 元
最大连续笔数	14 笔
最大连续亏损金额	18 200 元

和 K 线穿插单条均线法相比，斜率法简直是"惨不忍睹"。不过实际情况不是这样的，我们说过所有带参数的交易系统都具有高度的拟合性，也许只是我们选用的参数在铁矿石上特别适合 K 线穿插单条均线法，而不适合斜率法。那么就存在另外一种可能性，即另一组参数就会特别适合斜率法，而不适合 K 线均线穿插法。但我们又不能去寻找这个拟合参数，因为一旦找到了高收益的高拟合参数后，后续走势还会发生变异。

6.3 双均线法

一条均线能玩出的花样还是太少，如果再加上一条均线，就可以玩出更多的花样。双均线系统通常都是选用大小两个参数差异较大的均线，例如 10 日均线与 60 日均线的配合，60 日均线与 120 日均线的配合等。不过也可以根据个人喜好不同以及对均线系统的理解不同任意搭配。

6.3.1 双均线交叉法

当短期移动平均线向上穿越长期移动平均线时，说明最近一段时间的交易日内，收盘价的平均水平高于更长一段时间内的收盘价的平均水平，我们默认此时处于上涨趋势中。相反，短期移动平均线向下穿越长期移动平均线时，我们默认此时为下跌趋势。而短期向上穿越长期，称为金叉，短期向下穿越长期，称为死叉。

双均线交叉法的应用方法：双均线金叉时，买入开仓，同时空头平仓；双均线死叉时，卖出开仓，如图 6-15 所示。这与前面的两种方法有一个共同的特征，多单平仓后立刻建立空单，空单平仓后立刻建立多单，也就是连续在市，没有不持仓的时候。

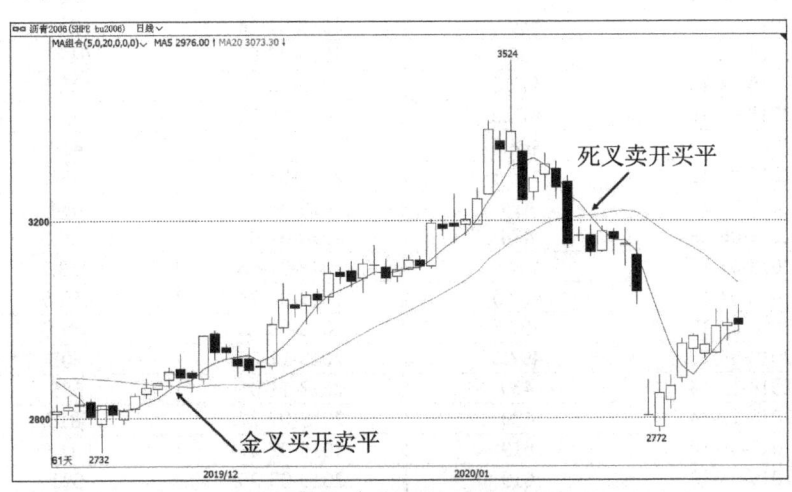

图 6-15　双均线交叉法示意图

移动平均线的特点是追踪价格走势，它不提供技术指标以解决一般的超买或超卖的问题。价格上涨，它就上涨；价格下跌，它就下跌。移动平均线描述这一阶段内的平均值，所以它有天生的滞后性，特别是采用了两种移动平均线，利用短期平均值与长期平均值进行对比，给出交易信号，就具有了两个维度，而不是像单条平均线那样只有一个维度。这种信号的可信度要高于单条移动平均线的可信度，也可以弥补单条移动平均线的不足。

我们使用 5 日均线与 20 日均线来回测铁矿指数数据，当然还可以利用其他参数的均线构建系统。表 6-9 为双均线交叉法逐笔交易记录，图 6-16 为累积收益曲线，表 6-10 为系统的回测数据。

表 6-9 双均线交叉法逐笔交易记录　　　　　　金额单位：元

日期	买开（买平）	日期	卖开（卖平）
2017-03-17	678	2017-03-22	603.5
2017-05-03	519	2017-03-22	603.5
2017-05-03	519	2017-05-08	463
2017-06-23	432.5	2017-05-08	463
2017-06-23	432.5	2017-08-17	555.5
2017-08-18	581	2017-08-17	555.5
2017-08-18	581	2017-09-07	544
2017-10-24	462	2017-09-07	544
2017-10-24	462	2017-10-30	431
2017-11-07	475.5	2017-10-30	431
2017-11-07	475.5	2017-12-13	504.5
2017-12-19	527	2017-12-13	504.5
2017-12-19	527	2018-01-18	538.5
2018-02-13	530.5	2018-01-18	538.5
2018-02-13	530.5	2018-03-07	519.5
2018-04-19	472.5	2018-03-07	519.5
2018-04-19	472.5	2018-05-22	454
2018-06-11	468.5	2018-05-22	454
2018-06-11	468.5	2018-06-21	454
2018-06-29	474	2018-06-21	454
2018-06-29	474	2018-07-06	459.5
2018-07-13	462.5	2018-07-06	459.5
2018-07-13	462.5	2018-08-23	487.5
2018-09-10	497.5	2018-08-23	487.5
2018-09-10	497.5	2018-11-06	505
2018-12-14	489	2018-11-06	505
2018-12-14	489	2019-02-27	581.5
2019-03-18	619	2019-02-27	581.5
2019-03-18	619	2019-03-25	591
2019-04-02	636	2019-03-25	591

续表

日期	买开（买平）	日期	卖开（卖平）
2019-04-02	636	2019-04-23	640
2019-05-10	657	2019-04-23	640
2019-05-10	657	2019-06-10	718
2019-06-11	749	2019-06-10	718
2019-06-11	749	2019-07-24	800
2019-08-25	644.5	2019-07-24	800
2019-08-25	644.5	2019-09-25	615
2019-11-19	619.5	2019-09-25	615

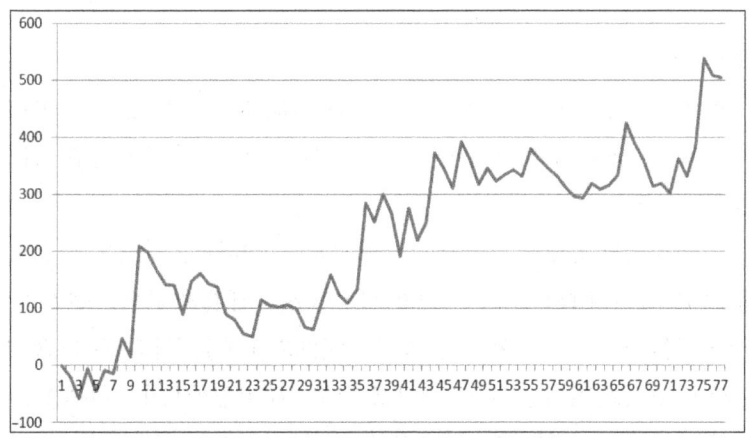

图 6-16　双均线交叉法单手累积收益曲线

表 6-10　双均线交叉法系统的回测数据

盈利总额	50 400 元
总交易次数	76 笔
平均每笔交易回报	633.16 元
最大获利	19 400 元
最大亏损	7 450 元
毛利润	163 650 元
毛亏损	113 250 元
盈亏比	1.45
盈利交易笔数	29 笔
亏损交易笔数	47 笔
准确率	38.16%
平均毛利润	5 643.1 元
平均毛亏损	2 409.57 元

最大连续笔数	6 笔
最大连续亏损金额	12 050 元

均线系统是趋势追踪类指标,所以在震荡走势中根本无法避免反复止损。在逐条交易记录里你会发现,在来回两次的多单止损和空单止损中,建仓价位和止损价位基本相同。若使用双均线法,就要接受均线的这种特性,从长期平均结果来看,总体上它还是盈利的。

6.3.2 双均线斜率法

以上的种种方法都是连续在市法,平掉多单的同时建立空单,平掉空单的同时建立多单。这样就必须承受震荡时的反复亏损,那有没有方法可以尽可能地回避震荡走势呢?

我们用一条长期均线来指引方向,例如 60 日均线向右上方运行,此时走势处于上涨趋势中。同时再用短期均线的斜率来指导开仓和平仓,例如当 10 日均线向右上方运行时,建立多单;当 10 日均线向右下方运行时,平掉多单但不建立空单,因为 60 日均线指示的方向为上涨趋势。在上涨趋势中,只做多,不做空。同样,在下跌趋势中,只做空,不做多。

双均线斜率法的交易方法:当长期均线的斜率为正时,短期均线斜率为正建立多单,短期均线斜率为负多单平仓;当长期均线的斜率为负时,短期均线斜率为负建立空单,短期均线斜率为正时空单平仓。

我们以 10 日均线与 60 日均线为例,回测铁矿指数数据。表 6-11 为双均线斜率法逐笔交易记录,图 6-17 为单手累积收益曲线,表 6-12 为双均线斜率法系统的回测数据。

表 6-11 双均线斜率法逐笔交易记录　　　　　金额单位:元

日期	买开(买平)	日期	卖开(卖平)
2017-03-15	693.5	2017-03-21	639
2017-04-05	563	2017-03-31	557
2017-04-28	517	2017-04-07	525.5
2017-05-19	485	2017-05-05	458
2017-05-26	450.5	2017-05-24	452.5
2017-06-14	430	2017-05-31	422
2017-06-21	432	2017-06-16	425

续表

日期	买开（买平）	日期	卖开（卖平）
2017-07-14	476.5	2017-07-26	509
2017-07-28	520.5	2017-08-24	529
2017-08-17	555.5	2017-09-04	564
2017-09-27	471	2017-09-21	469.5
2017-10-20	469.5	2017-09-28	449.5
2017-11-02	450.5	2017-10-27	433
2017-11-06	475	2017-11-3	448
2017-12-18	534	2017-12-07	494
2017-12-20	528.5	2018-01-16	532.5
2018-01-19	545	2018-01-22	542.5
2018-02-07	528.5	2018-02-08	526
2018-02-09	525	2018-03-05	522
2018-04-10	448.5	2018-03-05	522
2018-04-19	472.5	2018-04-16	436
2018-05-08	475	2018-05-07	469.5
2018-05-10	469	2018-05-09	469
2018-06-05	465.5	2018-05-21	462.5
2018-06-15	472.5	2018-06-19	450
2018-06-22	458	2018-06-19	450
2018-06-29	474	2018-07-02	463.5
2018-07-03	464	2018-07-09	462.5
2018-07-11	463	2018-07-12	466
2018-07-16	465.5	2018-07-17	464.5
2018-07-18	464.5	2018-07-19	466.5
2018-07-20	471.5	2018-08-21	494.5
2018-09-05	487	2018-09-20	502
2018-09-21	501.5	2018-09-25	497
2018-09-26	500.5	2018-09-28	496
2018-10-09	509	2018-11-02	505
2018-11-07	505.5	2018-11-08	511.5
2018-11-09	512.5	2018-11-12	508.5
2018-11-13	502.5	2018-11-16	510
2018-11-16	510	2018-11-20	503.5
2018-11-21	513	2018-11-20	503.5
2018-11-21	513	2018-11-22	503.5
2018-12-07	486.5	2018-11-23	485.5
2018-12-21	503	2018-12-24	497
2018-12-28	499	2019-01-02	493.5
2019-01-03	501	2019-01-02	493.5
2019-01-07	518	2019-01-11	513
2019-01-14	517	2019-01-16	515
2019-01-21	534.5	2019-01-22	528.5
2019-01-24	537.5	2019-02-22	608
2019-03-07	611	2019-03-08	600.5

续表

日期	买开（买平）	日期	卖开（卖平）
2019-03-12	599	2019-03-15	611
2019-03-18	619	2019-03-20	587
2019-03-25	591	2019-03-26	588.5
2019-03-27	593	2019-03-28	587
2019-04-01	627	2019-04-17	634.5
2019-05-06	638	2019-06-03	700
2019-06-12	753	2019-07-05	796.5
2019-07-08	826	2019-07-16	861.5
2019-07-18	838.5	2019-07-23	824
2019-09-02	627.5	2019-08-09	654
2019-09-23	639	2019-09-19	631
2019-10-10	645	2019-09-24	614.5
2019-10-15	631	2019-10-14	625
2019-10-30	609	2019-10-16	606.5
2019-11-15	613	2019-11-06	606
2019-12-05	633.5	2019-11-21	625
2019-12-09	661	2019-12-06	631.5
2019-12-09	661	2019-12-13	658.5

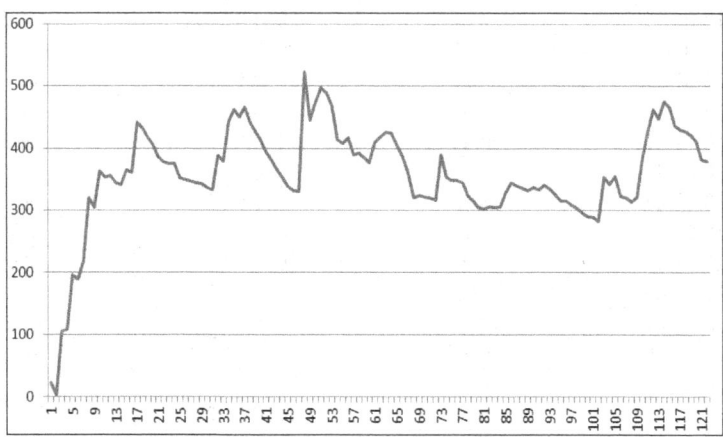

图 6-17 双均线斜率法单手累积收益曲线

表 6-12 双均线斜率法系统的回测数据

盈利总额	38 000 元
总交易次数	122 笔
平均每笔交易回报	318.02 元
最大获利	19 150 元
最大亏损	7 700 元

续表

毛利润	135 850 元
毛亏损	97 850 元
盈亏比	1.39
盈利交易笔数	38 笔
亏损交易笔数	84 笔
准确率	31.15%
平均毛利润	3 575 元
平均毛亏损	1 164.88 元
最大连续笔数	14 笔
最大连续亏损金额	13 450 元

我们查看逐笔交易记录，就会发现很多时候都在反复亏损，交易的日期也比较近。所以只能说双均线斜率法可以部分地避免震荡走势，而不是全部。如果想要效果再好一些，可以将长期均线的参数放大一些。

6.4 三均线法

我们所讲的所有方法都在试图探求目前趋势的方向。我们尝试了用 K 线穿插单条均线、单条均线斜率、双均线交叉和双均线斜率的方法来界定趋势方向，它们各有利弊，但工具越少，效果越差。如果再多加一条趋势线，是不是可以更有效地界定趋势呢？

6.4.1 多头排列与空头排列

如果短期均线在中期均线之上，中期均线在长期均线之上，此时为多头排列。例如 5 日均线、10 日均线和 20 日均线呈多头排列状，说明最近 5 天的收盘价水平要高于最近 10 天的收盘价水平，最近 10 天的收盘价水平要高于最近 20 天的收盘价水平，从而推导出平均每一天都比前一天的收盘价更高，也就判断出近期的趋势应为上涨趋势。反之，短、中、长期均线呈反向排列则为空头排列，表明当前趋势为下跌趋势。

图 6-18 为多头排列示意图，图 6-19 为空头排列示意图。

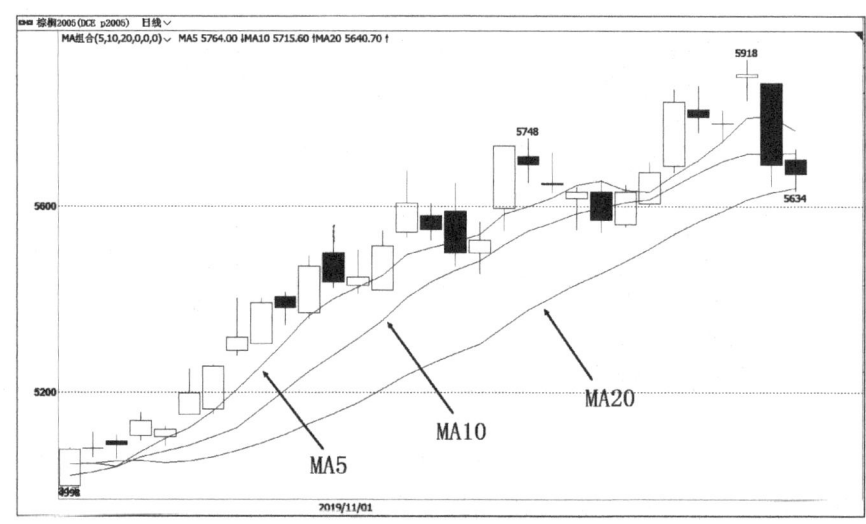

图 6-18 多头排列示意图

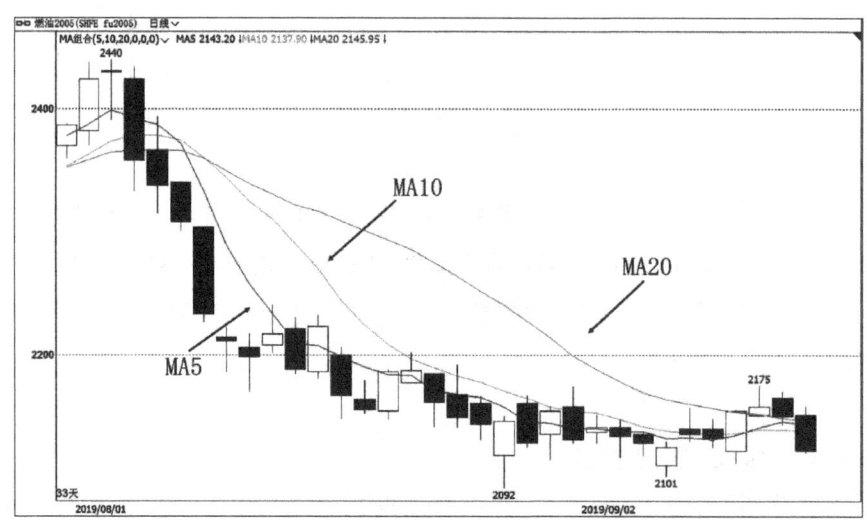

图 6-19 空头排列示意图

当然你也可以改变参数的均线,或者增添均线的数量。均线的数量越多,形成多头或空头排列的机会就越少,但效果越好。

多头排列和空头排列通常情况下为均线系统中最可靠的多头形态和空头形态,形成多头排列和空头排列的行情为单边涨势或单边跌势。可是在整个市场中我们很少会遇到这种级别非常大的单边市,市场至少有一半的时间是在震荡中度过的。

所以在使用均线系统时会有这样一个疑问,在没有多头排列或空头排列的情况下,我们又怎么操作呢?针对一个品种而言,我们没有必要每天都在市场中进行交易,在有如此杠杆效应的市场中,一段单边涨势或跌势足以让我们获得非常可观的利润。我们还可以降低级别,在日线级别中没有,在小时线中级别或许会存在。并且在没有单边趋势的时间里,我们还可以用其他方法来分析。

6.4.2 黄金谷与死亡谷

利用相邻的 3 条均线构成的三角形,如果三角形的一个角朝上,此均线形态称为黄金谷;相反,若三角形的一个角朝下,称为死亡谷。当黄金谷出现时,趋势看涨;当死亡谷出现时,趋势看跌,如图 6-20 与图 6-21 所示。

图 6-20 黄金谷示意图

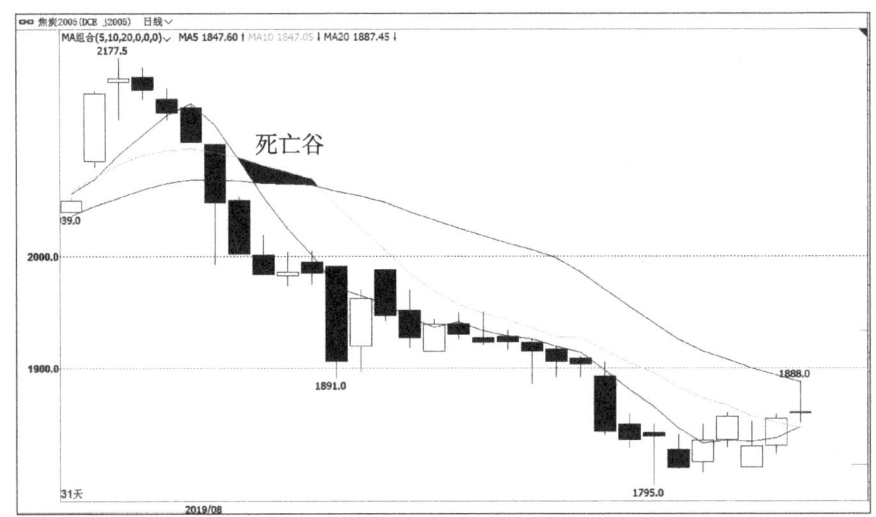

图 6-21 死亡谷示意图

上面两个案例使用的 3 条均线参数分别为 5 日均线、10 日均线和 20 日均线。当 5 日均线上穿 10 日均线，随后继续向上穿越 20 日均线时，10 日均线跟随 5 日均线上穿 20 日均线，20 日均线缓慢横向移动，构成了一个尖头朝上的三角形，这个三角形就是黄金谷。一般黄金谷出现时，后势看涨。把形成过程逆向来看，就是死亡谷。

不论是黄金谷还是死亡谷，都不是什么特殊的分析手段。5 日均线上穿 10 日均线和 20 日均线，10 日均线上穿 20 日均线，就是这 3 条均线的多头排列而已。所以黄金谷和死亡谷也只不过是均线多头排列和空头排列的一次具象，它的底层逻辑还是均线顺序排列。

6.5 均线缠绕

均线的多头排列和空头排列是指均线的发散状态，相反即为均线的缠绕状态。均线开始发散，发展的方向就是趋势的方向，而当均线开始缠绕时，即为无趋势。

我们在讲价格形态时，当反转形态出现，价格在顶部或底部进行宽幅震荡，失去了方向，均线则由发散状态变为缠绕状态。同样在持续形态出现时，价格也处于震荡走势中，不论哪种均线的交易系统都会失效，因为均线陷入了缠绕状态。不但均线之间是缠绕的，均线和K线也会开始缠绕。

图 6-22 为 IC2012 合约 2019 年 8 月至 12 月的 2 小时走势图。价格初期上涨时，3 条均线呈多头排列的发展状态。中间部分为三角形持续形态，均线与K线都陷入了缠绕状态。当三角形形态完成时，价格再次提升，3 条均线再次呈现出发散状态。

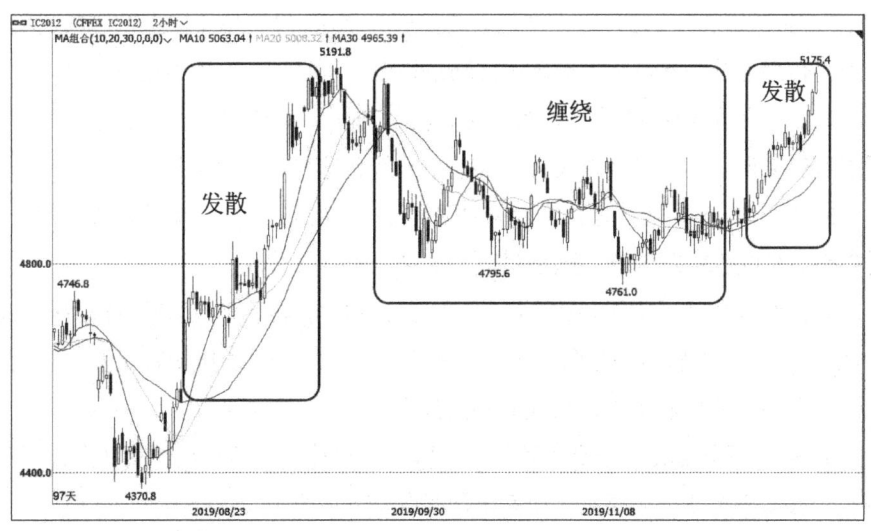

图 6-22　IC2012 合约 2019 年 8 月至 12 月的 2 小时走势图

均线的任何一种方法都逃脱不了参数拟合的命运，所以均线最稳妥的使用方法，是它的发散与缠绕状态之间的转变，也就是趋势与震荡之间的转变。我们可以将均线系统与价格形态共同使用，双重验证，使其准确率更高。

发散是为了下一次的缠绕，缠绕是为了下一次的发散。不要以为均线在缠绕之时就没有机会，而要看到它的另一面——缠绕之后的发散才是我们大展拳脚的机会。而且均线缠绕的时间越久，机会就越大。均线缠绕后发散，在图表中非常直观，也很容易把握。

6.6 葛南维八法

葛南维八法为均线系统使用方法中最为经典的，其中有4种买进信号、4种卖出信号，被视为移动平均线使用法则的瑰宝。

葛南维八法的基本内容如下。

1. 移动平均线经过一路下滑之后逐渐转为平滑，并有抬头向上的迹象。另外，K线也转而上升，并自下方突破了移动平均线，这是第一个买进信号。

2. K线开始仍在移动平均线之上，但呈急剧下跌趋势，在跌破移动平均线后忽而转头向上，并自下方突破了移动平均线，这是第二个买进信号。

3. 与上一条类似，但K线尚未跌破移动平均线，只要移动平均线依然呈上升趋势，K线也转跌为升，这是第三个买进信号。

4. K线与移动平均线都在下降，问题在于K线狠狠下挫，远离了移动平均线，表明反弹指日可待，这是第四个买进信号，也为许多短线投资者喜爱，但切忌恋战，因为大势依然不妙，久战势必被套牢。

5. 移动平均线从上升转为平缓，并没有下跌的趋势，而K线也从其上方下落，跌破了移动平均线，这是第一个卖出信号。

6. K线和移动平均线很令人失望地下滑，K线自下方上升，突破了仍在下落的移动平均线后又掉头下落，这是第二个卖出信号。

7. 与上一条类似，问题是稍现反弹的K线更加脆弱，想突破移动平均线却无力突破，这是第三个卖出信号。要注意的是第三个卖出信号与第一个买进信号不同，第一个买进信号是移动平均线自跌转平，并有回升迹象，第三个卖出信号是移动平均线尚处于下滑之中。

8. 股价一路暴涨，远远超过了上升的移动平均线，暴涨之后必有暴跌，所以此处是第四个卖出信号，以防止暴跌带来的不必要的损失。

移动平均线的本质是趋势跟踪，所以在有趋势的时候，它有着非常完美的表现。而在没有趋势的时候，它可能会将我们在趋势中赚到的钱都扔回市场里面。所以我们使用一种分析方法时，应该先了解它的底层逻辑，扬长避短。例如，在有趋势的时候使用移动平均线，在无趋势的时候，放弃交易或者使用其他分析方法。

第 7 章

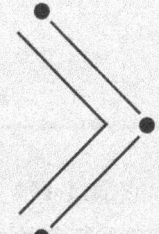
技术指标

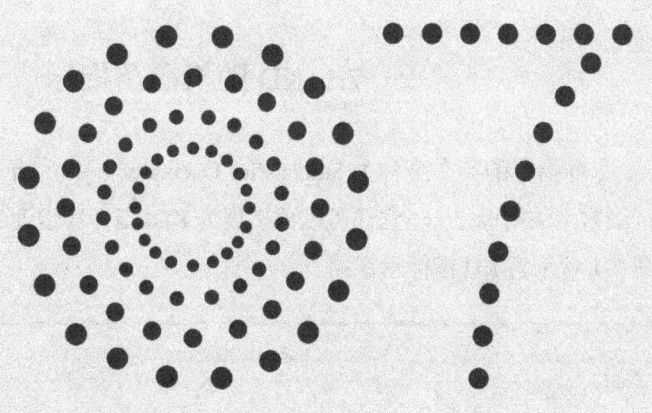

技术指标，是一切通过数学公式计算得出的价格的数据集合。它通过4种基本价格（开盘价、最高价、最低价、收盘价）的计算，试图找到价格运行的规律。可它终究是间接计算，所以它永远都处于辅助地位，不能单独拿出来作为交易的主要依据。想要用好一款指标，必须了解它的计算过程和底层逻辑，掌握它的优点与缺点，这样才能因地制宜，更有效率地使用它。

7.1 KD 随机震荡指标

KD 指标的英文全称为 Stochastics Oscillator，由乔治·莱恩首创，是技术分析最常用的指标之一。它还可以再扩展为 KDJ 指标和慢速 KD（Slowly KD）指标。图 7-1 所示为 KD 指标示意图。

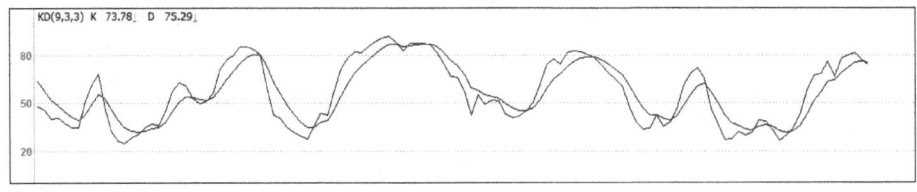

图 7-1　KD 指标示意图

7.1.1 KD 指标底层逻辑

KD 指标的计算公式如下。

RSV:=(CLOSE-LLV(LOW,N))/(HHV(HIGH,N)-LLV(LOW,N))×100;

K:SMA(RSV,$M1$,1);

D:SMA(K,$M2$,1);

把它翻译过来如下。

未成熟随机值（RSV）＝（收盘价-N日最低价）÷（N日最高价-N日最低价）×100。

K 值 = RSV 值的 $M1$ 日移动平均。

D 值 = K 值的 $M2$ 日移动平均。

一般情况下，在软件中默认的指标参数为 9、3、3，也就是 N 为 9，$M1$ 为 3，$M2$ 为 3。想要了解指标的使用方法，必须先了解其背后的运行原理，了解运行原理只能从解读公式着手。

先来看 RSV 的分子，即时价格（收盘价）与 9 日内最低价的差，即现在的价格与 9 日内的最低点相比上涨了多少点。分母为 9 日内的最高价与 9 日内的最低价的差，表示 9 日内的最大上涨点数。那么现在的价格上涨的点数，除以最大上涨点数，得出的数值表示现在的价格在整体上涨幅度中的上涨幅度，如图 7-2 所示。

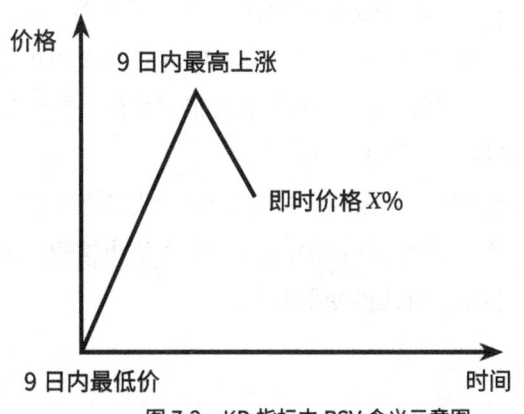

图 7-2　KD 指标中 RSV 含义示意图

如果即时价格为最高价的话，那么分子与分母一样大，分子与分母的比值为 100%，如图 7-3 所示。

以上是价格上涨的情况，如果价格下跌呢？是不是要反向运算？其实不是。KD 随机震荡指标永远只计算上涨，不计算下跌。那么下跌的情况 KD 随机震荡指标就没有数值了吗？也不是。如果价格一直下跌，并且保持为 9 日内的最低价，分子即为 0，所以整体比值也是 0%，如图 7-4 所示。

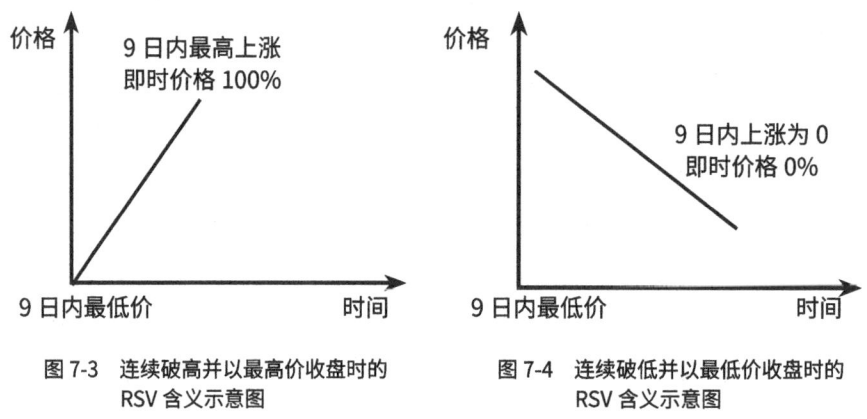

图 7-3　连续破高并以最高价收盘时的 RSV 含义示意图　　图 7-4　连续破低并以最低价收盘时的 RSV 含义示意图

价格的变动是非常快速的，特别是宽幅震荡和趋势反转的时候，所以价格击穿 9 日内的最高价或最低价也是十分平常的事。若我们再把级别缩小，例如 1 小时或者 5 分钟，那 RSV 值从 100% 到 0% 再到 100%，这样的运行可谓家常便饭。所以如果仅使用 RSV 值的话，会让这个指标失去意义，变得无所适从。

RSV 值过于活跃，那就有必要对 RSV 值做平滑处理，所以将最近 3 个 RSV 数值进行算数平均，取 3 日的平均值。有时候 K 值的波动还是很大的，那么就再对 K 值做一次平滑处理，取最近的 3 个 K 值平均值，得出 D 值。也可以理解为 D 值是 9 个 RSV 值的平均值。

这样 KD 指标就出现了两条线，两条线不但可以观察到目前价格处于 9 日内高低幅度的什么位置，还可以利用两条线的交叉给出信号，两条线的用处就比单一数值的用处大多了，玩法也变得多了。

7.1.2　超买超卖

KD 指标有上下边界，上至 100，下至 0，它只能在这个区间里震荡。所以一旦指标运行得非常靠近 100 的时候，稍有风吹草动，它就会向下。同样，当指标运行至非常靠近 0 时，它也很容易向上运行，但它大部分时间都一直处于

20 至 80 之间。

根据这一特性可以总结出，如果 KD 指标数值位于 20 以下，价格就有可能上涨；而 KD 指标数值位于 80 以上，价格就有可能下跌。

KD 指标数值在 80 以上时，说明最近 3 天乃至 9 天的平均价格位于最近 9 天整体幅度的 80% 以上，这样的涨势是非常凌厉的，但力气也怕用尽了，可谓强弩之末。这种情况称为超买，英文为 overbuy，直译过来就是"买多了"。若此时出现 KD 死叉，K 线下穿 D 线，价格就会出现一波下跌。

图 7-5 为乙烯 2005 合约 2019 年 6 月至 10 月的走势图。图中两个圆圈处的 KD 指标数值高于 80 后，指标出现死叉，价格应声下跌。第一次超买死叉后，下跌幅度为 3.89%。第二次超买死叉后，下跌幅度为 3.23%。

图 7-5　乙烯 2005 合约 2019 年 6 月至 10 月走势图

同样，KD 指标数值在 20 以下时，说明最近 3 天乃至 9 天的平均价格位于最近 9 天的 20% 以下，由于跌势太猛，也可能随时出现上涨。这种情况称为超卖，英文为 oversell，直译过来就是"卖多了"。若在 20 以下出现金叉，则价格有可能随时出现一波上涨。

图 7-6 为白糖 2005 合约 2019 年 6 月至 11 月的走势图。KD 指标数值在 20 以下止步，拐头向上后形成金叉。第一次金叉，价格由形成金叉日开始的 4 914

元上涨至 5 638 元，上涨了 724 元，上涨幅度为 14.73%。第二次金叉，价格由形成金叉日开始的 5 413 元上涨至 5 655 元，上涨了 242 元，上涨幅度为 4.47%。

图 7-6　白糖 2005 合约 2019 年 6 月至 11 月走势图

图 7-7 为乙二醇 2005 合约 2019 年 9 月至 12 月的走势图。KD 指标数值在 80 以上超买区形成死叉，价格应声下跌，下跌幅度为 8.43%。

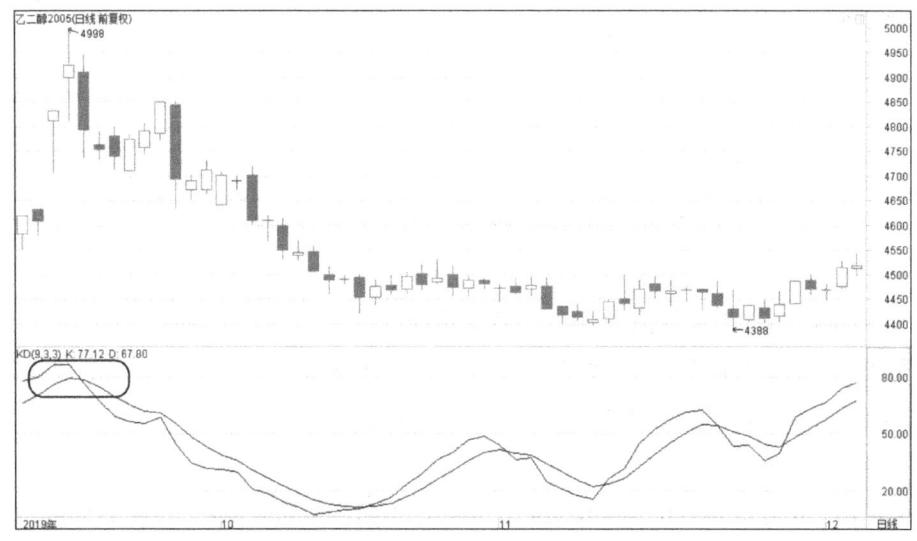

图 7-7　乙二醇 2005 合约 2019 年 9 月至 12 月走势图

当然，我们无法确定 KD 指标在哪个数值为超买超卖，所以只能以大致某个范围作为参考。20/80 可以，30/70 也可以，每个人对此的定义不同。不过约定俗成的是不能比 30/70 的范围更大了。

定义的范围大，那么出现超买超卖的概率就大，给出的交易信号也更多，不过信号多了，不准确的信号也会增加，止损也会增加。定义的范围小，那么出现超买超卖的概率也会变小，轻易不会出现信号，所以有时也会漏掉一些有用的信号。如何定义范围，一是在使用中应存乎一心，二是要结合其他方法共同判断。

7.1.3 KD 斧

有些时候 KD 指标会持续地超买超卖，并且即使在超买时出现了死叉，也不会下跌多少，转而就继续向上。在超卖时出现了金叉，也不会上涨多少，转而就继续向下。遇到这种情况时，根据指标交易的人就会说指标有问题，时好时坏，一点用也没有。

其实不然，如果你了解了 KD 指标的逻辑基础，了解了它的计算方法，你就会知道，当趋势出现时，它一定会显示持续超买或超卖。

例如连续上涨 9 天，此时的 KD 指标数值就会位于高处，已经出现了超买。若第十天继续上涨，KD 指标会抛弃第一天的数据，重新计算第二天到第十天的数据，由于最新价格还在高位，那么 KD 指标必然还是超买。如此第十一天、第十二天继续上涨，KD 指标必然一直处于超买。

即使出现了 2～3 天的回调，K 值计算的是最近 3 天的 RSV 数据，所以它相较于以前必然向下拐，而 D 值计算的是最近 9 天的 RSV 数据，所以 D 值的动作缓慢。此时 K 线快速向下穿越 D 线，形成死叉。

但在强大的上涨趋势面前，回调两三天再正常不过，价格重新回到涨势中后，KD 指标高位死叉又再次向上拐头，形成新一轮的超买，所以此次的超买死叉并不是一个有用的信号。

图 7-8 为沥青 2006 合约 2019 年 3 月至 5 月的走势图。在单边上涨趋势中，KD 指标在超买区出现了两次死叉，但价格最多只是横盘而已，并未向下跌。调整过后，走势又义无反顾地向上。

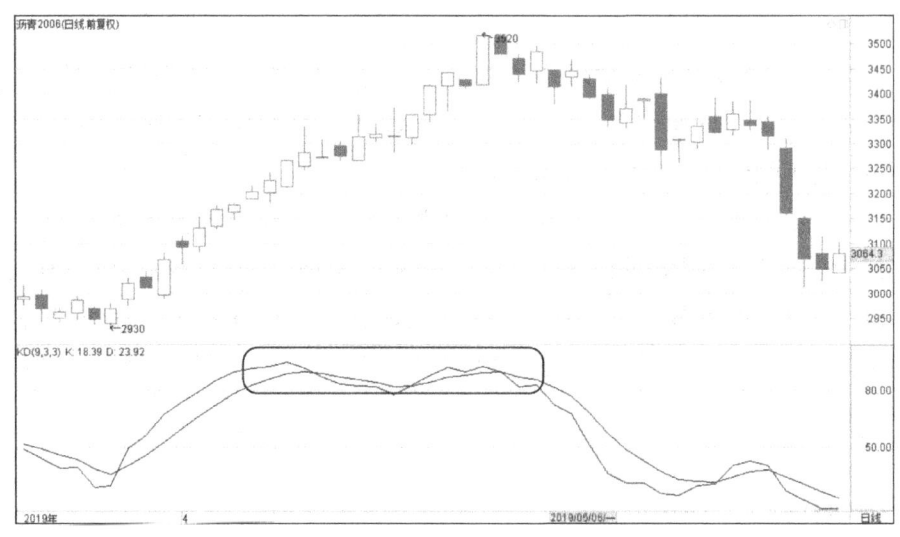

图 7-8 沥青 2006 合约 2019 年 3 月至 5 月走势图

再回头来看 KD 指标的全称——随机震荡指标。其中"震荡"二字就表明，KD 指标表现最好的时机就是震荡市，所以如果你拿单边趋势来要求 KD 指标给你提供可靠的信号，那不是缘木求鱼吗？

任何指标都有它自身的局限性，没有一种方法既能适用于单边市，又能适用于震荡市。就像《海龟交易法则》的作者柯蒂思·费思说的一样，海龟交易法则只适用于趋势走势，震荡走势和趋势反转时只能接受亏损，不过这种亏损也是游戏的一部分。

有没有可能 KD 指标也可以应用于趋势走势当中呢？当然可以，这就是我们要说的 KD 斧。有一种交易系统就是把 KD 指标这种震荡指标当作趋势指标使用。我们刚刚回顾了 KD 指标的算法，当趋势来临之时，KD 指标会一直处于超买超卖的状态。那么反其道而行之，当 KD 指标出现超买的时候买入，当 KD 指标出现超卖的时候卖出，便可抓住一波趋势。

图 7-9 为 LmeS_锡 3 合约 2019 年 9 月至 12 月的走势图，当 KD 指标进入超买区域时，图中阳线不断，直至 KD 指标从超买区回落。此次超买后买入，到 12 月末为止，还没有上涨趋势完结的迹象。

图 7-9　LmeS_锡 3 合约 2019 年 9 月至 12 月走势图

图 7-10 为橡胶 2005 合约 2019 年 6 月至 8 月的走势图。经过一段时间的横盘后，橡胶价格下跌，KD 指标进入超卖区间，连跌了 3 个月，没有形成一次有力度的反弹，并且 KD 指标始终处于超卖区间。此次共下跌 1 545 元，下跌幅度为 11.94%。

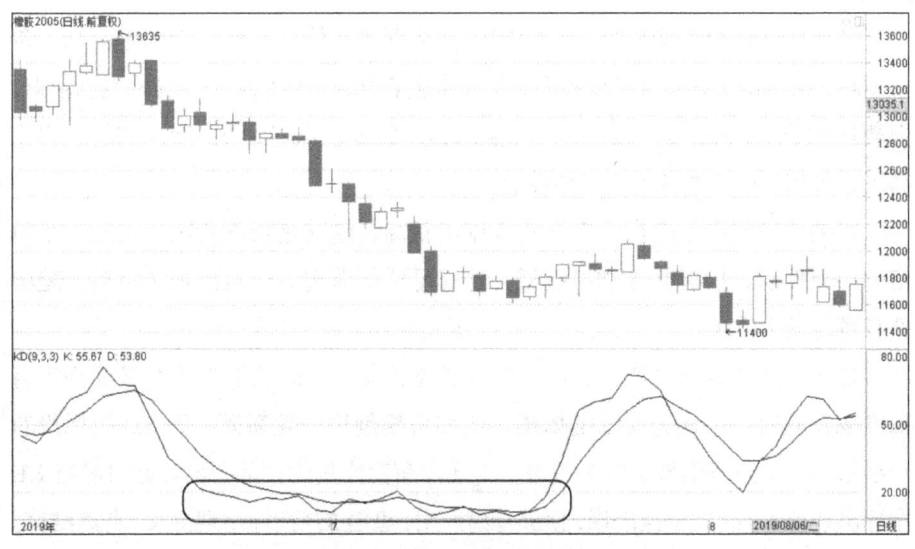

图 7-10　橡胶 2005 合约 2019 年 6 月至 8 月走势图

可问题又来了,我们一会儿说要低位金叉买入、高位死叉卖出,一会儿又说要进入超买区域买入、超卖区域卖出,这两个不是截然相反的吗?这到底应该怎么办呢?

其实我们在说这两种方法的时候就已经说得很清楚了,因为 KD 指标是震荡指标,它的本职工作就是在震荡市中提醒你此处可能是高位了,那么在超买死叉的时候你得小心点,多单平仓并建空单;在超卖金叉的时候,你也得小心点,空单平仓并建多单。

不过我们也可以反其道而行之,因为它的逻辑基础就是如果一直上涨,它就会一直超买;一直下跌,它就会一直超卖。利用这个特点,我们可以在单边市的时候跟随趋势做一波。

这两者的区别:当市场处于震荡市的时候,你要选用它的常规用法;当市场处于单边市的时候,你要选用它的反向用法。

走到这一步,另一个衍生问题又来了,我们怎么知道现在是震荡市还是单边市呢?如果判断不了的话,那不还是没用吗?所以这就又回到了本章的开头——任何一款技术指标都是处于辅助地位的,不能单独作为交易的依据。所以,我们一定要先判断价格走势,看它是处于趋势中还是处于震荡中,这样才能物尽其用。

7.1.4 背离

摆动指标作为副图指标,会跟随着价格摆动:价格上涨,指标也上涨;价格下跌,指标也下跌;价格创新高,指标也创新高;价格创新低,指标也创新低。但要注意的是,KD 指标最高也只能到 100,最低也只能到 0,所以它的边界束缚了它跟随价格随意波动的可能性。

如果价格创出新高后,指标并未创出新高,这就是顶部背离。相反,当价格创出新低后,指标并未创出新低,这就是底部背离。一旦出现了背离,趋势就有可能发生反转。

如何判断背离何时产生呢?当出现背离迹象后,K 线与 D 线交叉则判定背离产生,此时可以作为交易的依据。比如价格创出一轮新高,而 KD 指标没有创出新高,这时就出现了背离迹象,但还没有变成真的顶部背离。此时静待 KD 指标出现死叉,死叉一旦出现,顶部背离产生,直至 KD 指标出现金叉,背离结束。底部背离反之。

图 7-11 为黄金 2002 合约 2019 年 8 月至 11 月的走势图。图中价格创出新高 365.2 元，超越了前高，但 KD 指标却并未超越前高，顶部背离迹象出现。当 KD 指标出现死叉时，顶部背离开始；释放了下跌动能后，KD 指标出现金叉，背离结束。

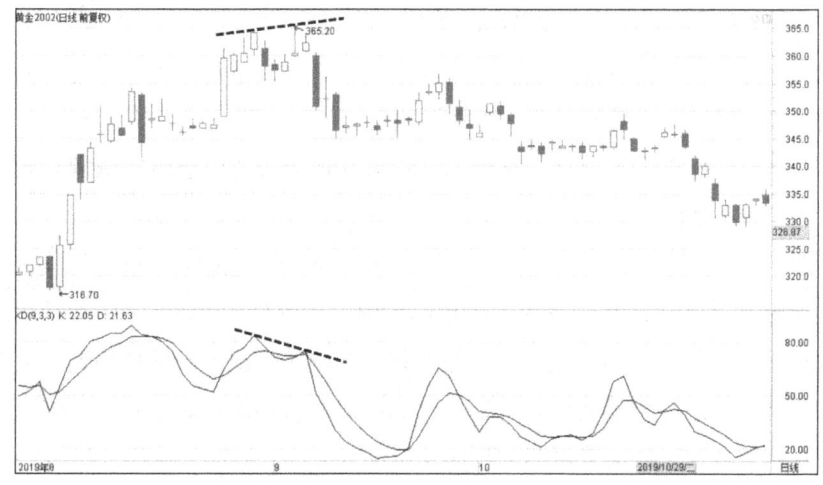

图 7-11　黄金 2002 合约 2019 年 8 月至 11 月走势图

图 7-12 为焦炭 2005 合约 2019 年 8 月至 12 月的走势图。图中价格创出新低 1 649.5 元，低于前低，但 KD 指标并未跟随创出新低，底部背离迹象出现。随后 KD 指标出现金叉，背离开始，价格上涨一段时间后，KD 指标出现死叉，背离结束。

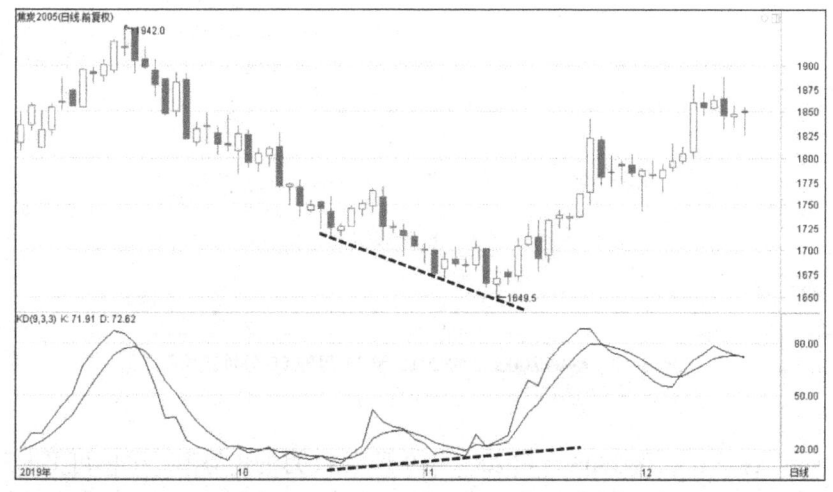

图 7-12　焦炭 2005 合约 2019 年 8 月至 12 月走势图

背离的成功率虽然比较高,但也有一些特殊情况,间接验证了指标虽好却不是交易依据的观点。例如一次顶部背离出现后,价格并未下跌多少,反而继续创出新高,而指标还是未跟随价格创新高,反而越走越低。若出现了两次顶部背离,也称为二次背离。当然,有些时候可能还会出现更多次,比如三次背离、五次背离。有一种说法是出现背离的次数越多,后面的反应越大。其实并不尽然,背离没有达到应有的效果,那就老老实实地承认,并不是每种方法都百分之百分的准确,错了就是错了,没什么大不了的。

既然可以出现多次背离,那背离这种方法还有效吗?还可以依据它来交易吗?先来看一个例子。

图 7-13 为棕榈 2005 合约 2019 年 11 月的 60 分钟走势图。价格可见三个高点,一浪高过一浪,而对应的 KD 指标数值却一浪低于一浪。KD 指标两次都未跟随,这就是典型的二次背离。如果我们根据第一次顶部背离便建空,在第一次背离时做空,必然会出现亏损。但当第二次背离出现后做空,不但可以把前期亏损赚回来,还会有更多的利润。

图 7-13　棕榈 2005 合约 2019 年 11 月的 60 分钟走势图

图 7-14 为乙二醇 2005 合约 2019 年 9 月至 12 月的走势图。价格可见的三个低点一浪比一浪低。而相对应的 KD 指标数据反而一浪比一浪高,产生了二次背

离。如果根据初次背离买入，必然产生亏损。二次背离后可弥补损失。

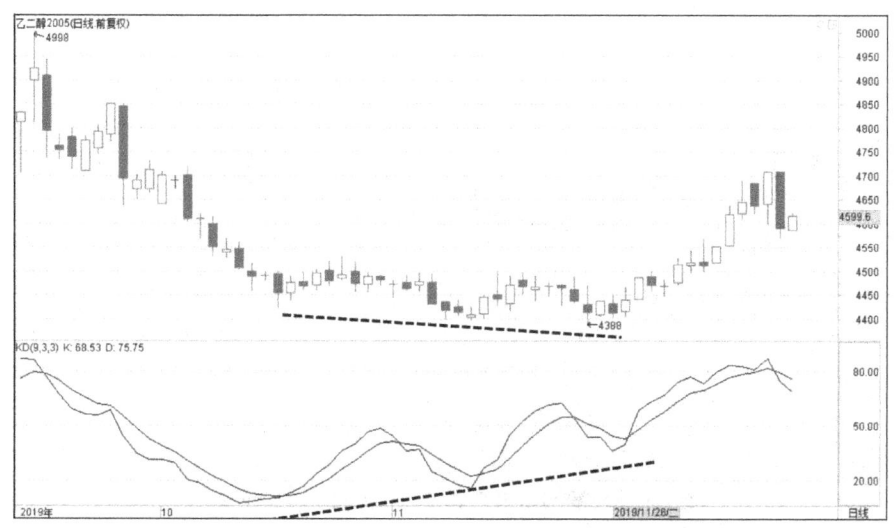

图 7-14　乙二醇 2005 合约 2019 年 9 月至 12 月走势图

虽然背离有时不太靠谱，但它的准确率确实比单一使用指标的金叉死叉要高得多。不过若遇到多次背离，还是容易发生重大亏损，所以即使它准确率高，也不能把它当成单一的标准，还应配合其他的方法。

7.1.5　简单配合

从超买超卖到金叉死叉，从顶部背离到底部背离，我们一直在说任何一种方法都有其独到之处，但不能作为单独的标准来使用，必须与趋势判断相配合。同样，简单的理论无法界定复杂的事物，多因一果的理解也应取代一因一果的思维方式。那如何才能与趋势判断进行配合呢？就是利用我们前文所讲的趋势线。

图 7-15 为白糖 2005 合约 2019 年 5 月至 10 月的走势图。白糖价格上涨，KD 指标下跌，并且给出了死叉，形成了顶部背离。但此时价格并未向下跌破趋势线，说明白糖价格还处于上涨趋势中，所以此处顶部背离的可信度就大大降低了。

图 7-15　白糖 2005 合约 2019 年 5 月至 10 月走势图

图 7-16 为白糖 2005 合约 2019 年 5 月至 12 月的走势图。图中的白糖价格再创新高。

图 7-16　白糖 2005 合约 2019 年 5 月至 12 月走势图

再来看底部背离的配合。

图 7-17 为苹果 2001 合约 2019 年 8 月至 12 月的走势图，在下跌过程中出现了二次底部背离。在初次底部背离形成时，价格并未突破趋势线，所以此时还不能动手买进。二次底部背离形成后，苹果价格也突破了趋势线，双重验证后买入，后势便是一波波澜壮阔的涨势。

图 7-17　苹果 2001 合约 2019 年 8 月至 12 月走势图

那有没有配合之下还出现失误的时候呢？当然有，任何方法都不可能十全十美。不过只要这种方法的盈亏比和准确率高，失误一两次也是情理之中的事。

图 7-18 为甲醇 2005 合约 2019 年 9 月至 12 月的走势图。二次背离后，价格便突破了趋势线，背离加突破，双重验证，此处可以买进。但好景不长，价格突破后基本属于横盘，并未出现多大的涨幅，价格随即掉头向下。此次双重验证失败。

图 7-18　甲醇 2005 合约 2019 年 9 月至 12 月走势图

甲醇价格下破前低时，修改了趋势线。甲醇价格两次下破前低，对应的 KD 指标二次底部背离，双重验证出现后，即可再次买进。后势涨幅虽然不大，但将第一次双重验证的失误弥补回来后还有盈余。

所谓配合，其实还是看主图价格的"脸色"，指标只不过起到辅助的作用，并不起决定性作用。而这种配合，也只能是主图趋势和副图指标互相配合，并不是随便找两个副图指标就可以的。例如你用 KD 指标找到了买点，同时还用 RSI 指标找到了买点，这两个指标都是辅助指标，它们的计算方法和底层逻辑基本相同，都起不到决定性的作用。

有简单的配合，就有复杂的配合。最能发挥 KD 指标长处的地方，是在三重滤网系统中的第二重，在后文详细拆解三重滤网时我们会说到。

7.2　MACD 指数平滑移动平均线

MACD 指标是我们常见、常用的指标，但大多数人对它的计算方法和底层逻辑一无所知。有些人看到柱线图，就本能地以为这与成交量有关，请一定注意，MACD 指标中的柱线图与成交量一点关系也没有，如图 7-19 所示。

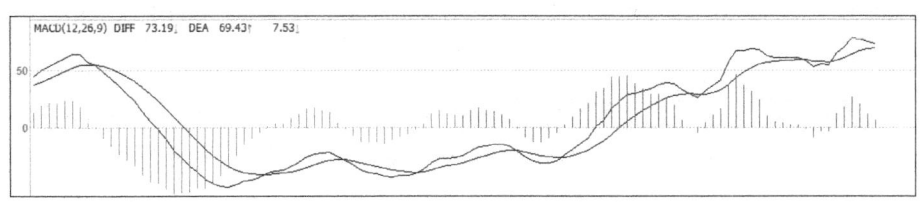

图 7-19　MACD 指标示意图

7.2.1 MACD 指标底层逻辑

MACD 指标可谓是经常用的一种指标，仅从它的名字就能看出，它是将移动平均线再次进行平滑处理的一种指标。所以 MACD 指标与均线的特性基本相同，那么 MACD 指标就变成了趋势指标，而不是摆动指标。有些软件把它归为摆动指标，可能是因为它一直处于副图的位置上。

同样，想要用好一款指标，必须了解它的运算逻辑。它的公式如下。

DIFF:EMA(CLOSE,$SHORT$)－EMA(CLOSE,$LONG$);

DEA:EMA(DIFF,M);

2×(DIFF－DEA),COLORSTICK;

把它翻译过来如下。

DIFF 线：$SHORT$ 天收盘价的指数平均值与 $LONG$ 天收盘价的指数平均值的差。

DEA 线：M 天的 DIFF 值的指数移动平均值。

DIFF 值与 DEA 值的差，乘以 2，画成柱线图。

默认设置 $SHORT$ 为 12 天，$LONG$ 为 26 天，M 为 9 天。

MACD 指标的参数设置与其他指标略有不同，它不是 2、5、8 或 3、6、9，抑或是整数、斐波那契数列，它是 12、26、9，是什么意思呢？这需要追溯金融市场的历史。开始时，股市或期市一周要开盘 6 天，所以两周就是 12 天。1 个月大约有 4.4 周，所以 1 个月的交易日即为 26 天。虽然后来改为双休日，一周只有 5 天了，但仍然约定俗成地继续下去了，没有特别地改动。混沌操作法的提出者将（12，26，9）的参数修改为（5，34，5），不过这只是按他的系统需要所做的修改。

DIFF 线，为 12 天的收盘价指数平均值与 26 天收盘价指数平均值的差，其实就是短期均线和长期均线的差。如果结果为正数，说明 12 天的平均价格与 26 天的平均价格相比是上涨的。相反，如果结果为负数，说明短期内是下跌的。

如果我们将 12 天的指数平均线与 26 天的指数平均线放到主图中，会发现当二线死叉时，DIFF 线为负，当二线金叉时，DIFF 线为正。这两者是同步的，因为它们是同一种东西。只不过两条指数平均线用两条线来表示，而 DIFF 线用一条线来表示，这样更加方便。

DEA 线再将 DIFF 线进行平滑处理，使之更加平滑。到这一步我们就知道为什么 MACD 指标叫作指数平滑移动平均线了，因为它把两条移动平均线相减后，再进行了一次指数平滑处理。

最后一行公式，是将 DIFF 线与 DEA 线相减后再乘以 2，它是为了让我们更加直观地看到 DIFF 线与 DEA 线的运行轨迹。如果两者之差为正，那么在零轴上方出现红色柱线，反之则为绿色柱线。

7.2.2 零轴

MACD 指标作为一款趋势性指标，不同于摆动指标的特点之一就是它没有上下边界，但它有零轴，而零轴正是多空的分水岭。

由于 DIFF 线就是 12 日指数平均线与 26 日指数平均线的差，所以当 EMA（12）与 EMA（26）形成金叉时，DIFF 线由零轴之下上穿到零轴之上；当 EMA（12）与 EMA（26）形成死叉时，DIFF 线由零轴之上下穿到零轴之下。

而在使用均线寻找交易信号的方法中，双均线金叉死叉最为常用。所以可以当 DIFF 线上穿零轴时平空建多，当 DIFF 线下穿零轴时平多建空。

为了看起来直观，我将指标中的 DEA 线与柱线全部删掉，只留下 DIFF 线。图 7-20 为棕榈 2005 合约 2019 年 7 月至 12 月的走势图。当 MACD 指标上穿零轴后，5 个月时间 DIFF 线都未下穿零轴，也可以说这 5 个月它一直处于上涨趋势中。若以 DIFF 线上穿零轴那天的收盘价 4 704 元买进，以图中最后一条 K 线的收盘价计算，则价格上涨至 5 978 元，浮盈 1 274 点，每点 10 元，因此每手棕榈多单可赚 12 740 元。

图 7-20　棕榈 2005 合约 2019 年 7 月至 12 月走势图

图 7-21 为沪镍 2002 合约 2019 年 9 月至 12 月的走势图。DIFF 线向下穿越零轴时，当日收盘价为 127 090 元，而后一直未能向上穿越零轴，图中最后一天的报价为 111 990 元，已盈利 15 100 点，每点 1 元，浮盈 15 100 元。

图 7-21　沪镍 2002 合约 2019 年 9 月至 12 月走势图

由此可见，DIFF 线一旦选择了某一方向后，轻易不会发生改变。这和趋势线具有趋势性是一个道理，同时也可以看出 MACD 指标本质上就是一款趋势性指标。既然它是由均线演化而来的，那么它不但具有均线的优点，也同样具有均线的缺点——滞后性。由于滞后，若遇到震荡市，它必然会在零轴上下反复震荡，让趋势交易者无所适从。

图 7-22 为豆粕 2005 合约 2019 年 7 月至 9 月的走势图。当 DIFF 线向下穿越零轴时，以 2 719 元建空，向上穿越零轴时以 2 745 元平空，亏损 26 元 / 吨。再次以 2 745 元建多，DIFF 线再次向下穿越零轴时以 2 730 元平多，亏损 15 元 / 吨。再次以 2 730 元建空，DIFF 线再次向上穿越零轴时以 2 763 元平空，亏损 33 元 / 吨。再次以 2 763 元建多，DIFF 线再次向下穿越零轴时以 2 749 元平多，亏损 14 元 / 吨。

图 7-22　豆粕 2005 合约 2019 年 7 月至 9 月走势图

连连亏损，原因何在？只因 MACD 指标为趋势性指标，而我们把它用在震荡市中了。震荡指标在单边市中无用，趋势指标在震荡市中无用。这又回到了我们在讲 KD 指标时所说的问题，你必须先判断目前是震荡市还是单边市，这样才能根据具体情况选用不同的指标。

可如果我能判断是单边市还是震荡市，那我也用不着什么指标了。所以我们必须找到另一种解法，或者说另一种解释。

譬如我们按震荡市选用 KD 指标，高抛低吸，赚得不亦乐乎。突然，接连两次失利，那此时可能已转为单边市了。同样，我们按单边市选用 MACD 指标，跟了一波大趋势后，陷入了一两次的亏损中，那么单边市有可能已经转为震荡市了。

这虽然是一种办法，但如果运气差，也可能全都踩错拍。震荡市亏两笔后，认为单边市来了，单边市又在你亏损两笔的时间里结束了，继续进入震荡市。再按震荡市做，可能震荡结束，单边市又来了，这不是没有可能。

正是因为谁都不能提前判断，所以我们只能看准一条路，朝前跑。虽然说市场有 70% 的时间都在震荡，但这种震荡也是包含在大趋势中的震荡。以幅度来说，曲线拉直了，未必赶得上直线。所以震荡时间虽长，但赚的钱少，而单边时间虽短，但赚的钱多。

我们宁可抱定时时有趋势的想法，按照趋势来交易，也不能抱着永远都在震荡的态度，按震荡交易。趋势一来，不论上涨下跌，都是极强悍的；按震荡去做，一个止损可能就是你做两三笔震荡才能赚来的钱。而一次趋势所带来的利润，可能涵盖数次的止损。从长远来看，按照趋势来做，必定是有钱可赚的。

我们做一个回测，不改变 MACD 指标的任何参数，如果 DIFF 线上穿零轴，便建多平空；下穿零轴，则建空平多。以铁矿指数为样本，2013 年 10 月到 2019 年 12 月 17 日的回测数据，如表 7-1 所示。

表 7-1 铁矿指数 DIFF 线回测数据

盈利总额	104 750 元
交易笔数	39 笔
平均每笔利润	2 685.9 元
毛利润	148 750 元
毛亏损	42 200 元
盈利笔数	19 笔
亏损笔数	20 笔
准确率	48.72%
平均毛利润	9 828.95 元
平均毛亏损	2 110 元
盈亏比	3.52
最大连续亏损笔数	6 笔
最大连续亏损金额	9 300 元

再来看以聚丙烯指数为样本的回测,从 2014 年 3 月上市起,到 2017 年 2 月止,共 3 年的回测数据,如表 7-2 所示。

表 7-2 聚丙烯指数 DIFF 线回测数据

盈利总额	15 460 元
交易笔数	51 笔
平均每笔利润	303.14 元
毛利润	61 920 元
毛亏损	75 335 元
盈利笔数	16 笔
亏损笔数	35 笔
准确率	31.37%
平均毛利润	3 870 元
平均毛亏损	2 152.43 元
盈亏比	1.8
最大连续亏损笔数	9 笔
最大连续亏损金额	13 290 元

铁矿指数的数据明显好于聚丙烯指数,最难得的是铁矿指数的盈亏比非常高。而作为一款趋势指标,准确率能达到 40% 已经相当不错了。

但是这种做法的特点是永远在市,平了多单就建空单,平了空单就建多单,会出现很多无意义的亏损。能不能最大限度地避免某些无意义的亏损呢?

7.2.3 交叉

MACD 指标有两条线,其中 DIFF 线和零轴共同揭示了长短两条均线的状态——金叉或死叉。DEA 线是对 DIFF 线的平滑再处理。

如果 DIFF 线在零轴之上,说明长短两条均线出现了金叉,据此判断,价格目前呈上涨趋势。但在零轴之上,DIFF 线向下穿越 DEA 线又是什么意思呢?说明虽然长短两条均线还是多头状态,但其势头已经大不如前了,价格走势极有可能出现反转,或者上涨趋势中会出现大幅回调。

反过来,如果 DIFF 线在零轴之下,说明长短两条均线为死叉,价格呈下跌趋势。此时如果 DIFF 线向上穿越 DEA 线,那么下跌的势头已经减缓,可能出现反转或大幅反弹。

由此我们可以将上一小节中的交易方法略做修改。

当DIFF线向上穿越零轴，或DIFF线在零轴之上与DEA线形成金叉时，建立多单。

当DIFF线向下穿越零轴，或DIFF线在零轴之上与DEA线形成死叉时，多单平仓。

当DIFF线向下穿越零轴，或DIFF线在零轴之下与DEA线形成死叉时，建立空单。

当DIFF线向上穿越零轴，或DIFF线在零轴之下与DEA线形成金叉时，空单平仓。

在MACD指标中，我们可以看到3组数据，分别是DIFF值、DEA值和DIFF与DEA差值的2倍值。如果上述文字描述的方法你理解起来有困难，我可以提供一个简明的判断方法。

当DIFF值与DEA差值都为正数时，建立多单。

当DIFF值为正，差值为负时，多单平仓。

当DIFF值与DEA差值都为负数时，建立空单。

当DIFF值为负，差值为正时，空单平仓。

不论如何修改，单纯使用MACD指标来做交易，效率都不高。问题的很大一部分出在参数上，因为传统的MACD指数为12、26、9，采用的是12日与26日移动平均线之间的关系做出的指标。均线的优点在于滞后，缺点同样是滞后。所以选取参数的时候，最好按一大一小来设置。而12、26这两个参数，说大不大，说小不小，既不发挥均线的优势，也无法回避劣势。

在比尔·威廉姆斯的《证券混沌操作法》中，比尔给出的MACD指标的优化参数为5、34、5。他认为5、34、5为参数的MACD指标可以更好地追踪一波子浪，即一个波段的走势。当然，在混沌操作法中还附加了其他的条件，我们不用波浪理论交易的话，就不必展开论述。

如果你有一个过滤器，可以判断走势方向的话，那么MACD（5，34，5）便能发挥出极好的作用。当日线价格处于上涨趋势，小时线中MACD指标出现连续下降两峰时，是波段平多最好的机会；当小时线中MACD指标在零轴之下形成金叉时，又是极好的做多机会。反过来，当日线价格处于下跌趋势，小时线中MACD指标出现连续上涨两谷时，是平空的机会；当小时线中MACD

指标在零轴之上形成死叉时,是做空的机会。

总之,我们的建议是:MACD 指标不能被当成主要指标来使用,只能当成辅助工具。

MCAD 指标的优缺点就是移动平均线的优缺点。均线的优点在于出现趋势时,能更好描述、跟随趋势。陷入震荡后,均线与 MACD 指标便无用武之地。所以一定要找到另一个判断趋势方向的工具,判定方向后再把 MACD 指标拿出来使用,扬长避短。

7.2.4 背离

不论是趋势性指标还是摆动指标,它们的背离使用方法是一样的。价格不断创出新高,而指标未跟随破高,就出现了顶部背离;价格不断创出新低,而指标未跟随破低,就出现了底部背离。

图 7-23 为焦炭 2005 合约 2019 年 7 月至 12 月的走势图。焦炭价格由前低不断下跌,对应的 MACD 指标反而不断上涨,底部背离迹象出现。当 DIFF 线与 DEA 线形成金叉后买入,后续价格一路上涨。从图中最后的数据来看,还没有给出卖出的信号。

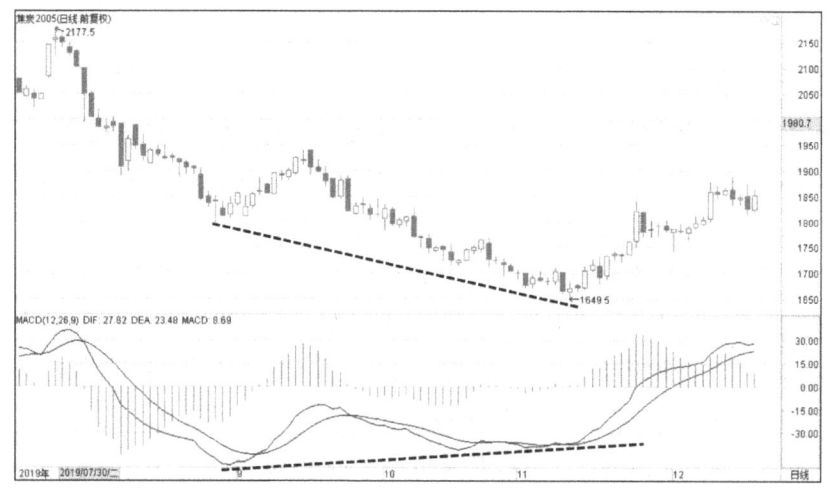

图 7-23　焦炭 2005 合约 2019 年 7 月至 12 月走势图

图 7-24 为沪铝 2002 合约 2019 年 7 月至 11 月的走势图。铝价由前高上涨至 14 485 元,相对应的 MACD 指标数值由 95.89 下跌至 68.62,顶部背离迹象出现。

当 DIFF 线与 DEA 线出现死叉时，卖出建仓。当 DIFF 线与 DEA 线出现金叉时，买入平仓。

图 7-24　沪铝 2002 合约 2019 年 7 月至 11 月走势图

当然，趋势性指标也存在着多次背离的情况，或者说存在初次背离失效的问题。图 7-25 为上证 1912 合约 2019 年 8 月至 12 月的走势图。价格连续两波上涨，相对应的 MACD 指标两波下跌。二次背离中，初次背离失效，如果按照初次背离给出的信号交易，会出现亏损。不过通常在这种情况下，二次背离会补偿初次背离的亏损，并且还会有一笔盈余。

图 7-25　上证 1912 合约 2019 年 8 月至 12 月走势图

在期货交易中，很少出现三次背离、五次背离的情况，但在股票交易中常常会出现。在传统交易中只能做多，若按 MACD 指标的底部背离来买进，股票价格会接连创出新低，不但要承受浮亏，还要丧失机会成本。

总体来看，MACD 指标的用处并不如传说中那么有效，不但不能直接按照 MACD 指标进行交易，还需要用其他方法进行配合。有时不如干脆放弃 MACD 指标。

7.3 布林线

布林线（BOLL 指标）由于其形态类似于通道，也被称为布林通道，属于主图指标，由美国人约翰·布林格发明。几乎所有的机构发布技术分析评论的文章时，都会提一句布林线。可以说，它是最常用的技术分析指标之一。

7.3.1 布林线底层逻辑

布林线是依据统计数据制定的指标，它的底层逻辑是价格总会围绕某一价值中枢在一定范围内波动。布林线共有 3 条线，分别为中轨线、上轨线、下轨线。中轨线一般为移动平均线，上轨线与下轨线会根据价格的变动幅度上下调整通道的宽窄，价格通常在通道内部运行。所以布林线最大的优点就是直观。图 7-26 所示为布林线指标示意图。

图 7-26　布林线指标示意图

布林线的公式如下。

MID:MA(CLOSE,N);

TMP2:=STD(CLOSE,M);

TOP:MID+P×TMP2;

BOTTOM:MID−P×TMP2;

把它翻译过来如下。

中轨线：N天内收盘价的算术平均值。

标准差：M天内收盘价的标准差。

上轨线：中轨线与P倍标准差的和。

下轨线：中轨线与P倍标准差的差。

通常N为26天，M为26天，P为2倍。

简单来说，就是以26天的移动平均线为中枢，向上加2倍移动平均线的标准差，向下减2倍移动平均线的标准差。以中枢为中心，向上下辐射出2倍标准差的宽度，来界定价格是否会偏离。

为什么是2倍，而不是1倍或3倍或其他倍数？因为根据统计学的计算，90%的数值都会落入3倍标准差的分布范围内。那为什么不直接用3倍，而用2倍呢？这就像KD随机震荡指标，设定80以上为超买、20以下为超卖一样。虽然上下边界为100到0，但我们不能真的将超买超卖设定为极值100和0，总要留出点富余。

根据这一逻辑特点，如果价格突破了上轨线，说明它在统计学的计算中出现了小概率事件，它会迅速回到通道内部。同样，如果价格突破了下轨线，也是小概率事件，它也会重新回到通道中来。

但我们仔细观察图7-26，价格有一部分一直处于上下轨线的外部，这又是怎么回事呢？因为我们说过，90%的数值会落入3倍标准差内，可我们指标设计的范围是2倍。所以价格突破到轨线之外，既不算特别小概率事件，也不算特别大概率事件。如果我们将参数P改为3的话，就会看到价格是非常规矩的了，如图7-27所示。

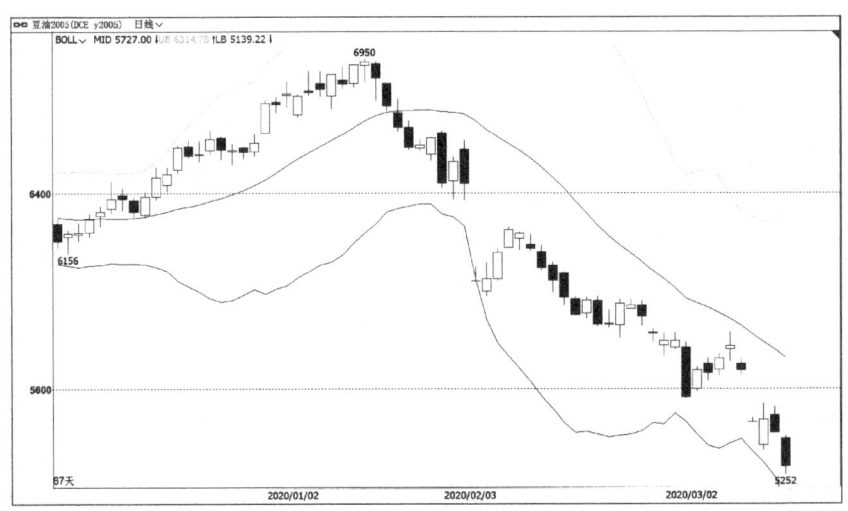

图 7-27　3 倍标准差布林线示意图

价格在 3 倍标准差布林通道中运行，并无相互穿越行为，这就也没有任何意义了。布林线的目的就是筛选出小概率事件，然后在小概率事件发生后，利用它的回归来赚钱。如果小概率事件无法界定，也就失去了赚钱的机会。不过，幸运的是布林线不只"回归"这一种用法，它还和通道的开口闭口有关。

7.3.2　三轨线状态

三轨线状态大体可以分为 4 种，分别为上轨向上时，下轨向下；三轨同向；三轨聚拢；三轨走平。

第一种情况，上轨向上时，下轨向下。

行情刚刚启动时，由于前期价格走平，平均价格的标准差非常小。当价格开始朝某一方向大幅运动时，震荡幅度加宽，标准差也会变大。标准差的变化会同时反映在上下轨线上。所以上轨线会向上扩张，下轨线会向下扩张，形成通道张口情况。图 7-28 为豆粕 2005 合约 2019 年 7 月至 10 月的走势图。在豆粕价格走势横盘一段时间后，豆粕价格开始向上运动，标准差增大。行情刚刚启动时，上下轨线同时扩大。

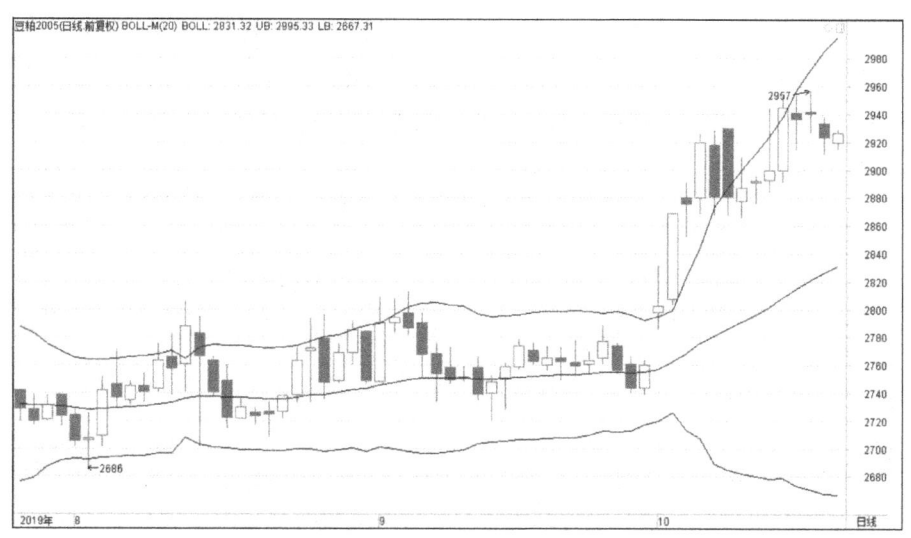

图 7-28　豆粕 2005 合约 2019 年 7 月至 10 月走势图

图 7-29 为沪镍 2001 合约 2019 年 4 月至 7 月的走势图。价格持续震荡了 3 个月左右，随后出现大幅上涨，此时标准差增大，上下轨线向两侧打开。

图 7-29　沪镍 2001 合约 2019 年 4 月至 7 月走势图

第二种情况，三轨同向。随着价格进一步上涨，中轨线（移动平均线）开始启动。中枢向上抬高，在标准差不变的情况下，必然出现上轨线向上、中轨线向上、下轨线向上的情况。三轨同向，只说明一个问题——价格持续上涨。这是行情的中继阶段。图 7-30 为棕榈 2005 合约 2019 年 11 月至 12 月的走势图。行情启动后，价格一路持续上涨，中轨线向上，同时带动下轨线向上。

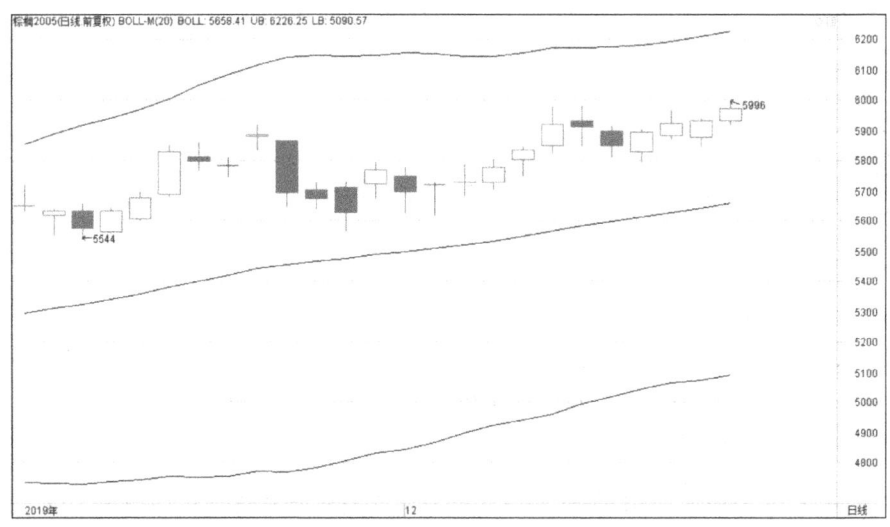

图 7-30　棕榈 2005 合约 2019 年 11 月至 12 月走势图

图 7-31 为菜油 2005 合约 2019 年 10 月至 12 月的走势图。菜油价格匀速向上，紧贴中轨上行，上下轨以非常小的波动跟随中轨同时向上。

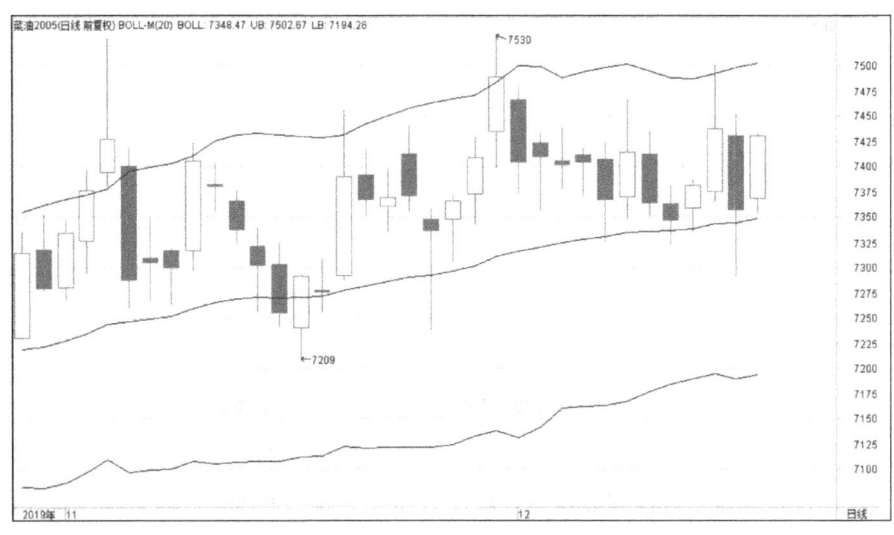

图 7-31　菜油 2005 合约 2019 年 10 月至 12 月走势图

第三种情况,三轨聚拢。强势上涨过后,通道开始关闭,走势会趋于平淡。在一段时间内,收盘价之间的幅度变化要小于快速上涨时的幅度变化,也就意味着平均价格的标准差会逐渐变小,所以上下轨线开始靠近中轨线,形成通道关闭的形态。

图7-32为铁矿2005合约2019年11月至12月的60分钟走势图(1)。右侧部分,价格在宽幅震荡,所以标准差变小,上下轨线立刻收缩。当上下轨线同时收口时,意味着价格要陷入停顿期了。

图7-32 铁矿2005合约2019年11月至12月的60分钟走势图(1)

此时可以将多单平仓,等待下一次机会。若价格向下波动并且通道打开,则应做空。如果价格向上波动并且通道打开,则应继续做多。我们来看铁矿的后续走势图。图7-33为铁矿2005合约2019年11月至12月的60分钟走势图(2)。上下轨线经过宽幅震荡后继续向上运行,通道再次打开,继续做多,一直持有至上轨向下拐头那一刻。在图中可以看到,上轨线向下拐头,正是价格向下运行的拐点。

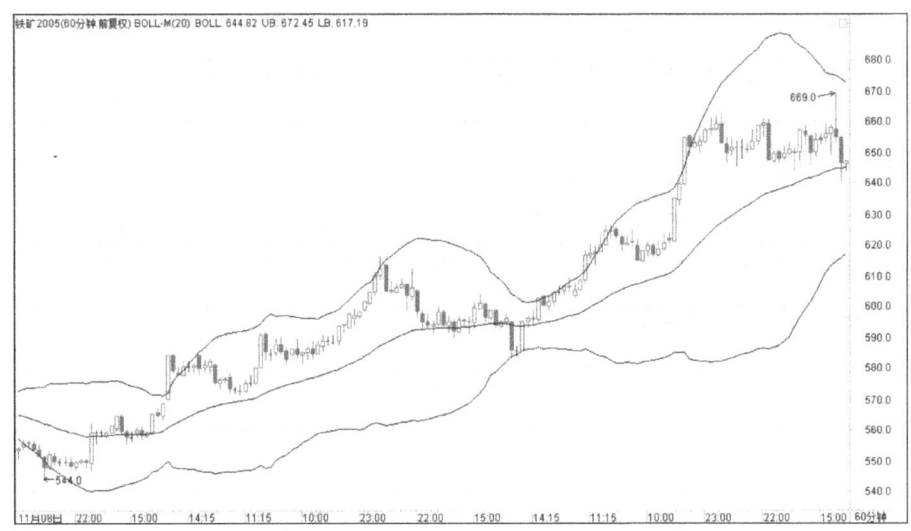

图 7-33 铁矿 2005 合约 2019 年 11 月至 12 月 60 分钟走势图（2）

第四种情况，图 7-34 为豆一 2005 合约 2019 年 9 月至 12 月的走势图，图中豆一的价格长时间走平，导致三轨走平。多空胶着，等待方向这种情况下的市场一潭死水，中轨线走平不动，制约着上下轨线一起走平。由于没有任何动作，行情进入观察期，我们应寻找其他的机会。不过越是这样的走势，后期酝酿的行情就会越大。

图 7-34 豆一 2005 合约 2019 年 9 月至 12 月走势图

7.3.3 方向判断

布林线的用法说起来容易，只要开口就会出现行情，可是怎么判断方向呢？一是看价格向哪个方向运行，如果向上大幅运行，则做多；如果向下大幅运行，则做空。但有时它会突然向上，将布林通道打开，然后转头向下。所以根据价格运动方向来判断的话，很容易陷入它的陷阱中。

所以，我们最好利用中轨线的方向来判断。如果布林通道打开时，中轨线方向向上，则做多，反之做空。

图 7-35 为铁矿 2005 合约 2019 年 10 月至 12 月的走势图。十字光标处，上轨线向上，下轨线向下，同时中轨线向上。它的含义是通道要开，并且均线向上，此时选择做多。

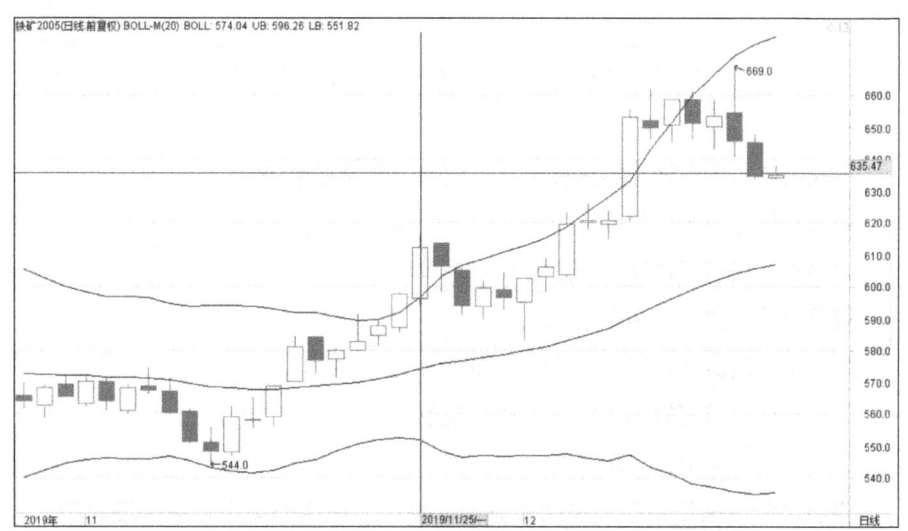

图 7-35 铁矿 2005 合约 2019 年 10 月至 12 月走势图

图 7-36 为沪镍 2002 合约 2019 年 10 月至 12 月的走势图。十字光标处，上轨线向上，下轨线向下，通道打开，同时中轨线向下，此时选择做空。

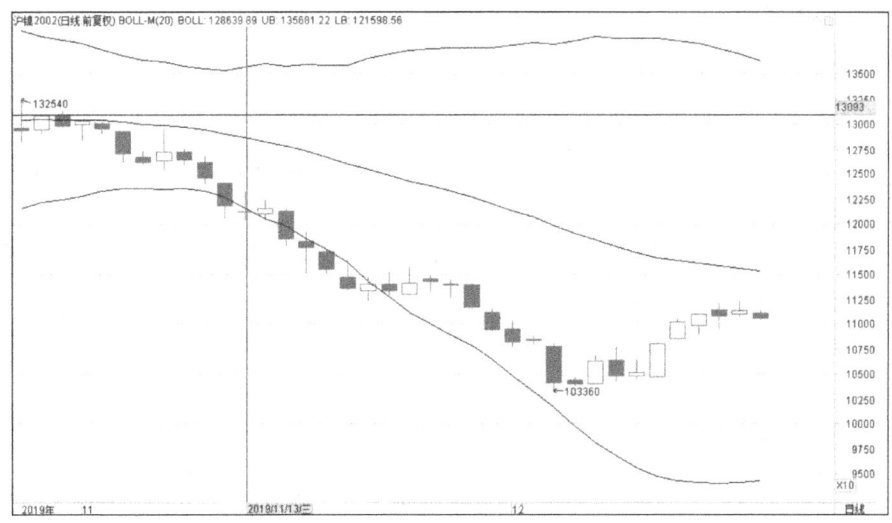

图 7-36　沪镍 2002 合约 2019 年 10 月至 12 月走势图

那我们就基于布林线的这种用法，设计一套交易系统。

如果布林通道张口扩张，中轨线向上，建立多单。

如果布林通道三轨同时向上，建立多单。

只要上轨线向下，多单平仓。

如果布林通道张口扩张，中轨线向下，建立空单。

如果布林通道三轨同时向下，建立空单。

只要下轨线向上，空单平仓。

我们之所以采用中轨线来判断方向，是因为通道的上下轨线并没有指示方向的功能，而均线本身的斜率就是趋势的定海神针，虽然效果时好时坏。但中轨线并不只是指引方向而已，它自身的属性决定了它还要承担均线的角色，比如支撑和压制。

所以一般情况下，我们不仅可以用均线的斜率作为方向指引，也可以以 K 线穿越均线来指示短期趋势方向。可是方向一旦确立，就不容易发生转向，所以均线的支撑和压制作用在布林通道中有着特殊的意义。

图 7-37 为豆粕 2005 合约 2019 年 8 月至 9 月的走势图。K 线不停地在中轨线上上蹿下跳，可见此时没有明显的趋势。

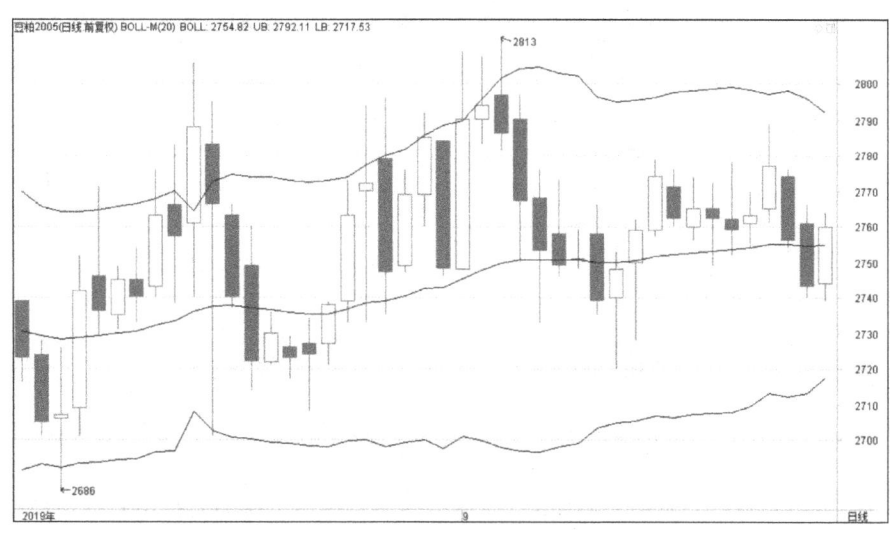

图 7-37　豆粕 2005 合约 2019 年 8 月至 9 月走势图

图 7-38 为豆油 2005 合约 2019 年 7 月至 10 月的走势图。在上涨趋势刚刚开始时，K 线上穿中轨线，停滞了一段时间后，上涨行情启动。上涨过程中出现了回调，因为与中轨线靠得很近，所以被支撑回去。一小波上涨行情结束时，K 线下穿中轨线，在中轨线处试探它的支撑力量，盘整了一段时间后，展开了一波下跌走势。由此可见中轨线的支撑作用。中轨线被击穿后即出现回调。

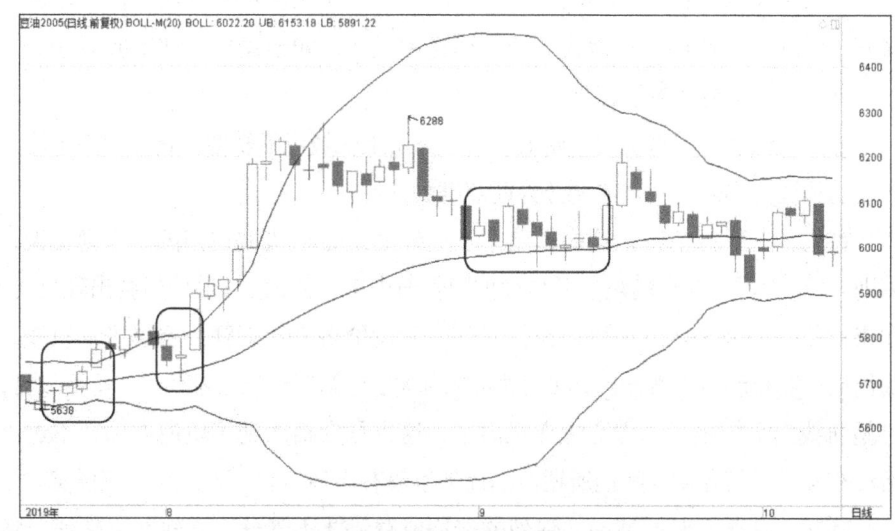

图 7-38　豆油 2005 合约 2019 年 7 月至 10 月走势图

图 7-39 为甲醇 2001 合约 2019 年 5 月至 9 月的走势图。在下跌过程中，K 线偶尔击穿中轨线，但都未做停留，转而继续向下。同样，在下跌趋势时，中轨线也有阻挡作用。

图 7-39　甲醇 2001 合约 2019 年 5 月至 9 月走势图

为什么要反复提及中轨线的支撑与压制呢？因为我们说过，中轨线根本就是移动平均线，所以它和移动平均线的特性一模一样。一般初学者在期货公司进行培训的时候，都会拿布林线作为培训内容，而初学者不了解布林线的计算方法，所以会觉得中轨线很神秘，其实说穿了没什么大不了的。

回头来总结布林线。中轨线给出方向，上下轨线界定价格波动范围。通道张开，说明可能要出现一波大行情；通道内敛，可能会走出一波窄幅震荡。除此之外，已没有更多特别之处。

可是我们前文不是说过，如果价格超越了上轨线或下轨线，它会回归平均，会回到轨道内部来吗？这需要分为两点细细说明。

首先，一般行情中，价格跑到了轨道外面是会很快被拉回的，少则 1 天，多则 3 天。但需要注意的是它只是被拉回轨道内来，并不意味着价格会出现反转。如果价格不回来，轨道还可以自己延伸。假设价格突然下跌，超越了下轨线，我们期待着它能多少涨一点，回到轨道内部来。但第二天它没涨没跌，持平收盘，可是轨线向下扩张了，将它包在里面了，这也是变相回到了轨道内部。不过价格没有发生任何变化，我们所期待的反弹也没有出现，它可能还会延续跌势。

其次，在非一般行情中，强烈的涨势或跌势才不管什么上轨线下轨线，猛涨猛跌时，轨线只能被动跟随。

不论是一般行情，还是非一般行情，要么价格不在乎，要么轨线扩展出去包容价格。所以，回归对于交易指导来说没有任何意义。既然如此，也就没有展开详细阐述的意义了。

与其用布林线构建一套交易系统，还不如用它来辅助验证其他交易方法，因为在震荡行情中，它也会出现轨线扩张的情况，会出现很多的无用信号。若按此交易，会增加非常多的无谓交易。

布林线是一款趋势性指标，但它的效果比移动平均线差远了。

7.4 其他指标的底层逻辑

如果我们弄懂了 MACD 指标与 KD 指标的底层逻辑，理解其他指标的底层逻辑就简单多了。几乎所有的技术指标都有 MACD 指标与 KD 指标的影子。

7.4.1 RSI 强弱指标

RSI 强弱指标可以专门写一本书来介绍，但也无外乎它不仅能走出类似头肩、双重、三重、多重这样的价格形态，还可以像均线的发散缠绕一样加以利用。不过这些都不如我们了解它的计算逻辑来得重要。图 7-40 为 RSI 强弱指标的示意图。

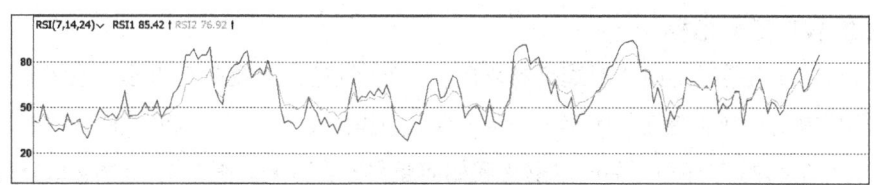

图 7-40　RSI 强弱指标示意图

它的计算方法是 N 天的上涨幅度除以 N 天内上涨与下跌的总幅度。例如，最近 8 天的收盘价分别是 100 元、98 元、105 元、107 元、103 元、110 元、105 元、104 元。从第二天到第八天的涨跌情况分别为第二天下跌 2 点，第三天上涨 7 点，第四天上涨 2 点，第五天下跌 4 点，第六天上涨 7 点，第七天下跌 5 点，第八天下跌 1 点。

因此最近 7 天内，上涨点数分别为 7 点、2 点、7 点，共 16 点，下跌点数分别为 2 点、4 点、5 点、1 点，共 12 点。

RSI 值 = 上涨点数 ÷ 总波动点数

=16 点 ÷（16 点 + 12 点）

=57.14%。

所以最近 7 天的强弱值为 57.14%。它的底层逻辑是在 N 天的波动内上涨波动对总波动的贡献值。如果贡献值高于 50%，说明看涨氛围浓厚；如果贡献值低于 50%，说明看跌氛围浓厚。

将无数个 7 天内的强弱值连起来，就是以 7 天为周期的强弱线。按同样的方法可以计算出更多的强弱线，例如 14 天周期和 21 天周期的。

不过，当价格剧烈波动时，RSI 指标会变得过于灵敏，所以要对它进行平滑处理。在一般的软件中，每个数值都要进行指数加权平均。

因此，与其说它是一款摆动指标，不如说它是一款趋势指标。它也有上下边界（0～100），当然也有与 KD 指标一样的超买超卖范围。但价格一直处于上涨状态时，RSI 指标数值将会一直处于 50 甚至 80 以上。同样，如果价格一直下跌，RSI 指标数值也会一直处于 50 甚至 20 以下。

它的使用方法与 KD 指标一样，指导意义也与 KD 指标一样，甚至 KD 指标的各种经典解释的缺陷 RSI 指标同样也有。

7.4.2 WR 威廉指标

WR 威廉指标是由《短线交易秘诀》的作者拉里·威廉斯发明的。他参加了美国举办的一次实盘交易比赛，一年中将账户里的 1 万美元经营到 100 万美元，所以他在 1973 年还写了另一本书《我如何赚得一百万》。图 7-41 为 WR 威廉指标的示意图。

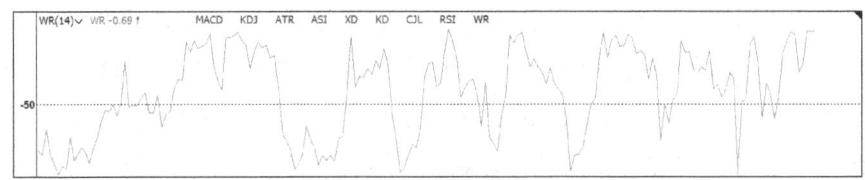

图 7-41　WR 威廉指标示意图

WR威廉指标的算法：用N天的最高价减去最新价，再除以N天的最高价与最低价的差。看着是不是很熟悉？这和KD指标非常相似，分母完全一样。KD指标的分子是最新价（收盘价）与N天最低价的差，WR威廉指标的分子是N天最高价与最新价的差，可谓异曲同工。

根据WR威廉指标的计算式，得出的比值越大，说明价格走得越低；得出的比值越小，说明价格走得越高。所以WR威廉指标与一般指标的使用是有区别的：当指标在上方时，提供的是买入信号；当指标在下方时，提供的是卖出信号。

这一特性与我们习惯的视觉感知不符，所以在一般软件中，都把WR威廉指标的计算值乘以"-1"，那么它的整个数值就倒过来了——指标在下方，给出买进信号；指标在上方，给出卖出信号。

如此一来，WR威廉指标与KD指标的使用方法一致，得出的结果也是一样的，只是计算的方法稍有差异而已。所以，如果你用KD指标来交易，就不要再用WR威廉指标来辅助验证了，因为你不能用同一种东西去互相验证。

7.4.3 MTM动量指标

MTM动量指标，英文全称为Momentum Index，是一种专门研究价格波动的中短期技术分析工具。图7-42为MTM动量指标的示意图。

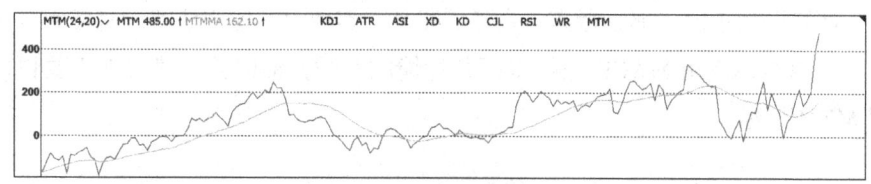

图7-42 MTM动量指标示意图

在讲MTM指标之前，我们要先说一下移动平均线的斜率问题。算术移动平均线的计算方法是以N天内的收盘价之和除以N。例如最近5天的收盘价分别为98元、99元、100元、101元、102元，那么MA5线数值为100。第六天的收盘价如果高于第一天的收盘价98元，那么最新的MA5线数值必定高于100，此时MA5线斜率必定会大于0，也就是说MA5线是向上涨的。反之，若第六天的收盘价低于第一天的 98 元，新 MA5 线的数值必定低于 100，此时 MA5 线斜率小于 0，MA5 线是向下跌的。

若是 MA10 线呢，新的收盘价高于 10 天前的收盘价，MA10 线向上涨；新的收盘价低于 10 天前的收盘价，MA10 线向下跌。总结来说，N 天移动平均线的斜率，是由最新价高于÷低于 N 天前收盘价的多少来决定的，只是头与尾的比较，与中间的数值没有任何关系。

现在来看 MTM 动量指标，它的计算方法是当天的收盘价与 6 天前收盘价的差。根据上文所述，这个数值如果是正数，那么 MA6 线就是向上的；这个数值若是负数，那么 MA6 线就是向下的。或者直接理解为，MTM 数值为正，MA6 斜率为正；MTM 数值为负，MA6 斜率为负。

MTM 动量指标经典使用方法第一条，就是当 MTM 大于 0 时买入，小于 0 时卖出。那也可以转换为，MA6 斜率由负转正，买入；MA6 斜率由正转负，卖出。所以如果你想使用一种参数的 MTM 指标，只要直接看这种参数下的均线斜率就可以了。

它与 MACD 指标一样，都是基于均线来设计的。与 MACD 指标不同的是，MACD 指标利用均线的交叉状态来分析，而 MTM 指标利用均线的斜率来分析。

当然 MTM 指标本身也可能过于灵敏，所以还要再给 MTM 指标做一次平滑处理。这与 MACD 指标的设计也如出一辙，MACD 指标的 DEA 线就是对 DIFF 线的平滑处理。

两者既然相同，那么背离、金叉、死叉、零轴的使用方法就没有任何区别了。所以当你使用 MACD 指标来研判行情的时候，辅助验证建议就不要再使用 MTM 指标。

7.4.4 ROC 变动速率指标

ROC 变动速率指标是一款比较价格移动加速度的指标。如果一辆汽车以时速 50 千米的速度行驶，1 分钟后时速变为 52 千米，那它的加速度为每分钟 2 千米。若它在 1 分钟内时速由 50 千米下降至 45 千米，则加速度为每分钟 –5 千米。虽然加速度是负的，但它还是向前行驶的。

ROC 指标的计算方法，是以当前的最新价减去 N 天前的价格，得出的差再除以 N 天前的价格。我把问题变得更明了一些，假设 N 天前鸡肉价格为每千克

30元，现在价格每千克40元，上涨幅度是多少？40元与30元的差，除以30元，上涨幅度为33.33%。那么ROC值也为33.33%，它表示的就是现在的价格相对于N天前价格的上涨幅度。图7-43为ROC变动速率指标的示意图。

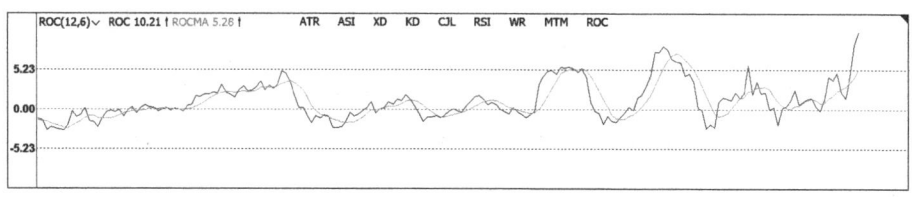

图7-43 ROC变动速率指标示意图

如果幅度每天升高，则加速度在不断升高，价格处于强劲上涨趋势中；反之，价格处于弱势之中。

如果现在的最新价比N天前低，那么得出的比值为负值，说明价格相对于N天前低了。所以ROC指标不但能表示加速度，它的零轴也能表示价格相对于N天前是上涨了，还是下跌了。

基于这个特性，ROC指标的零轴与MTM指标的零轴的指导意义是一样的。零轴之上，价格相对上涨，零轴之下，价格相对下跌。至于加速度问题，ROC指标与MACD指标的DIFF线相似，在零轴之上走低，说明价格虽然较之前是上涨的，但是上涨的速度变慢了。同理，在零轴之下走高，说明价格虽然较之前是下跌的，但下跌的速度变慢了。

我们对于ROC线也进行了平滑处理，平滑处理后的线为ROCMA，两线相对零轴的位置与交叉状态都与MACD指标的用法相同。

至此，我们可以总结：所有带有零轴的摆动指标，都与MACD指标的用法几乎一样；所有带有上下边界的摆动指标，都与KD指标的用法几乎一样。

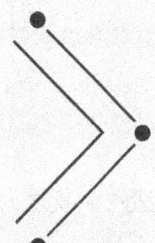

第 8 章

构建交易系统

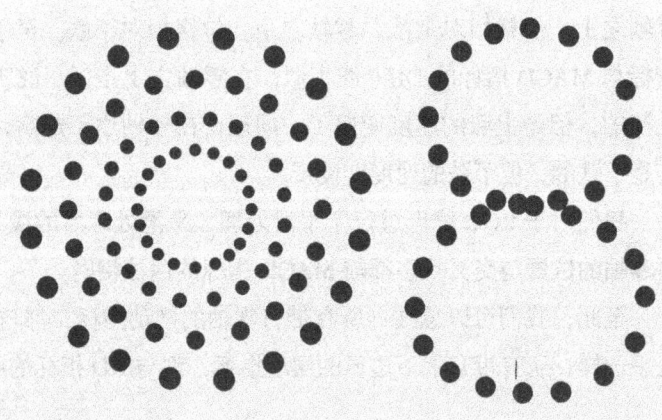

本书讲解了各种常用技术分析方法,每一种分析方法单独使用都无法达到最佳效果,必须与其他方法相互配合,且各种方法的配合必须使其逻辑自洽、功能互补。

如果有一套方法,使得价格走势不论出现何种情况,我们都有对应的策略,那这套方法就是交易系统。价格走势无非有两种,一种为单边市,另一种为震荡市。要构建交易系统,无非就是以趋势手段或以震荡手段在市场中交易。

8.1 构建交易系统的逻辑基础

有人说,市场绝大部分时间都处于震荡走势中,只有少部分时间呈趋势走势。如果这句话是对的,我们就要找出市场为什么在大部分时间都处于震荡走势的逻辑基础,如果逻辑可以自洽,那么就根据底层逻辑来构建震荡交易系统。

我想说的是,若从大格局来看,市场无所谓震荡,也无所谓趋势。最小级别的趋势嵌套在比它大一个级别的震荡中,而这个震荡又嵌套在更大级别的趋势中,而这个趋势又嵌套在更大级别的震荡中,如此一级套一级,永远没有尽头。如果不能指定一个范围,我们永远也不能说它是震荡,还是趋势。所以在确定系统特点之前,要先确定交易系统的逻辑基础。

8.1.1 趋势跟踪的逻辑基础

价格走势可以分为单边市、震荡市，震荡市可以分为宽幅震荡、窄幅震荡。窄幅震荡没有交易意义，所以可以放弃。宽幅震荡的每一次上下波动，也可以看成是更小级别的单边走势。最后只剩下小级别单边走势和大级别单边走势了，那么选择构建追踪趋势的交易系统在市场中还是很占优势的。

再来考虑趋势形成的逻辑基础，逻辑基础必须满足以下3点：通过长时间观察市场提出假设，具备一定高度和层次的归纳，根据此假设推理出自洽的系统。

8.1.2 小数定律终将打破

具备一定高度的归纳可以保证逻辑具有稳定性和可持续性，那么作为归纳总结的对象一定需要大样本数据，最好是全样本数据。如果只是一个小规模样本数据统计出来的逻辑，难以证明可持续性，而这种小逻辑也会湮没于浩如烟海的数据中。

比如世界杯足球赛的1982轴心定律，如表8-1所示。以1982年意大利夺冠为轴心，1986年的阿根廷与1978年的阿根廷、1990年的德国和1974年的德国、1994年的巴西与1970年的巴西、2002年的巴西与1962年的巴西呈现出惊人的重合。而1998年的冠军法国和1966年的冠军英格兰看上去似乎违背了这个规律，但考虑到此两届冠军均为主场作战取得了本国历史上唯一一次世界冠军，且英国和法国在地域上又如此相近，可以说这个定律仍在发挥作用，实在是世界杯历史上一条精准而又神秘的铁律。

表 8-1 1982 年轴心定律

第一届	乌拉圭
第二届	意大利
第三届	意大利
第四届	乌拉圭
第五届	德国
第六届	巴西
第七届	巴西
第八届	英格兰（东道主）
第九届	巴西
第十届	德国

续表

第十一届	阿根廷
第十二届	意大利（1982 年）
第十三届	阿根廷
第十四届	德国
第十五届	巴西
第十六届	法国（东道主）
第十七届	巴西

按照轴心定律，第十八届世界杯应为巴西夺冠，实际结果却是意大利。第十九届世界杯应为德国夺冠，实际结果却是西班牙。第二十届世界杯应为乌拉圭夺冠，实际结果却为德国。连续 3 届打破了轴心定律，从统计学来看，这只不过是一种巧合而已，原因就在于统计样本太小。只要世界杯持续举办下去，各种小规律几乎都会显现出来，例如可能每隔 N 年都会有同一国家夺冠，或者更大级别的轴心定律再次出现等。不过从长远来看，任何小数定律都会被打破。

8.1.3 逻辑基础在，趋势便在

趋势交易的逻辑基础为资本逐利、人类对随机震荡的厌恶心理、供需失衡。只要市场满足以上 3 个条件，那么趋势就永远会在市场内出现，趋势逻辑也就显得比震荡逻辑更加稳定、可持续性更强。

世界上没有两片相同的树叶，同样也没有完全相同的走势，这不也是混沌逻辑吗？如何用一套方法追踪所有趋势走势呢？树叶虽然不同，但树总会长出树叶的，这就是相同点。

趋势交易还有以下几个特点：价格以趋势方式进行演变，具有趋势性；震荡与趋势交替出现，趋势倾向于延续，趋势出现后不会轻易改变；趋势会反转，并且也会以趋势的方式演变。

交易逻辑明确后，我们就可以着手建立趋势交易系统了。即使是在市场中摸爬滚打多年，也很少有人能赤手空拳地建立一套交易系统，所以我们必须借鉴那些成熟的交易系统，再根据实际情况进行优化。

8.2 一套熟悉的交易系统——三重滤网

1986年4月,亚历山大·埃尔德博士总结出一套成熟的交易系统,发表于《期货杂志》。该方法在不同时段中利用两种不同的指标,再加上选择交易点,称为三重滤网法。

为什么称其为三重滤网呢?因为要满足3个条件才能触发交易。三重滤网交易系统的逻辑基础是价格呈趋势性演变,但在趋势演化的过程中会出现回调或反弹。若是上涨趋势已经确定,则在回调时买进;若是下跌趋势已经确定,则在反弹时卖出。

所以根据它的底层逻辑,第一重滤网需要确定趋势的方向,第二重滤网需要找到回调的低点或是反弹的高点,第三重滤网需要找到准确的交易点和止损点。

8.2.1 三道过滤网

确定趋势的方向有很多种方法,例如长期均线的斜率或长短均线的排列状态,或是趋势指标的提示等。我们讲了这么多种指标的使用方法,但并不是百分之百地能指引趋势。例如长期均线的斜率在震荡时期会忽而向下,忽而向上;长短均线的交叉在震荡趋势中也会出现多次交叉的情况。

若不借助工具,就无法判断趋势的方向,所以我们只能任选一种,并假定它可以大概率指明方向。但要明白一点,它不是百分之百准确,再牛的交易系统的准确率也不可能是百分之百。不过,三重滤网法要经过3次筛选才能找到一个适合的交易信号,所以即使第一重滤网给出的方法很模糊也没关系,后面还有两道滤网作为防护。

原版三重滤网给出的方法是依据MACD指标柱线图的斜率来判断方向的。如果相邻两条柱线的斜率为正,则默认为上涨趋势;若相邻两条柱线的斜率为负,则默认为下跌趋势,如图8-1所示。斜率为正时,只找机会做多,绝不做空;斜率为负时,只找机会做空,绝不做多。

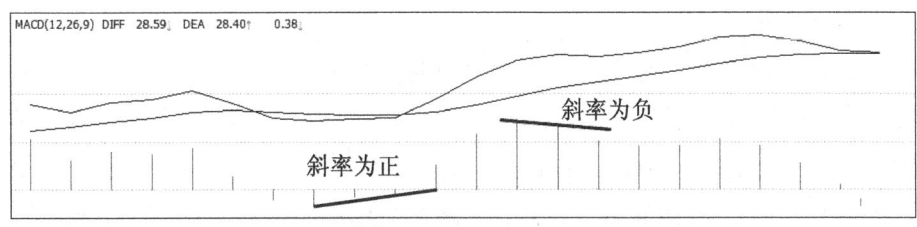

图 8-1 MACD 指标斜率

如果第一重滤网使用的 K 线是周线级别，则第二重滤网要使用日线级别；如果第一重滤网使用的 K 线是日线级别，则第二重滤网要使用小时线级别。在较大级别中确定趋势方向，在小级别中寻找回调低点和反弹高点。

第二重滤网使用 KD 指标。为什么两重滤网选取了不同的指标呢？因为第一重滤网需要确定趋势方向，所以它只能用趋势性指标。而第二重滤网要在确定的方向中寻找震荡低点或高点，所以它只能用震荡指标。

前文讲 KD 指标时，说过 30/70 或 20/80 为超买超卖区，当 KD 指标数值达到这一区域时，通常会出现反转。假设第一重滤网给出的方向是上涨，那么这个过程中的下跌就是上涨趋势中的震荡回调，所以当 KD 指标数值达到 30 或 20 以下时，回调很可能结束，继续回归上涨趋势中。同理，若第一重滤网给出的方向是下跌，那么这个过程中的上涨就是下跌趋势中的震荡反弹，所以当 KD 指标数值达到 70 或 80 以上时，反弹很可能结束，继续回到下跌趋势中去。

当前两重滤网都达到了条件，我们就要寻找确切的交易点位了。若第一重滤网给出的方向是上涨，第二重滤网在小级别 K 线图中，KD 指标数值达到了 30 以下时，则进入交易范围。此时，只要小级别 K 线向上突破前一条 K 线的高点，就可买入进场。如果这条 K 线并没有向上突破前一条 K 线的高点，则等待下一条 K 线突破它前一条 K 线的高点，不断地顺延下去。多单成交后，以成交 K 线的最低点为止损点。

8.2.2 三重滤网优化

三重滤网法，与其说它是一种交易系统，不如说它是一种交易理念。只是原版在美国出生，到了中国有些"水土不服"。但也不能因噎废食，我们可以因地制宜，利用这一优质理念，把它打造成一款适合中国市场的交易系统。

第一重滤网优化

趋势的指向需要的是稳定,而 MACD 指标柱线斜率变动得太快,在一波可见的上涨趋势中,柱线可在其中几次转向。若依据柱线来交易,投资者会无所适从。图 8-2 为铁矿 2001 合约 2019 年 9 月至 11 月的走势图。图中明显有一波下跌趋势,再看对应的 MACD 指标,一路起起伏伏,不能长期稳定地指示方向。

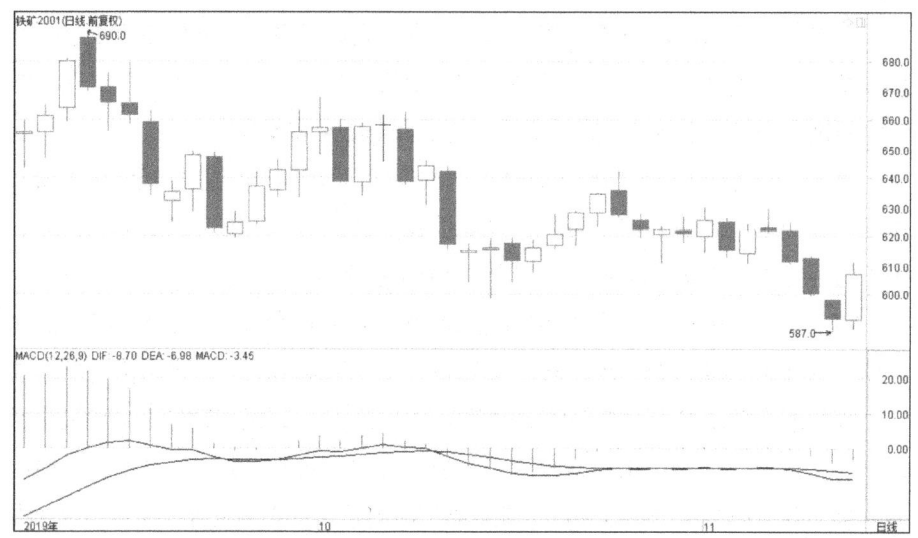

图 8-2　铁矿 2001 合约 2019 年 9 月至 11 月走势图

所以关键词变成了长期、稳定,找来找去只有均线类这种具有滞后性的指标可以承担如此重任。而在三重滤网发明者的书《以交易为生》中也说到:"有读者来信说,如果用 EMA(13)指标,即 13 日指数平均线来指示方向,会比 MACD 指标更好。"作者对此也予以承认,同时也说:"我给出的是一种理念,要因时因地修改,如果照搬照抄,也不会长期稳定盈利。"

根据这一点,我们可以将第一重滤网指标换为 EMA 线。至于参数,我开始使用的是 13,但那段时间很久都没出现过交易信号,我想可能是参数设置得太大了。所以我按斐波那契数列,将 13 改为了 8,结果信号多得难以想象,但绝大多数都是无用的信号。不得已,我又将 8 改为了 13。从后期的使用效果来看,13 要比 8 好得多。

在这个过程中,我还试过 SAR 抛物止损点和趋势线。SAR 指标的效果不如

EMA 线，而趋势线又有些过于主观，所以我最终还是选用了 EMA（13）。

平仓信号也依赖于第一重滤网，因为我们的底层逻辑就是追踪趋势，所以只要趋势方向不变，就要一直持仓。那么由谁开始的，也要由谁结束——方向是 EMA（13）确定的，方向反转也应由 EMA（13）来进行。经过一轮实盘测试后，平仓时利润回吐得特别多，我由此想到了一句股票俗语：入市慢如牛，出市快如兔。入市力求稳，出市力求快。入市要保证准确率和盈亏比，出市要防止利润大幅度回吐。所以平仓信号，我将 EMA（13）改为了 EMA（8）。虽然有时会过早地平仓，但更多时候还是保住了大部分将要回吐的利润。

第二重滤网优化

在原版三重滤网中，短周期可利用的指标非常多，并且基本都是作者本人编制的。我试着跟随编制、使用了几个，但模拟中这些自己编制的指标反应太快。对于我这个相对保守的人来说，信号越少越好，因为信号多了准确率就会降低。在《以交易为生》中，有一行很不起眼的文字也说到可以用 KD 指标，并且我试了作者所说的几乎全部指标，发现短周期 KD 指标相对较为好用。

但 KD 指标有两条线，而我们需要 30 以下、70 以上的数据，那到底是取 K 值，还是取 D 值呢？开始我选用的是 K 值，但用了一段时间后，发现 KD 指标中的 K 线上蹿下跳，30 以下、70 以上很容易就轻松达到了。但这也会导致交易次数过多，从而导致无用信号过多、止损过多。

基于我保守的性格，我开始使用 D 值。KD 指标的计算方法是先将 K 值计算出来后，再将 K 值 3 天平均，得出 D 值。D 线要缓慢很多，因为慢，所以很靠谱。

讲解指标的书在介绍 KD 指标的时候，会说到超买和超卖：当 KD 指标数值达到 70 以上时是超买，当 KD 指标数值达到 30 以下时是超卖。

但其他方面并不统一。有的说 30/70 不行，至少得 20/80。可我们做系统，每个数字都得量化，你不能说 30/70 可以，20/80 也差不多，这会给执行层面带来很多困扰。

我开始还是选取了 30/70，因为第一重滤网中我就选用了比较缓慢的 EMA 线，抛弃了过快的 MACD 柱线。随着实盘交易我又发现，D 值虽然比 K 值缓慢稳重，但在现实交易中还是显得有些过快。低于 30，给出第二重信号后买入再止损的例子比比皆是。这让我意识到，我还是交易得过早了。

请注意,"交易得过早"是指交易的时机,也就是价格向下的同时,KD指标向下,给出信号,准备交易。在这一过程中,我在预测D值低于30,价格接近底部之后,便开始做多。可是还有一种可能,价格还没跌完,第三重信号给出后成交了,此时价格继续向下,只能止损。这个推理的关键词是"预测"。

在一个追求慢、稳的系统中出现了"预测",这不符合逻辑。所以,我要把"预测"改为"追随"。这就涉及了拐点和与之相关的左侧交易、右侧交易的概念。

我们想在大涨中的回调底部买进,是三重滤网的精髓理念所在。可回调何时结束呢?按原版来说,在长周期看涨的条件下,短周期KD指标数值低于30时,就是调整结束之时。可这不对,或者说这不完全对。

当KD指标数值低于30时,我们还未见拐点,可能只是无限靠近拐点而已,因为我们还处于拐点的左侧。如果此时交易,反而变成了我们一直想要避免的左侧交易,而我们想要的是拐点右侧的交易。左侧交易就是预测,右侧交易就是追随。

所以,KD指标数值低于30了,我就准备进场了吗?不是,我在等另一个信号。现在这一步只是我大致观测到了机会,还没有进行最后的确认。继续观察KD指标数值,当D值低于25时,我认为它已经进入交易范围。再继续观察,当它从25以下向上抬升的时候,我们才能正式进场。

这是一个U形形态,进入30以下就是进入了U形的左侧,是底部范围。再向下直到25以下,才真正有点意思,但还不够,这只是比之前更加深入了5个值而已,也不能确定这个位置就是拐点的右侧。所以当它从25以下向上,再次突破30时,就构成了一个U形,拐点就是两个30之间的地方。此时我们在右侧,把亏损留在了左侧。

第三重滤网优化

原版三重滤网法中,因为没有后来设计的U形过滤,所以它简单粗暴地以前一条K线的高低点作为建仓突破点。但由于我多加了内容,所以突破点位也需要跟着进行优化。

在最初始的状态中,我就考虑过这样一个问题:相邻两条K线的高低点太容易互相突破了,也就非常容易触发止损,这就像一把没保险的枪一样,随时可能走火。U形确保了我们可以尽量在拐点右侧交易,相当于给这个系统加了个保险,但当时没想明白这个保险怎么加。当我做完了第二重的优化时,就知道如何走这一步了。

优化后的突破点的表述有点麻烦。在从 KD 指标中 D 值进入 30 以下或 70 以上至目前阶段的范围内，找出这组 K 线中的最高点或最低点作为突破点位。

我拿做多来举个例子。当 D 值由 30 以上进入 30 以下时，例如 29.56，此时对应 K 线的最高价为 1 000 点；当 D 值为 28 时，对应 K 线的最高点为 990 点；D 值为 24 时，对应的高点为 920 点，此时准备做多。D 值进入 30 以下这一段时间（3 条 K 线）的最高点为 1 000 点，所以以 1 000 点作为建仓突破点。

刚刚举的例子是一组常规的案例，可能还会出现下面这样的情况。D 值 29.56，价格 1 000 点。D 值 28，价格 1 005 点。D 值 24，价格 920 点。D 值进入 30 以下后，随后这阶段的 K 线（3 条 K 线）的最高点在 1 005 点，就是 D 值为 28 时所对应的价格。那么就以 1 005 点作为建仓突破点。

这么做是为了在第二重 U 形优化后形成另一种保障，可以让我们更加确定我们是在拐点的右侧交易，这里面也有道氏理论的影子。

8.3 我的方法论

即使如此，三重滤网法在交易中也很难找到百分百对应的交易。如果不优化，则无用信号过多；若尽力优化，有些趋势启动后根本抓不住，因为它太严格了，很少给你进场信号。所以，类似这样的系统在各品种都出现大好趋势的情况下，在 2016 年只赚了 1 倍左右。

所以我们能不能以三重滤网法的理念为基础，重新构建一套更好的交易系统呢？我们先来梳理一下三重滤网的交易理念：第一，要先确定趋势；第二，在上涨趋势的回调低点买进，在下跌趋势的反弹高点卖出。我们一个一个地解决。

8.3.1 何为趋势

做交易只有两种选择，或做，或不做。若做，或多，或空。若多，或持，或平；若空，或持，或平。你永远跳不出这任何一个层次的二元选项——做、不做，多、空；持多、平多，持空、平空。在这些选项中，你能做的只有等待时机、抓住时机。

所以，格雷厄姆也称这种交易为"择时交易"。为什么要"择时"？因为要把握"时机"。

把握什么时机？做的时机、多的时机、空的时机、平多的时机、平空的时机。其余的选项都是等待。交易就是等待，或者等待建仓，或者等待平仓。言外之意，就是在等待时机。

英文中也有类似此意的单词 timing，即"time + ing"，非常形象地一语道破机会与时间的结合。

所以在交易中，你要做的无非就是 3 点。

1. 辨别时机。
2. 等待时机。
3. 抓住时机。

8.3.2 定义峰谷

找到了起点与终点，就把握了趋势，把握了趋势，也就把握了时机。问题已经转到起点与终点上了。那么关键字是什么？是"点"，一定是一个点，而不是这个点之左或之右，点必处于中间。

你可能会说，最高点或最低点也可能是一个平面。当然有这种可能。这在 K 线图方法中称为"平头""平底"，它由几个高度（低度）相同的点集合而成。不论这些相同的点有几个，它们所代表的高度（低度）是一致的，那么我们所说的点，指的是点所代表的意义，而不是探究它到底有几个点。

在交易的术语中，将高点称为峰，将低点称为谷。那怎么定义峰和谷呢？一般情况下，见高点是峰，见低点是谷。这自不必多说，但从来没有人给出一个定义，而定义对于解决问题来说是至关重要的。如果定义不准确，或者没有达成共识，在解决问题的过程中就会产生一系列的意见分歧。可能讨论的是一回事，但双方各执一词、争辩不休；可能讨论的是两回事，但由于定义不确定、表述含糊，以为是一回事。

这都是定义不明所造成的困扰。所以，一定要对最基本的问题进行定义。那么峰谷如何定义呢？如图 8-3 所示。

峰的定义：3 条 K 线中，中间 K 线的高点高于两侧 K 线的高点，中间 K 线的低点高于两侧 K 线的低点。

谷的定义：3 条 K 线中，中间 K 线的高点低于两侧 K 线的高点，中间 K 线的低点低于两侧 K 线的低点。

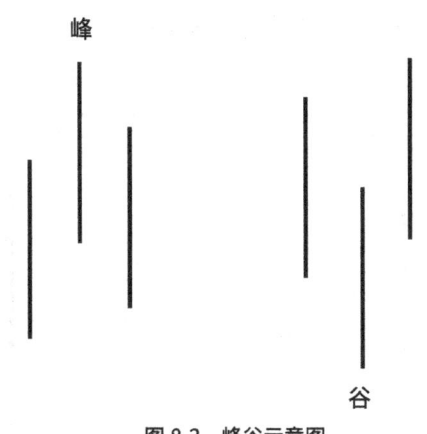

图 8-3　峰谷示意图

如果我们去爬山，走过的路径必然是上、下、上、下、上、下、上……经过的必然是谷、峰、谷、峰、谷……最高峰。而在最低谷与最高峰之间的谷与峰该怎么处理呢？

在爬山的过程中，每遇到一个峰，你都不知道这是不是最高峰，每遇到一个谷，你也不知道这是不是最低谷。这是一个你未曾探究过的世界，只有当你一只脚踏进去，这个世界才会为你显示出一部分来，并且永远没有尽头。

上证综指 6 124 点是最高点吗？肯定还有更高。所以做交易，拿走势图来说，永远也没有尽头。那么我们判断趋势，只有起点，没有终点，所以只能用起点和相对终点来判断一段行情的趋势，而不是所有。

我们只能说，在这一段中，从此处的阶段起点到彼处的阶段终点是什么趋势，而在这一段趋势中你能赚到多少利润。

那么逻辑链可以继续向后写：时机—趋势—起点与终点—阶段起点与阶段终点。

如果我们承认是从阶段起点与阶段终点获取利润的，那么自然就会得出结论——行情走势是由一个接一个的上涨趋势与下跌趋势组成的。可是无趋势情况呢？无趋势包含在上涨趋势或下跌趋势中，无趋势是有趋势的一部分。

8.3.3 去除无意义的 K 线

掌握峰谷的定义,就能从图表中找出峰和谷。但在实际操作之前,我们还需要处理两件事。

一件为去除孕线,一件为去除抱线,如图 8-4 所示。

图 8-4 孕线、抱线示意图

孕线、抱线是从日本 K 线图中借鉴过来的名称。后一条 K 线从最高价到最低价都被前一条 K 线包裹,称为孕线;反之,称为抱线。

我们的目的是从图表中找出趋势,趋势是事物的动向,是外延的动向。而孕线相对前一条 K 线来说,既未向上外延,也未向下外延,所以在我们寻找峰谷的过程中,孕线是没有任何意义的,在图表中要把孕线剔除。

抱线虽然产生了外延,但它既向上外延,也向下外延。那么它到底是向上,还是向下呢?这会让我们无所适从。反过来看,抱线前面的 K 线相对于抱线来说,没有任何意义。我们可以把抱线前方的 K 线当成是前孕线,所以也要把没有任何意义的前孕线全部剔除。

有了这两种处理方法,我们就可以随便找一张图来学习了。图 8-5 为沪镍 2001 合约 2019 年 9 月至 12 月的走势图。

图 8-5　沪镍 2001 合约 2019 年 9 月至 12 月走势图

将孕线与抱线全部去除后，沪镍如图 8-6 所示。

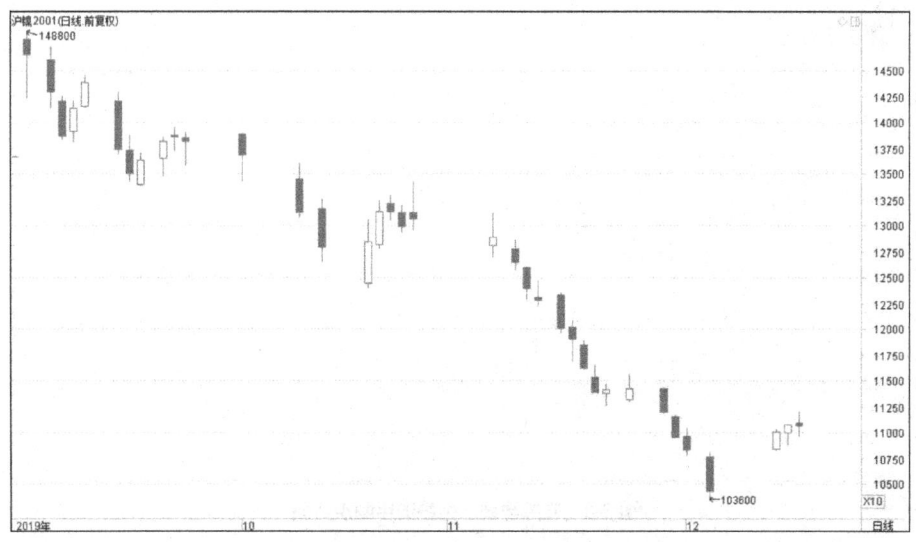

图 8-6　去掉孕线、抱线的沪镍走势图

再来看一张甲醇 2005 合约 2019 年 10 月至 12 月的走势图，如图 8-7 所示。

图 8-7　甲醇 2005 合约 2019 年 10 月至 12 月走势图

图 8-8 为去掉孕线、抱线的甲醇走势图。

图 8-8　去掉孕线、抱线的甲醇走势图

图表清理干净了,峰谷自然就显现出来了,再用线将它们连接起来,就是一张峰谷图了,如图 8-9 与图 8-10 所示。

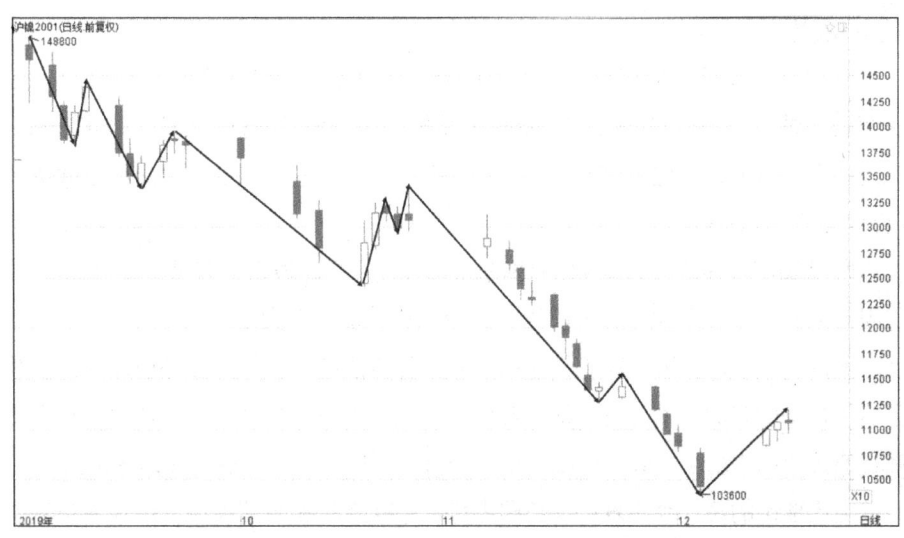

图 8-9　沪镍峰谷示意图

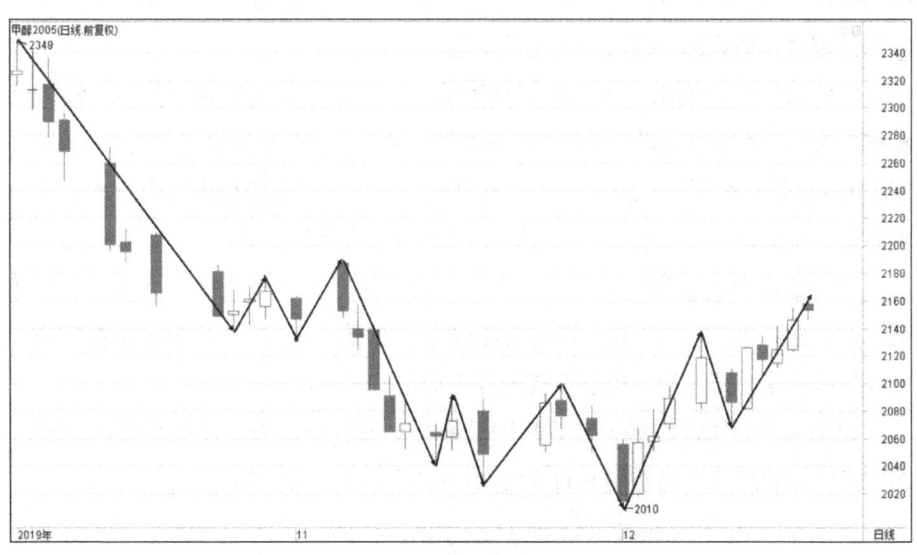

图 8-10　甲醇峰谷示意图

原本杂乱无章的图，经过这样的编辑就显得非常清晰了。峰、谷是我们这套交易系统的基础定义，贯穿系统，无处不在，系统中的任何解释都出自峰、谷。所以理解峰、谷的形成，牢记峰、谷的定义，是学习这套系统的必备工具。

8.3.4 取势

峰和谷是阶段的起点与终点,我们要做的就是拿到峰和谷之间的部分。可从图表来看,峰和谷无尽无休地出现,如果将每个峰和谷之间的部分都操作一遍,就会陷入无休无止的过度交易当中,并且很大一部分利润都会变成交易手续费,自己反倒剩不下什么。

所以我们不能去获取用峰谷切割出来的每一个小段,而是要获取由几个峰谷组成的一大段。多大才算大段呢?一段趋势就是一个大段。

虽然酒田战法较道氏理论早了很多年,但真正阐述趋势的还是道氏理论,并且后世几乎所有的技术分析方法,都脱胎于道氏理论。或者说各种技术分析方法都是道氏理论的量化,或者说整体技术分析发展史就是一部道氏理论量化史。

道氏理论的第一个定理——长期走势、中期走势和短期走势。这3种走势也有另外一种表述,主要趋势、次要趋势、短暂趋势。道氏理论中,对于各种趋势的时间都有相应的描述。例如主要趋势通常为数月至数年,次要趋势持续数星期至数月,短暂趋势持续数天至数星期。

不管我们是否能用上这些时间来辅助,只看给出这些时间的范围,就知道跨度太大。这范围可以是3天也可以是数天,可以是9个星期也可以是数个星期,3天到9个星期都属于短暂趋势的时间范围,所以时间在道氏理论中基本没有任何意义。我们只需要了解第一个定理中的3种趋势就足够了。

学习道氏理论最难的地方可能也在于此,第一个定理如果弄不清楚,地基就不牢,楼盖得越高越不稳,随时可能倾塌。主要趋势、次要趋势和短暂趋势,这3种趋势是分开说的,但它们在走势中却是一体的。

如果你认为3种趋势(短暂趋势是最微小的波动,为了使图示更加直观,图中忽略短暂趋势)是按图8-11所示排列的话,那就完全错了。

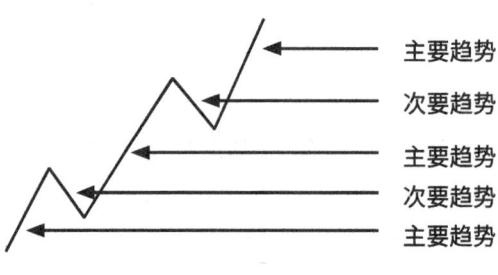

图8-11 对道氏理论的错误理解

正确的理解是次要趋势包含在主要趋势内部，短暂趋势包含在次要趋势内部，它们是一体的。

就如我们乘坐飞机，飞机在爬升的过程中会出现减速或者下降，然后继续爬升。我们不能把飞机的短暂减速或下降理解为飞机真正开始下降了，因为它只是上升过程中的一次飞行调整而已。所以如果趋势不变，则全部为主要趋势，过程中与主要趋势相反，但不影响大局走势的才是次要趋势，如图8-12所示。

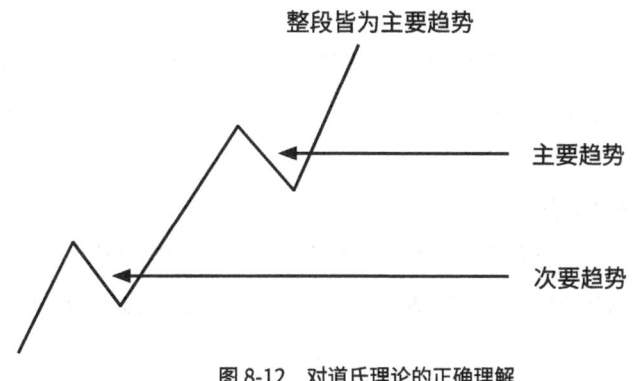

图 8-12　对道氏理论的正确理解

一段趋势结束后，会发生什么？道氏理论并没有确切地说出趋势到底如何判别，只给出了两种粗疏的方法。它更多的只是给出了理念，方法论部分严重缺失，所以才会衍生出种种分析方法和交易系统，这些方法可以理解为道氏理论的量化。缺什么，补什么，道氏理论失于粗疏，所以后人才会将方法论补齐。

但各有方法，各有高论，对于道氏理论理解的侧重点不一样，方法自然也就不一样。

取舍不同，也就是现在各种方法流行于世的原因。所以取各家所长，以质朴大道相印证，自然是学习的一种法门。道氏理论的方法论只有两部分，一为峰谷，二为幅度。

若一峰比一峰更高，一谷比一谷更高，那么此时的主要趋势就是上涨趋势。反之，若一峰比一峰更低，一谷比一谷更低，那么此时的主要趋势就是下跌趋势，如图8-13所示。

如果上涨的主要趋势中出现了一峰比一峰低，一谷比一谷低的情况，那就是出现了下跌趋势，谓之转势，如图8-14所示。

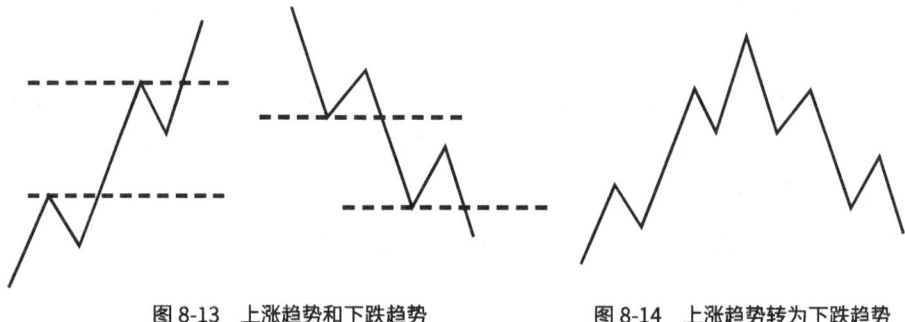

图 8-13　上涨趋势和下跌趋势　　　　图 8-14　上涨趋势转为下跌趋势

同样，把图 8-14 颠倒过来看，就是下跌趋势反转成为上涨趋势。如果按照此方法论进行交易，是非常简便的。

8.3.5　道氏理论方法论

图 8-15 中最初的细线部分为最初的等待时间，突破了第一个峰之后，将会出现两峰一谷，此时默认一峰比一峰高，一谷比一谷高。所以在突破第一峰时，买进。

图 8-15　道氏理论的买点与卖点

那么只要没有出现一峰低于一峰，一谷低于一谷的情况下，不论发生什么，都不要卖出平仓。因为根据道氏理论的方法论，在没有出现下跌趋势的特征之前，都是上涨趋势。

直到出现了下跌趋势，如图 8-15 中最后的细线所示。此时卖出平仓，并且卖出开仓，建立空头仓位。

下跌趋势不出现，多单不放；上涨趋势不出现，空单不放。这种方法论就显得过于粗疏。

所以，即使没有做空机制，只是单向做多，道氏理论也会因为这种方法论被人诟病，因平仓太晚而丧失了太多的既得利润。如果按照图 8-15 进行交易，不但既得利润会回吐，本金也会被吞噬。所以后世都是传承理念，但没有一个传承了方法论的。

以趋势为理念，改进方法论是各家量化的主要方向。其中以波浪理论和混沌理论最得其门而入，甚至可以说波浪理论是对道氏理论的量化，而混沌理论是对波浪理论的进一步量化。

峰谷依次抬高为上涨趋势，峰谷依次降低为下降趋势，那之间有没有更多的条件呢？道氏理论并没有给出特别详细的要求，那么我们可以理解为只要是抬高或降低即可，峰谷穿插时的趋势如图 8-16 所示。

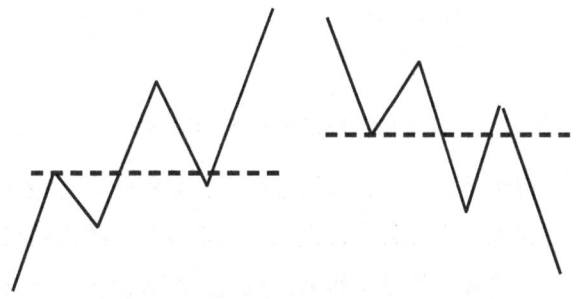

图 8-16　峰谷穿插时的趋势

所以这种峰谷重叠的上涨趋势，道氏理论也是接受的。但对道氏理论进行量化后的波浪理论对此并不认同，波浪理论给出了更多严苛的要求，如峰谷不可重叠。这种明确的规定是波浪理论的铁律：4 浪不可击穿 1 浪顶部，如图 8-17 所示。如果 4 浪击穿 1 浪顶部，则此次上涨一定不是主升浪，而是某种级别的调整浪。

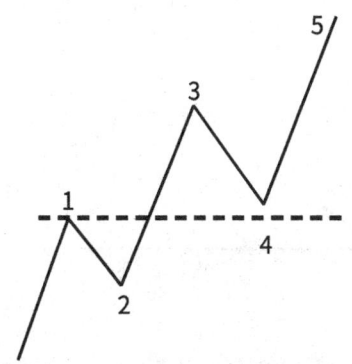

图 8-17　波浪理论 4 浪底不穿 1 浪顶

由于这种要求过于严格，很多极端情况不得不另设规则。比如，有一种说法就是在期货市场中，此铁律是永远不能打破的，但可以日内穿插，意思是收盘价必须处于1浪顶部上方，下影线则是无所谓的。再有，股票市场可以穿插个两三天、三五天的，没有定数。

还可以以楔形形态作为5浪，而此楔形形态必然是峰谷重叠的，如图8-18所示。

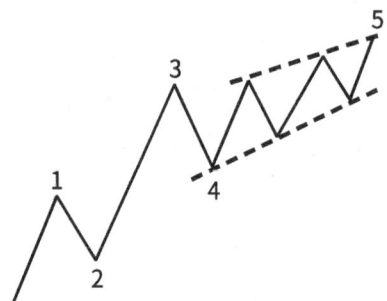

图8-18　楔形形态中峰谷可以穿插

量化得越多，容错性就越小，容错性越小，累积的系统性误差就会越大。如此一来，现在的任何一个品种，都无法准确地按照最严格的波浪标准来进行区分。总体来说，过度量化导致了机动性减少，结果波浪理论也成为为人诟病的一种分析方法。

我们拿一些现实的例子来看，例如上证综指的月线。图8-19为上证指数1991年10月至2019年12月的周线走势图。

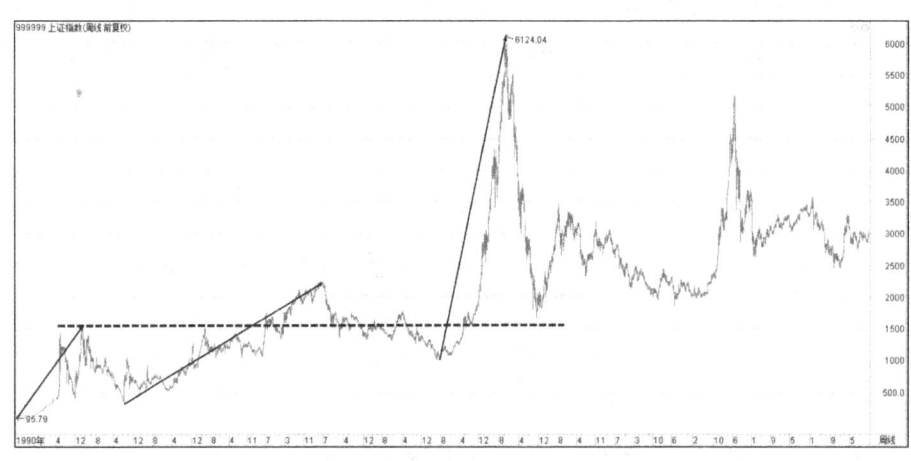

图8-19　上证指数1991年10月至2019年12月周线走势图

即使是没有学过波浪理论的人，也能一眼看出 3 段上涨必然对应着 1 浪、3 浪和 5 浪。但由于 4 浪下穿了 1 浪顶，按照波浪理论的规定，根本不能承认这是一波主升 5 浪结构。所以我一旦跟别人谈起波浪理论，并且以股票指数来说明时，要么以深证成指为标的（它走得比上证指数更规矩一点），要么把上证指数的纵坐标转换成对数坐标。

我以上证指数的波浪问题为例请教名师高友，但前辈们在给出后期意见的同时，先行给出了前期走势并不规矩，所以在数浪时应有变通的解释。

图 8-20 为棕榈 2005 合约 2019 年 10 月至 12 月的走势图。图中走势极尽峰谷重叠之能，但你能说后半段的上涨不是上涨趋势的一部分吗？

图 8-20　棕榈 2005 合约 2019 年 10 月至 12 月走势图

所以真要想在方法论上做出成就来，就必须抛弃这些量化过后的琐碎规定，从其他角度进行解释。后文所述的方法论对波浪理论进行了一些修正，使之更具有容错性。但这只是一家之言，不足以传世，不足以为证。

图 8-21 为一轮完整的 5 浪上涨和 3 浪下跌走势。这是一波上涨趋势连接一波下跌趋势，但下跌趋势的幅度并不太大。图中上涨趋势为主要趋势，在上涨的过程中出现的与主要趋势方向相反的走势为次要趋势。

若走势在此处停止,转而向上并且上破最高点,主要趋势与次要趋势应当怎样去解释呢?如图 8-22 所示。

图 8-21　一轮完整的 5 浪上涨和 3 浪下跌走势　　图 8-22　更大级别的上涨趋势

整体上涨走势为主要趋势,圆圈处与主要趋势方向相反的走势为次要趋势。你会发现,原来的主要趋势只不过是更大级别的主要趋势的一部分罢了,原来的下跌趋势也只不过是更大级别的次要趋势的一部分罢了。

之前的上涨趋势和下跌趋势构成了一个更大级别的主要上涨趋势,当然这个级别还可以继续扩大。如图 8-22 所示,全部的上涨趋势也只是一个更大级别的主要上涨趋势的组成部分之一。

同理,任何一个级别走势的向下一个级别也可以无限拆分,每个级别都由更小级别的上涨和下跌两种趋势组成。

这在波浪理论中被引申为浪中有浪,浪套浪,浪环浪。1 浪可以有子浪,2 浪也可以有子浪,子浪中还可以有子浪,而这些子浪的集合可以构成更大级别的浪。不过,波浪理论是有数学基础的。

其基础为斐波那契数列:1、1、2、3、5、8、13、21、34、55、89、144⋯⋯ 每缩小一个级别,其子浪的总数必定为斐波那契数列的数字之一。由于斐波那契数列之间还存在着黄金分割的规律,所以各浪幅度的理论也都按照黄金分割的比例来制定。

但实际情况却并非如此。如果各浪之间的幅度比都遵循着 0.618、0.382、1.618、2.618 等规律,那么走势岂不是太容易判断了。所以,说来说去我们又回到了波浪理论被人诟病的原因之一——过度量化。

8.3.6 趋势线

我们说道氏理论的方法论是被人诟病的,如果按原方法来交易极不灵活,我们不能因为它是经典、鼻祖、基石,就不能否定它的缺点。所以,最开始为道氏理论进行量化的就是趋势线。

趋势线是一条连接上涨趋势中低点的线,趋势线是一条连接下跌趋势中高点的线。它衡量的是一种速率,上涨的或下跌的速率。一旦走势低于此速率,就会穿越此线,也就是走势失衡,或者说打破了原有的平衡——原有的时间平衡、幅度平衡。将时间和幅度换一个词表达,就是速率。

趋势线是常见的分析手法,但很多人并不会画趋势线。在一波上涨趋势中,至少会出现 3 个低点:起点,第一处次要趋势低点,第二处次要趋势低点。但确定一条直线只需要 2 个点。请问,你选择哪 2 个点来确定趋势线呢?同理,一波下跌趋势也至少会出现 3 个高点,你又会选择哪 3 个点来画这条线呢?

这就是画趋势线的难点,你必须选择出关键的点位。关键的点位并不像我们理解的那样,是在众多点位中主观地选择出哪个点位是关键点位,此处的关键点位是确定的。

绘制趋势线有 2 个要点需要牢记。

1. 以最后一个高点前的低点为终点。

2. 囊括所有低点。

将高点改成低点,将低点改成高点,就是绘制下降趋势线的方法。第二点很好理解:如果在上涨趋势线中出现了穿越趋势线的部分,这条趋势线就是错的。难点在于第一点,它有并且必须要有两种解读。

第一种解读,最后一个高点前的低点为结束点,如果用峰谷转换的话,就是以目前能看到的高点之间的谷为结束点。这种简单的趋势线,非常容易画出来,如图 8-23 所示。

以最后的高点前的谷为结束点,并且囊括了所有的低点,这样的画法符合绘制趋势线的条件。但这种解读对于某些行情来说有着非常大的弊端,如图 8-24 所示。

图 8-23　简单的趋势线　　图 8-24　虽然符合绘制趋势线的条件,但不能完整诠释整体走势

当行情走到最后的加速阶段,形成了非常多的小级别峰谷时,这其实就是波浪理论中的主升 5 浪的子浪,那我们画的这条趋势线是给谁画的?明显是给 5 浪画的。但整个趋势并不是以 5 浪的速率为主的,而是以整个趋势的速率为主的,这相当于用部分代表了整体,那么这条趋势线的画法就出了问题。

所以,第一种解读的绘制方法只能画出小级别子浪的趋势线,并不能画大级别的趋势线。

举一个实际的例子。图 8-25 为棕榈 2005 合约 2019 年 5 月至 12 月的走势图。

图 8-25　棕榈 2005 合约 2019 年 5 月至 12 月走势图

按照第一种解读,画出这种趋势线毫无意义。这条趋势线虽然能够衡量最

后一段涨势的速率，但对于整体形势却无能为力。

第二种解读，大级别趋势线的画法。如果是简单的三峰二谷，那它还是属于第一种解读，就不必再讨论了。第二种解读着重于复杂的走势，复杂走势的峰谷肯定不是简单形成的，而是复合形成的。所以在展开第二种解读之前，要先明白一种定义——峰谷交叠。

8.3.7 峰谷交叠

需要注意的是，交叠与重叠在我们这套系统内部的解释是不一样的。重叠，是指在上涨或下跌的过程中，峰和谷可以有互相插入的部分，这种插入只能存在一次。而交叠，是指存在两次或两次以上的插入、包含、上下破的情况，如图 8-26 至图 8-28 所示。

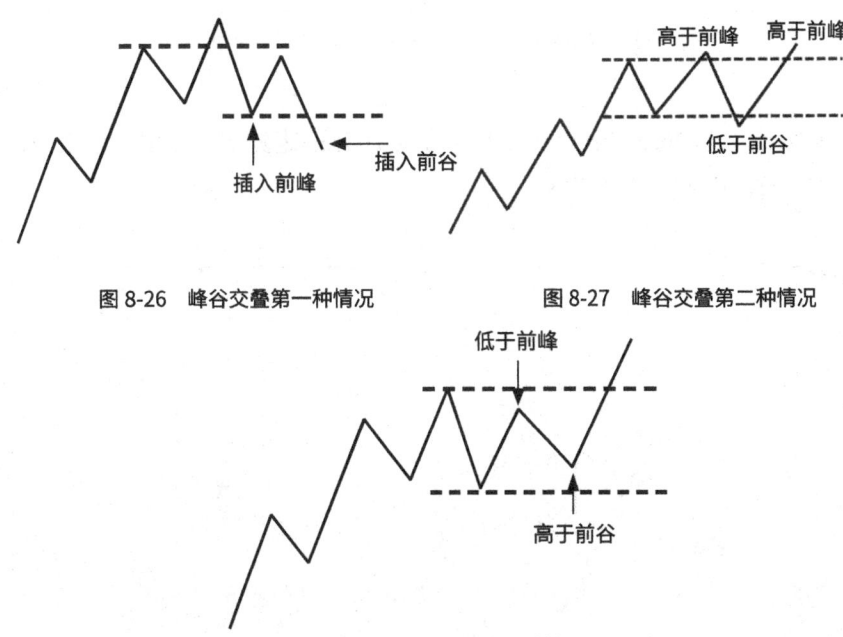

图 8-26　峰谷交叠第一种情况　　　　图 8-27　峰谷交叠第二种情况

图 8-28　峰谷交叠第三种情况

其实这 3 种情况，分别是波浪理论中的锯齿形调整浪、平台扩散型调整浪和平台内敛型调整浪。叫法多有不一，但基本不离这 3 种情况。分别给出实际的例子，如图 8-29 至图 8-31 所示。

图 8-29 为 PTA2005 合约 2019 年 10 月至 12 月的走势图。原型为波浪理论中

的锯齿形调整浪。

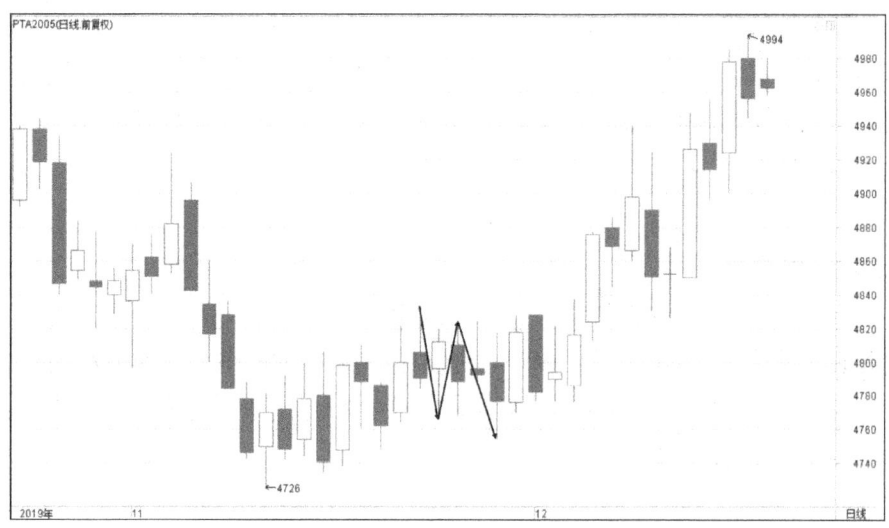

图 8-29　PTA2005 合约 2019 年 10 月至 12 月走势图

图 8-30 为豆油 2005 合约 2019 年 10 月至 12 月的走势图。原型为波浪理论中平台型调整浪中的扩散型调整。

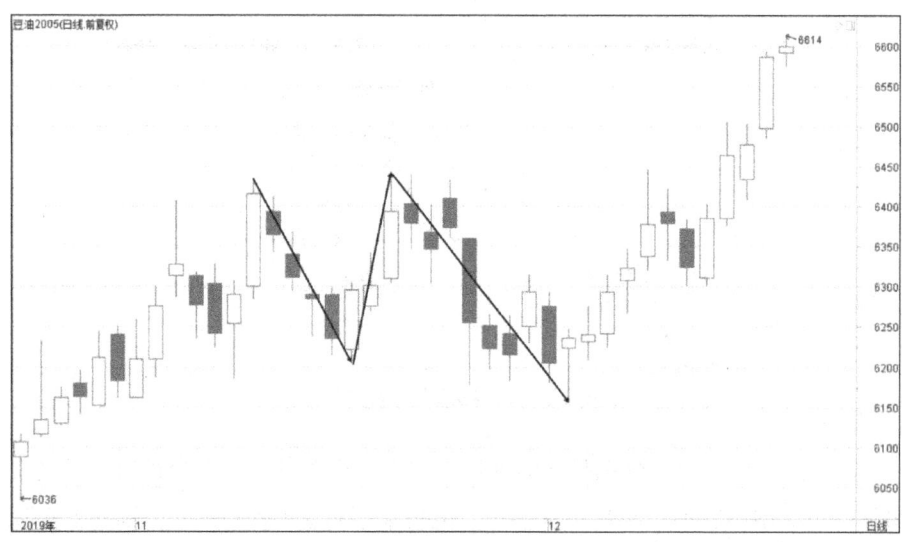

图 8-30　豆油 2005 合约 2019 年 10 月至 12 月走势图

图 8-31 为橡胶 2005 合约 2019 年 9 月至 12 月的走势图。原型为波浪理论中平台型调整浪中的内敛型调整。

图 8-31　橡胶 2005 合约 2019 年 9 月至 12 月走势图

大道至简,你不用去背诵这些走势的形状,只要记住发生了两次或两次以上的重叠,都称为交叠即可。而大级别趋势中,2 浪和 4 浪都会出现峰谷交叠的情况,据此则可画出大级别趋势线。也就是以当前高点前的最近一处峰谷交叠低点为结束点,并且囊括之前所有低点的趋势线为大级别上涨趋势线。反之,以当前低点前的最近一处峰谷交叠高点为结束点,并且囊括之前所有高点的趋势线为大级别下跌趋势线。

我们一直诟病道氏理论的方法论:如果持有多单,在下跌趋势线结构没有显现出来的情况下,应当一直持有多单。如此一来,不但利润被侵蚀过多,还有亏本的风险。那么,趋势线的作用就是辅助道氏理论的原有方法论,如果走势突破了趋势线,那么趋势可能会发生停顿或者改变。

这也就是说,突破趋势线并不代表着趋势一定会发生改变。在突破了趋势线后,它可能只是一个更大级别的次要走势,是一个更大级别趋势的组成部分。

用波浪理论来说明,12345 浪结束,然后走 *abc* 浪,*abc* 浪穿过了 12345 浪的趋势线，但并不代表着 abc 浪可以单独构成一波下跌的主要趋势，它只是更大级别上涨中的 2 浪而已。但不论是停顿还是转变，都代表着价格上涨的速率发生了变化，它可能是暂时的，也可能是长期的，但不论如何，这一个级别的上涨趋势可能要完结了。

3 段发展过程，可以分别用趋势线将它界定出来，这回避了连接 3 段的两处次要趋势。这样做一是节省了走势调整时所用的时间，二是提高了资金利用效率。更进一步说，只有突破了大级别趋势线，才可以说行情之前的趋势可能已经完结了。如果只突破了小级别的趋势线，也只代表着最后一段走势的趋势可能完结。

图 8-32 为棕榈 2005 合约 2019 年 7 月至 11 月的走势图。如果只看小级别趋势线，棕榈价格已经转势。但它并未下破大级别趋势线，所以在总体大级别趋势中，它还处于上涨趋势中。

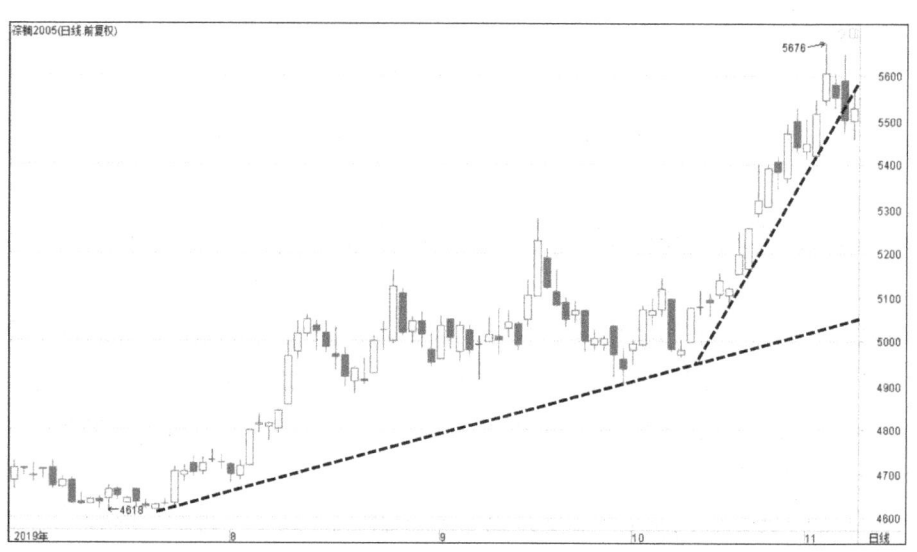

图 8-32 棕榈 2005 合约 2019 年 7 月至 11 月走势图

图 8-33 为棕榈 2005 合约 2019 年 7 月至 11 月的后续走势图。可以看出，棕榈价格短暂回调后又重归上涨趋势，且再次创出新高。但创下新高之后，并未出现峰谷交叠的情况，所以修改小级别趋势线，大级别趋势线不变。

图 8-33　棕榈 2005 合约 2019 年 7 月至 11 月后续走势图

所以从这里来看，大级别趋势线才是把握趋势方向的最终武器。只要大级别上涨趋势线不破，也就无所谓转势，应逢低再进多单。同样，大级别下跌趋势线未破，只能逢高再进空单。

8.3.8 两条趋势线

我的方法论表象只有两条趋势线，我将其命名为大级别趋势线和小级别趋势线。关键问题是什么是大级别，什么是小级别。这要从道氏理论说起，但道氏理论的表述语焉不详，所以必须要把道氏理论的升级量化版——波浪理论说清楚。

波浪理论一个完整的上涨分为上涨 5 浪和下跌 3 浪，且说上涨 5 浪，分为 12345 浪，而 135 浪还可以细分为 12345 浪。最大的 12345 浪就是大级别，而再细分出来的子浪 12345 浪，就是小级别。

大级别趋势线和小级别趋势线，就是用来界定这大级别和小级别趋势的，如图 8-34 所示。

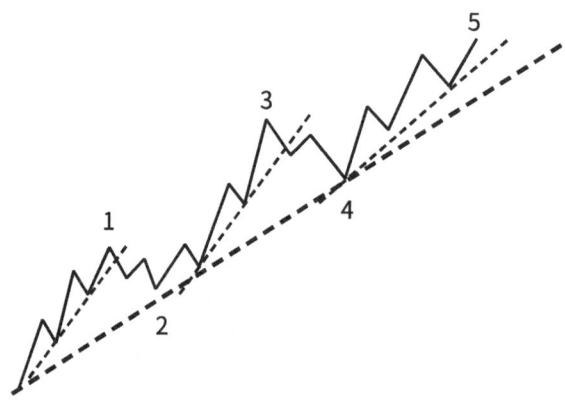

图 8-34 一轮涨势中的大级别趋势线与小级别趋势线

大级别 12345 浪用大级别趋势线来界定。大 1 浪、大 3 浪、大 5 浪中小级别 12345 浪，用小级别趋势线来界定。可能在小级别走势中，价格跌破了小级别趋势线但还未跌破大级别趋势线，所以此时还未破坏上涨大趋势，只不过它可能要走大级别的 2 浪和大级别的 4 浪了。

当调整 2 浪、4 浪结束后，价格重新回归上涨走势。

这就给出了几个操作层面上的指导。

1. 当价格处于大小级别趋势线之上的时候，不论发生什么，只找机会做多，绝不做空。

2. 当价格跌破小级别趋势线的时候，平掉全部或者部分多单。

3. 当价格处于大级别趋势线之间的时候，绝不能做空，直到大级别趋势线被跌破，并且随时准备再次进场做多。

4. 做空则相反。

这是趋势交易的总纲。它是创新的交易方法吗？其实只是借鉴了双均线的操作方法：价格在双均线之上，做多；价格在双均线之间，观望。创新到底是什么，不过是老方法的重新组合而已。

总纲已被证明符合趋势，符合道氏理论，也符合了波浪理论。但真正的趋势却不是如此简单，它会出现各种意外情况。从建仓到阶段平仓，再到趋势反转，之间会出现各种不可预见的情况。这些情况要如何处理呢？

8.3.9 原则 2 处的买点

趋势反转后的建仓是建仓的第一步，用到的是 123 原则我们前文已经讲过。

在严格的 123 原则中，必须出现原则 3 后才能建仓。《专业投机原理》的作者说过，也可以在原则 2 处建仓，但没有量化的标准，只有凭经验、运气，才能在原则 2 处买到好的位置。

那我是如何建仓的呢？用峰谷选择建仓位置。在原则 2 处买进时，只要见到谷就应当买进，如图 8-35 所示。买进多少？这是后面要说的资金管理问题。

当价格由大级别趋势线之下向上穿越后，形成反转趋势的原则 1，在原则 1 处出现峰后，转而向下，开始构建原则 2。在构建原则 2 的过程中，只要形成谷，即可买入。如果此时价格在我们买入后直接上涨，并且突破了原则 1 的高点，形成原则 3，那说明此处我们买对了，如图 8-36 所示。

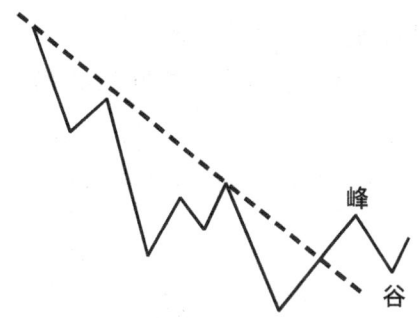
图 8-35 波谷出现，假设原则 2 完成

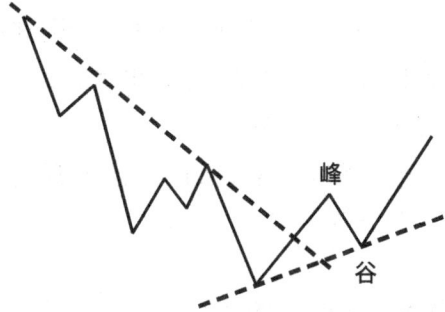
图 8-36 原则 3 形成并画出新的上涨趋势线

如果在此过程中价格一路上涨，且并未形成新的峰，破高后，由两个谷画出一条趋势线来。这条趋势线既是大级别趋势线，也是小级别趋势线，两条线合一了（因为只有两个谷，所以只能画出一条趋势线来）。

若价格下跌，但并未突破这条趋势线，不必平仓，要等到破趋势线时再止盈或止损，如图 8-37 所示。再次破高时，由于新谷的出现，所以应调整原来的趋势线。由于只有三峰三谷，所以还是大小级别合一。再次强调一下，除了三峰三谷，这个过程中未出现新的峰谷。

当价格下破此条趋势线时，平仓，这一浪已走完，如图 8-38 所示。

图 8-37　未破趋势线时,继续上涨并修正上涨趋势线　　　图 8-38　下破趋势线时,多单平仓

8.3.10　不断失败的原则 2

这个思路并没有说完,因为建仓时还有其他情况,所以要把各种情况尽可能地讨论完。

在第一个谷出现后,价格并未出现直线上涨、突破原则 1 的高点,而是在原则 1 的高点下出现了峰,价格重新向下,如图 8-39 所示。

当价格突破前谷的低点时,止损再接再厉,形成第二个谷的时候再次买进。当价格突破原则 1 的高点,也就是第一个峰时,我们继续按照之前的情况画出趋势线,并且持有多单。

更坏的情况是第二个谷后价格还未向上,而是再次跌破了新谷的低点,如图 8-40 所示。

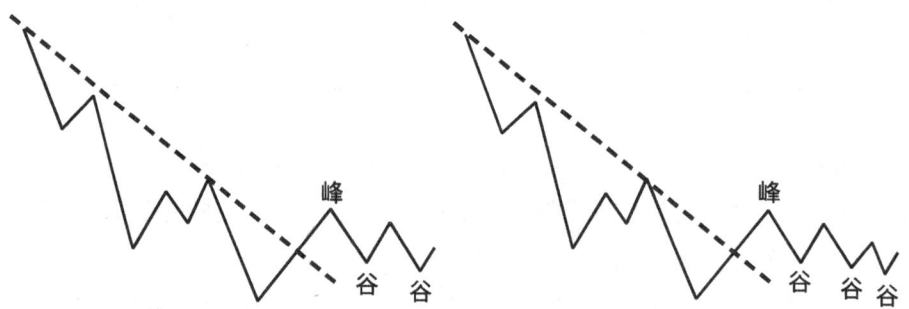

图 8-39　下破前谷,原则 2 被破坏,出现新的原则 2　　　图 8-40　再次下破前谷,原则 2 被破坏,出现新的原则 2

这种情况就再次止损,等到第三个谷出现的时候再次买进。但这种情况很少出现,一旦出现,它就演变成了上涨持续形成。如果把上下边线画出来的话,它可能是三角形、矩形、旗形等各种可能出现的持续形态。在谷的位置买进,

基本上会买到持续形态的底部边线处。

当价格突破原则 1 的高点时，画出新的上涨趋势线，如图 8-41 所示。

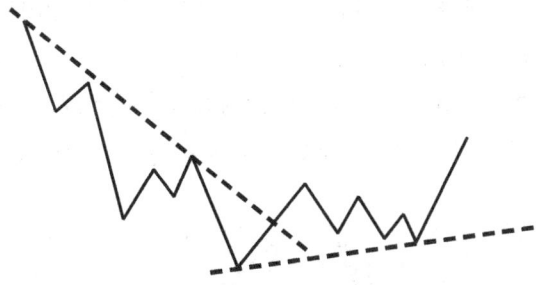

图 8-41　突破原则 1 的高点，形成上涨趋势

此时又回到了最开始的情况，持有多单，破趋势线止损。由起涨点到 3 个谷的形成，是典型的峰谷交叠。下面这条趋势线就是大级别的趋势线，那它是不是最大级别的趋势线呢？

我们不必纠结这个，只要它是目前为止最大级别的趋势线即可。

8.3.11　持有阶段

持有阶段是真正形成上涨趋势后的问题，或者是我们默认它可能会形成真正的上涨趋势。这种默认怎样才算符合条件呢？突破原则 1 的高点，形成原则 3。在原则 1 的高点之下形成峰，下跌趋势未完成的概率大；在原则 3 的高点之上形成峰，小级别的一次回调的概率大，如图 8-42 所示。

此时暂不平仓，因为它未突破上涨趋势线。如果价格真的跌下来，那没办法，只能平仓。不过经历了这么长时间，再次回到这条趋势线的时候，趋势线也只跟随上升，几乎不会出现亏损。价格再次向上突破高点后，画出小级别趋势线，如图 8-43 所示。

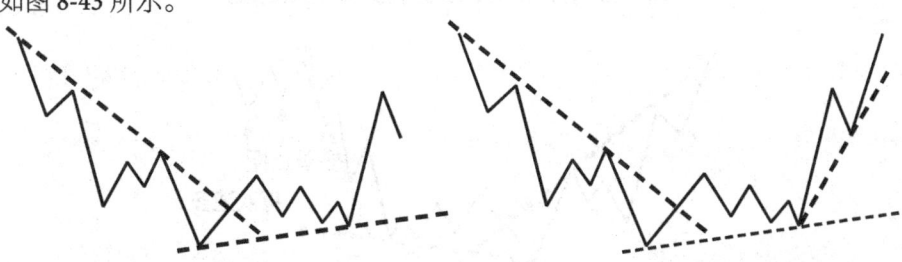

图 8-42　回调不破趋势线继续持有　　　　图 8-43　破新高画出小级别趋势线

这就回到了总纲，当价格处于上涨大小级别趋势线之上时，持有多单。如果价格在上涨一段时间后再次出现下跌，那就以小级别趋势线为准平仓。如果未破小级别趋势线，则继续持有多单。当价格再度上涨，并再度创出新高后，更改小级别趋势线，如图 8-44 所示。

此时要注意的是，由于一直未出现新的峰谷交叠情况，所以大级别趋势线还是最开始画出的那一条。当价格下破小级别趋势线时，平仓，如图 8-45 所示。

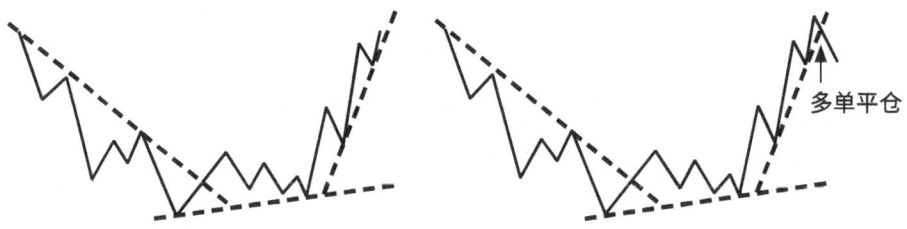

图 8-44　继续破高继续调整小级别趋势线　　　图 8-45　下破小级别趋势线多单止盈

再次回到总纲，当价格介于两线之间时，只平多，不做空，等待再次做多的机会。做多的机会在哪里？只不过又回到了建仓阶段而已，只要出现谷，就再次做多。它可能是这样的，如图 8-46 所示。不过，也可能是这样的，如图 8-47 所示。

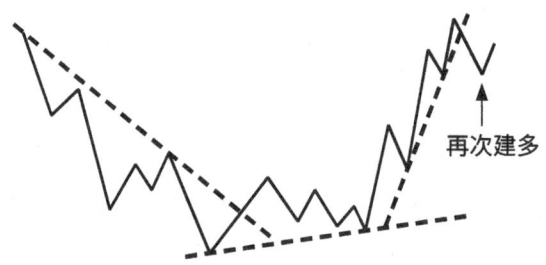

图 8-46　在大级别趋势线之上形成谷时再次买进

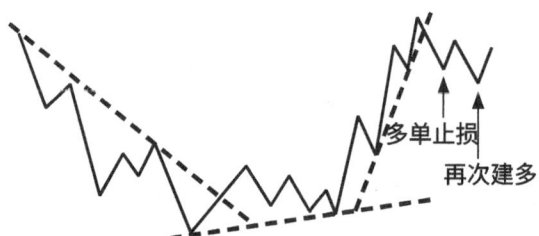

图 8-47　破前方波谷时多单止损，出现新谷再次买进

当然还有可能是这样的，如图 8-48 所示。

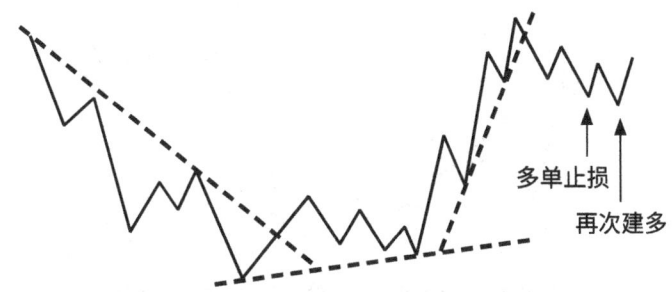

图 8-48　不断失败的多单，出现新谷时再次买进

不论是哪种情况，都是前期建仓阶段的翻版。不过这种大回调走势通常都很复杂，它很少是一个谷就结束的，为了安全，我们可以等待至少第二个谷的时候再次买进。

当然，有些品种也仅是一次大幅度的回调，就完全结束了。所以为了安全，可能也丧失了建仓的机会。

我们还可以再给出一套建仓方案。如果出现了两个谷或两个谷以上的情况，可以在谷之上的峰画一条小级别下跌趋势线，破了这条趋势线后买进做多，如图 8-49 所示。

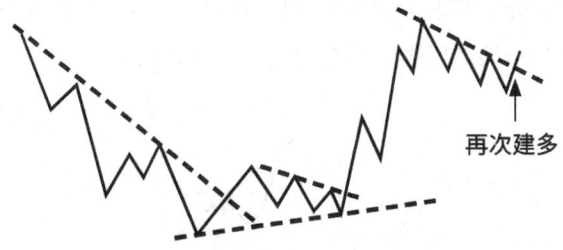

图 8-49　画出短暂的下跌趋势线，破线则买进

这 4 段走势其实就是 1234 浪。在没有突破 3 浪高点前建仓买入，只要出现峰，暂时平仓；一旦出现新的谷，就立刻买进。若价格突破了 3 浪高点后，短期持有多单变成长期持有多单，变成了总纲中的在大小级别趋势线二线之上持有多单，如图 8-50 所示。

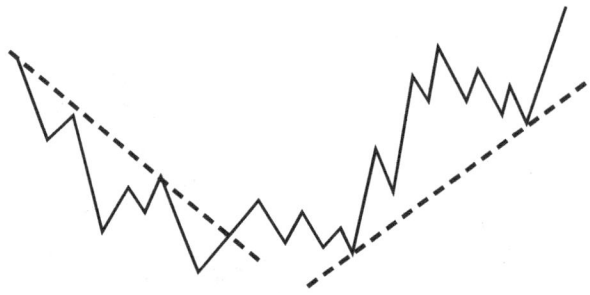

图 8-50 出现新的峰谷交叠，调整大级别趋势线

大 4 浪出现峰谷交叠的情况后，调整大级别趋势线。此时又回到了持有阶段的操作方法中。这种操作方法，少的时候只用 1 条趋势线，多的时候也只有 2 条趋势线。

8.3.12 级别转换

再回到建仓阶段，它可能不会像我之前说的只有 2 个级别，更常见的是总体趋势中出现至少 3 个级别的浪形，也就是原则 1 的转换问题。如图 8-51 所示，为最初建仓时出现的原则 1、2、3。

不过它可能只是更大级别原则 1 的一个子浪，或者你可以理解为如此结构的 123 原则是更大的 123 原则中的原则 1。我们在原则 2 处的谷位买入并且持有，当价格下破这条趋势线的时候，平仓止盈，如图 8-52 所示。

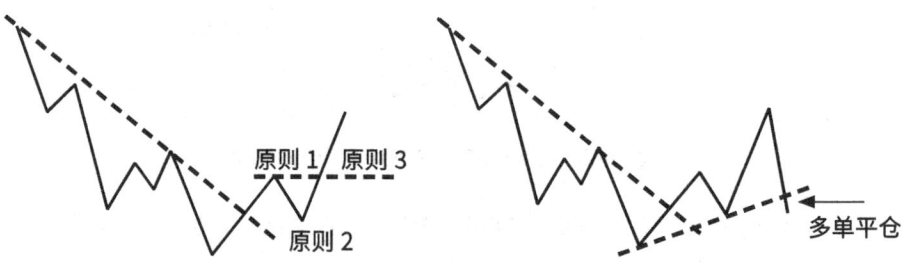

图 8-51 最小级别的 123 原则　　图 8-52 未形成大规模上涨趋势即多单平仓

若再次出现谷，买还是不买呢？如果买，它在大级别趋势线之下。如果不买，它又是在突破下跌大级别趋势线后形成的谷。

总结来看，它目前既不处于上涨趋势中，也不处于下跌趋势中，可以定义为无趋势。

无趋势怎么办？等着，并且有两种情况。

第一种情况，转而向下。破出新的低点，说明下跌趋势未完成。破低之时，即建立空单，并且调整大小级别下跌趋势线，如图 8-53 所示。

第二种情况，向上突破。向上突破后，前期的上涨就变成更大级别的原则 1，突破原则 1 的高点，即形成原则 3，在持有多单的同时随时调整大小级别上涨趋势线，如图 8-54 所示。

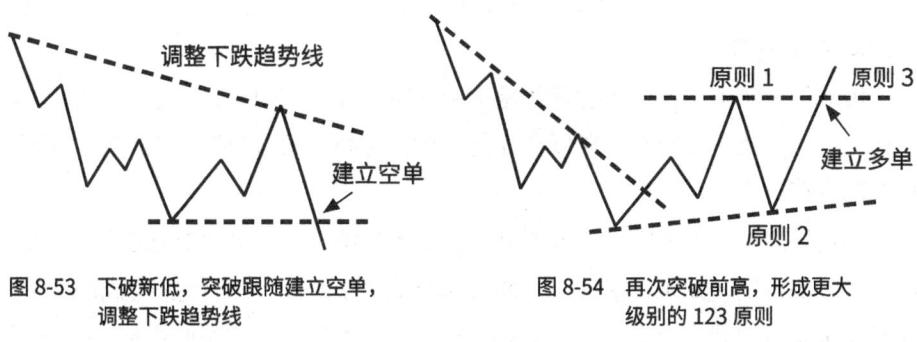

图 8-53　下破新低，突破跟随建立空单，调整下跌趋势线

图 8-54　再次突破前高，形成更大级别的 123 原则

8.3.13　意外突破大级别趋势线

走势有时候会"擦枪走火"，大级别趋势线很容易突然就被突破，如图 8-55 所示。

大趋势告破，是否意味着转势了？它可能就是"擦枪走火"，价格掉下来了，它也可能就是转势了。不过哪种情况都没有关系，因为突破大级别上涨趋势线后，我们要等待它出现一个新的峰后再行放空，如果这个峰迟迟不到，转而突破了前期高点，那么就又形成了买点，如图 8-56 所示。

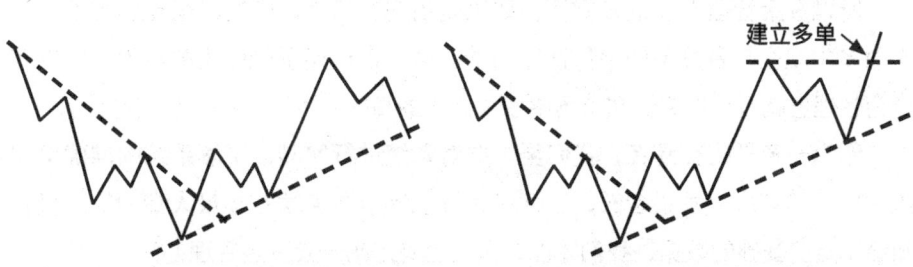

图 8-55　意外突破大级别趋势线

图 8-56　转头继续破新高，突破跟随建立多单，调整大级别趋势线

同时破高后，再调整大级别趋势线，并转回到持有阶段，所以偶尔破了大级别趋势线也没关系，只要我们有应对措施。唯一的问题是在突破大级别上涨趋势线和在未突破前期高点之间形成了峰，那就形成在下跌转势的原则 2 处放空了。若是真的转势，还没问题，顺势放空。若是没有真的转势呢？价格再次转而向上，那就止损。其实这就是我们在做上涨趋势时，在见谷就买的试探性原则 2 处建仓。只不过此时在下跌趋势时，在见峰就卖的试探性原则 2 处建仓。

不论出现任何情况，我们都会再次回到总纲中。

8.3.14 资金管理

相对于策略来说，资金管理才是重中之重。如果你想赢，就必须交易。如果你没钱了，就不能交易。所以在任何时候，都必须给自己留一条后路，都要让自己有翻身的机会。

资金管理是一个大问题，若使用一款交易系统，你必须知道它在最差的时候你能不能接受。如果不能接受，那么这款交易系统就不适合你。例如《海龟交易法则》中记载，柯蒂思·费思连续 19 次交易失利。你首先要想想，你能不能在承受了 19 次亏损后还按照系统进行操作。如果不能，那么至少海龟法则不适合你。

而连续的亏损中损失的本金达到什么程度，例如可能一次亏损就会让本金亏损 10% 或者更多，连续出现几次最大亏损，就会让你丧失一半以上的本金，你是否能够承受？我们都知道，虽然在系统的回测中有准确率的数据，但是概率并不是平均分布的，例如 50% 的准确率，它并不是每 2 次交易，就会有 1 次成功 1 次失败，它可能是连续 10 次的亏损，加上连续 10 次的盈利。而连续 10 次亏损所损失的本金，你是否能够承受？

所以资金管理涉及很多方面，如果是主观交易者，则交易呈现随意性。因为很多主观交易者并不知道每次交易的时候，自己能承受多大的风险，所以其资金管理也就无从谈起。在市场中亏损比例最高的，也是那些主观交易者。

作为一名量化交易者，我们至少要对系统进行回测，了解系统的准确率和盈亏比、单笔最大亏损金额、连续最大亏损笔数和连续亏损最大金额等。只有知道了这些基础的数据，我们才能为自己量身定制一套资金管理办法。

资金管理所包含的内容特别多，没有一定的数学和统计学基础是无法完成这么复杂的项目的。但我们现在要做的就是避繁就简，找到一条适合又较短的路径。

最简单的方法是将资金分为 20 份或 50 份。假设你有 100 万资金，将资金分为 50 份，每份 2 万元，那么你交易每个品种最多可动用的资金不能超过 2 万元。当然你可以同时交易很多品种，但总体上不要超过总资金的 10%，换句话说，最多交易 5 个品种。

按单个品种来计算，再结合我的方法论，我们在原则 2 处是试建仓，当原则 3 出现时趋势才算正式确立。那么在原则 2 处，或者在两条趋势线之间时，只拿 2 万元中的 1/2 甚至 1/4 来试建仓，也就是只动用其中的 1 万元或 5000 元来试建仓。当原则 3 形成或是突破新高（低），在两条趋势线上（下）时，再用剩余的资金补仓。

当走势处于试建仓点时，我们既不踏空，也不冒更多的风险。当走势明朗时，我们再加大兵力，将利润扩展到最大化。当然我们也可以严格按照 123 原则来交易，即只有形成原则 3 时再建仓，毕竟在原则 2 和两条趋势线之间时，我们只能判断价格走势还会按原来的方向继续行进。毕竟只是试建仓，此处的风险会比原则 3 和突破跟随处高。

当然，这种方法是资金管理中最简单的方法，距离成为一个系统还有非常远的距离，如果你熟悉数学和统计学，不妨利用这两门学科创建一套符合你自己交易习惯的资金管理方法。

8.4 实战

实战阶段，我选择了两个截然不同的品种，以便对比。一个是趋势性非常强的黑色系铁矿石，一个是趋势性并不明显的豆粕。作为趋势跟踪的系统，对于趋势性非常强的品种有一定的优势，对于趋势性不明显的品种，虽然最终也能盈利，但效果并不理想。

8.4.1 铁矿 2001 实战

图 8-57 为铁矿 2001 合约 2019 年 6 月至 7 月的走势图。我们先找到大级别趋势，

并且画出一条趋势线。当价格下破趋势线时，形成原则 1，等待它出现波峰时，形成原则 2，在波峰形成处建立空单。

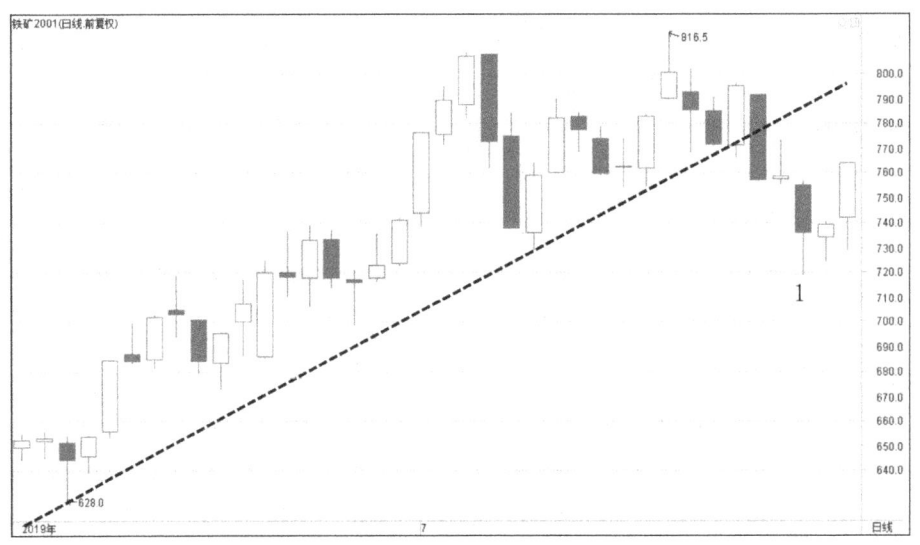

图 8-57　铁矿 2001 合约 2019 年 6 月至 7 月走势图

图 8-58 为铁矿 2001 合约 2019 年 6 月至 8 月的走势图。承接图 8-57 走势，下破趋势线反弹的第五天给出波峰，在 759.5 元处放空，以波峰高点 709 元为止损点。后续铁矿石价格一路下跌，下穿了原则 1 的低点，形成原则 3，下跌趋势确立。虽然我们不知道这是多大级别的下跌直接走势，但是我们不预测，只要给出了下跌的信号，我们顺着趋势即可。123 原则都已形成，画出下跌趋势线。在下跌过程中，且未上穿下跌趋势线的情况下，又形成了新的波峰峰谷时，调整下跌趋势线，直至价格上穿新的趋势线时平仓止盈。平仓位为 628.5 元，盈利 131 元 / 吨，若按 15% 的保证金率来计算，盈利幅度为保证金的 1.15 倍。

图 8-58　铁矿 2001 合约 2019 年 6 月至 8 月走势图

图 8-59 为铁矿 2001 合约 2019 年 7 月至 9 月的走势图（1）。承接图 8-58，虽然铁矿短暂地上穿了下跌趋势线，但当天又向下击穿最低点，回到了下跌趋势当中，继续做空。前期低点为 609.5 元，所以我们在 609 元放空，继而调整趋势线，以趋势线为止损位。做空后的 3 个交易日后，铁矿石价格上穿趋势线，止盈平仓，平仓位为 601.5 元，本次交易盈利 8 元 / 吨。

图 8-59　铁矿 2001 合约 2019 年 7 月至 9 月走势图（1）

图 8-60 为铁矿 2001 合约 2019 年 7 月至 9 月的走势图（2）。承接图 8-59，铁矿再一次向下突破最低点，重新回归下跌趋势当中。重复上例步骤，再做破低时做空，并且调整趋势线，以趋势线为止损位。放空点位为 579.5 元，止损位为 590.5 元，本次交易亏损 11 元/吨。

图 8-60　铁矿 2001 合约 2019 年 7 月至 9 月走势图（2）

图 8-61 为铁矿 2001 合约 2019 年 7 月至 9 月的走势图（3）。承接图 8-60，铁矿石价格向上穿越趋势线，形成原则 1，再向下出现波谷形成原则 2，当波谷形成时做多，原则 2 处波谷的最低点为止损位。做多位为 656.5 元，止损位为 620.5 元。当铁矿石价格向上突破原则 1 的高点时，画出上涨趋势线，并且以趋势线为止损位。最终平仓位为 660.5 元，本次交易盈利 4 元/吨。

图 8-61　铁矿 2001 合约 2019 年 7 月至 9 月走势图（3）

图 8-62 为铁矿 2001 合约 2019 年 8 月至 9 月的走势图。铁矿石价格下穿趋势线，形成下跌趋势的原则 1，反弹出现波峰形成原则 2。以原则 2 处波峰的低点处做空，以波峰的高点处止损。做空位为 627.5 元，止损位为 649.5 元。当铁矿石价格下破原则 1 的低点时，画出下跌趋势线，以趋势线为止损位。最终平仓位为 633 元，本次交易亏损 5.5 元/吨。

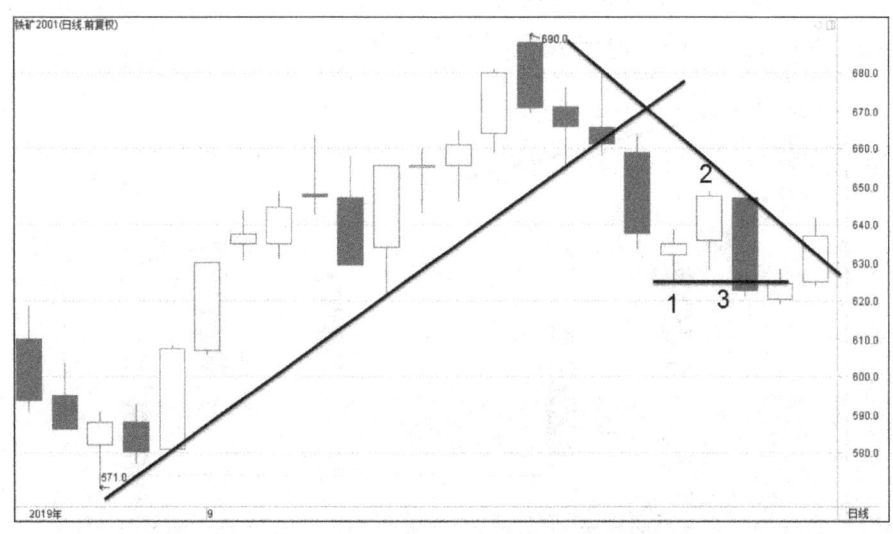

图 8-62　铁矿 2001 合约 2019 年 8 月至 9 月走势图

图 8-63 为铁矿 2001 合约 2019 年 9 月至 10 月的走势图（1）。铁矿石价格上穿下跌趋势线后，形成原则 1，回调出现原则 2，以原则 2 处波谷的最高点 659.5 元处做多，以原则 2 处波谷的最低点 633 元止损。最终铁矿石价格并没有上穿原则 1 的高点形成上涨趋势，而是向下跌破了原则 2 的低点，本次交易以止损告终，亏损 26.5 元 / 吨。

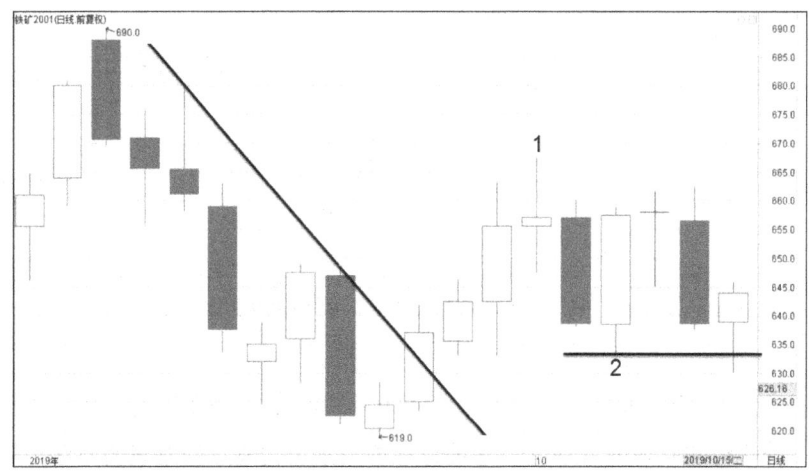

图 8-63　铁矿 2001 合约 2019 年 9 月至 10 月走势图（1）

图 8-64 为铁矿 2001 合约 2019 年 9 月至 10 月的走势图（2）。承接图 8-63，铁矿石价格顺势下跌，跌破了前期低点，重归下跌趋势线，此时应调整下跌趋势线。以跌破前低处的 624 元为做空位，以趋势线为止损位。

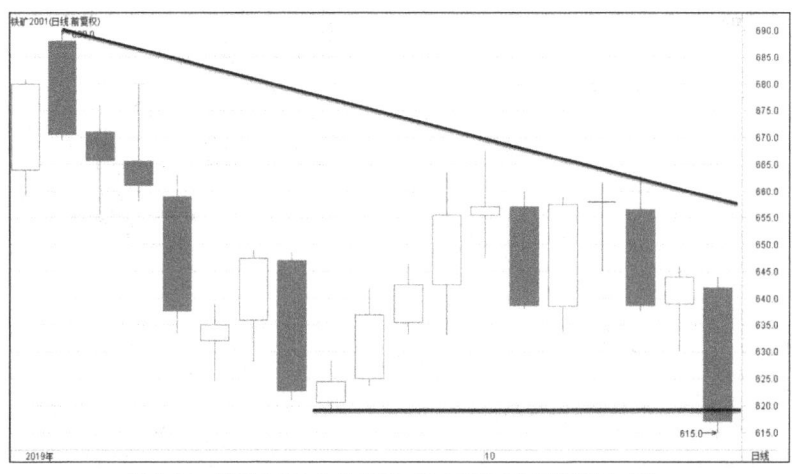

图 8-64　铁矿 2001 合约 2019 年 9 月至 10 月走势图（2）

图 8-65 为铁矿 2001 合约 2019 年 8 月至 11 月的走势图。承接图 8-64，铁矿石价格的下跌过程虽然很坎坷，但一直都处于下跌趋势线之下，直至铁矿石价格上破趋势线处平仓。平仓位为 620.5 元，本次交易盈利 3.5 元 / 吨。

图 8-65　铁矿 2001 合约 2019 年 8 月至 11 月走势图

图 8-66 为铁矿 2001 合约 2019 年 9 月至 12 月的走势图。承接图 8-65，铁矿石价格突破下跌趋势线后形成原则 1，回调形成原则 2，在原则 2 波谷的最高点处 655.5 元处做空，在原则 2 波谷的最低点 630 元处止损。一直持有至今，当前最新价为 678 元，以当前价格计算，本次交易盈利 22.5 元 / 吨。

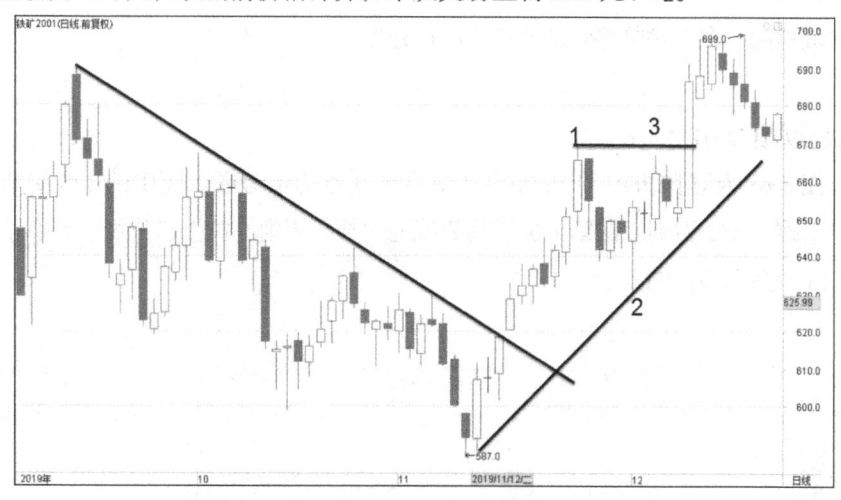

图 8-66　铁矿 2001 合约 2019 年 9 月至 12 月走势图

图 8-67 为铁矿 2001 合约 2019 年 8 月至 12 月的走势图。需要注意的是，此处的铁矿石价格经历了快速下跌、低位反复的震荡后，已经出现了更大的级别。铁矿价格本次下破小级别趋势线，因为并未下破大级别上涨趋势线，所以不必再寻找做空机会。在大级别趋势线之上，只做多，这样就能避免在震荡中反复止损的窘境。

图 8-67　铁矿 2001 合约 2019 年 8 月至 12 月走势图

至此已是目前最后一个交易日了，现在摆在我们面前的有两条路，如果铁矿价格继续向上实破 741.5 元高位，则跟随建多。如果在趋势之下形成波峰，则形成波峰时，在下跌趋势线的原则 2 处试建空单。

8.4.2 豆粕 2001 实战

图 8-68 为豆粕 2001 合约 2019 年 7 月至 9 月的走势图。图中的 123 原则是一种隐藏式 123 原则。原则 1 位于趋势线的内部，原则 3 位于趋势线的外部。这是 123 原则交易法的补丁。

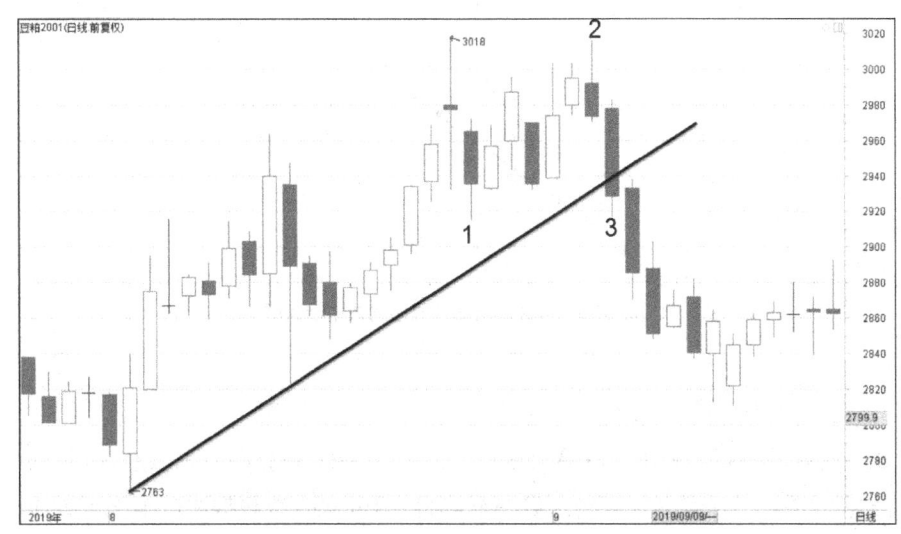

图 8-68　豆粕 2001 合约 2019 年 7 月至 9 月走势图

图 8-69 为隐藏式 123 原则的示意图。需要注意的是，价格必须先破线，然后下破原则 1 的低点，这样才能算作是隐藏式 123 原则。由于原则 2 的最终确定必须由原则 3 来完成，所以当原则 3 未出现时，我们无法判定此处为原则 2。所以隐藏式 123 原则只能在原则 3 处交易，而不能在原则 2 的波峰最低处交易。

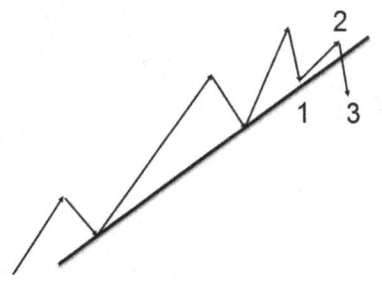

图 8-69　隐藏式 123 原则示意图

图 8-70 为如果我们放弃隐藏式 123 原则，再等下一个波峰出现时放空，则有可能丧失了最佳的放空机会，更有可能当我们等到下一个波峰出现后放空时，下跌行情已近尾声。则本应盈利的机会，就变成了亏损。

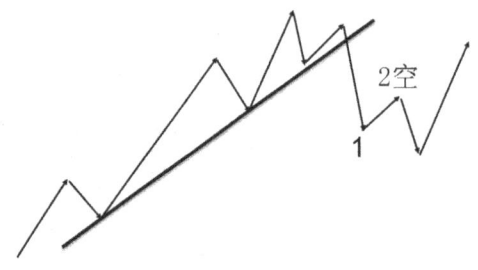

图 8-70　继续等待新波峰后的放空示意图

图 8-71 为豆粕 2001 合约 2019 年 7 月至 9 月的走势图。当我们在原则 3 处 2 914 元处放空后，画出下跌趋势线。但该下跌趋势线过于平缓，趋势线的两个确定点位第一个点为 3 018 元，另一个点为 3 016 元，该趋势线近乎水平直线，所以等待豆粕价格上破趋势线平仓很不现实。当豆粕价格形成向上的峰谷排列时，打乱了下跌趋势的峰谷排列，所以应当峰谷形成乱序排列时平仓。平仓位为 2 881 元，本次交易盈利 33 元 / 吨。

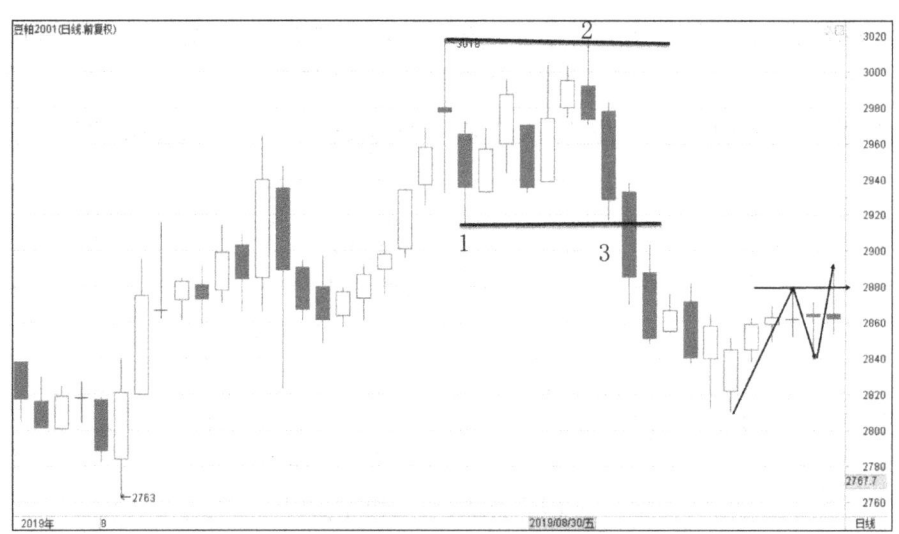

图 8-71　豆粕 2001 合约 2019 年 7 月至 9 月走势图

图 8-72 为豆粕 2001 合约 2019 年 8 月至 10 月的走势图。豆粕价格上破下跌趋势线，虽然价位很高，但也仅形成了原则 1，我们要寻找原则 2 的波谷来做多。但一直未出现原则 2，如果没有形成波谷的话，我们只能放过这段趋势吗？

图 8-72　豆粕 2001 合约 2019 年 8 月至 10 月走势图

图 8-73 为豆粕 2001 合约 2019 年 4 月至 10 月的走势图。我们不能只看小范围的图表来做交易。从更大的角度来看，豆粕价格向上突破了前期高点，也就是回归到了更大范围的上涨趋势当中。毋庸置疑，此时应向上突破做多，并且在下方画出大小级别趋势线。在突破位 3 059 元做多，以小级别趋势线为止损位。

图 8-73　豆粕 2001 合约 2019 年 4 月至 10 月走势图

图 8-74 为豆粕 2001 合约 2019 年 9 月至 11 月的走势图。豆粕价格下破小级别趋势线 3 045 元处平仓,虽然回归到了更大范围内的上涨趋势当中,但并不持久。本次交易亏损 14 元/吨。不过即便下破了小级别趋势线,也不能寻找做空机会,因为豆粕还有大级别趋势线在支撑,只有当豆粕价格下破大级别趋势线之后,才能伺机放空。本例中,豆粕价格下穿大级别趋势线后形成原则 1,反弹形成原则 2 的波峰,在波峰最低点 2 915 元处放空,以波峰的最高点 2 955 元为止损位。

图 8-74　豆粕 2001 合约 2019 年 9 月至 11 月走势图

图 8-75 为豆粕 2001 合约 2019 年 10 月至 11 月的走势图。形成下跌 123 原则后,画出下跌趋势线,在下跌的过程中出现新的波峰与破低的波谷后,调整趋势线。当价格上穿最新趋势线时,平仓。平仓位为 2 882 元,本次交易盈利 33 元/吨。

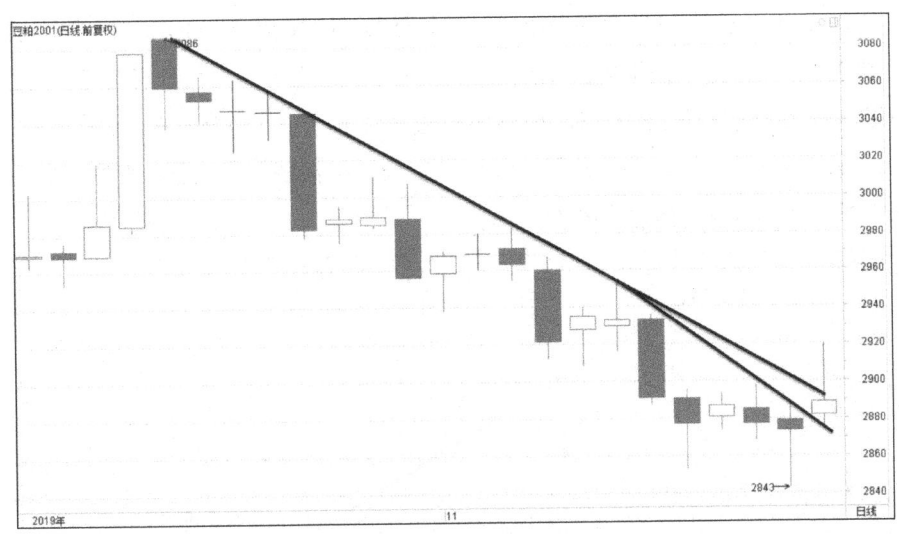

图 8-75　豆粕 2001 合约 2019 年 10 月至 11 月走势图

图 8-76 为豆粕 2001 合约 2019 年 11 月至 12 月的走势图。承接图 8-75，豆粕价格在上破下跌趋势线后形成原则 1，并且在后续走势中两次出现了波谷。我们预判两次波谷都有可能成为原则 2，所以在每个原则 2 处做多，但是两次都止损了。第一次亏损 30 元 / 吨，第二次亏损 38 元 / 吨。

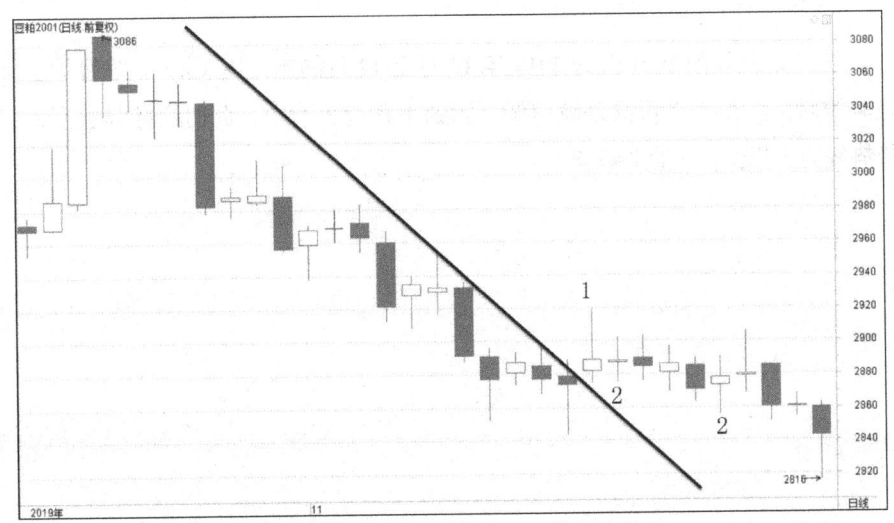

图 8-76　豆粕 2001 合约 2019 年 11 月至 12 月走势图

图 8-77 为豆粕 2001 合约 2019 年 10 月至 12 月的走势图（1）。在试图向上未果后，豆粕价格向下跌破前期低点，回到下跌趋势当中，此时应放空。调整下跌趋势线，以趋势线为止损位。放空位置为 2 842 元，平仓位为 2 834 元，本次交易盈利 8 元/吨。在形成原则 3 的第二天，价格便触发止损。此次亏损 62 元/吨，亏损幅度为保证金的 14.39%。

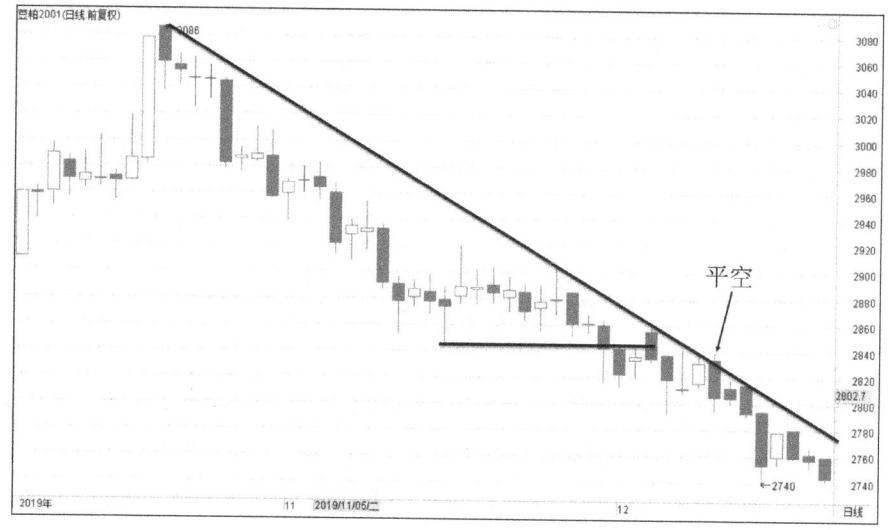

图 8-77　豆粕 2001 合约 2019 年 10 月至 12 月走势图 (1)

图 8-78 为豆粕 2001 合约 2019 年 10 月至 12 月的走势图（2）。短暂的上破趋势线后，豆粕价格再次跌破前低，回到下跌趋势线中，此时应继续放空，以趋势线为止损位，一直持有至今。

图 8-78　豆粕 2001 合约 2019 年 10 月至 12 月走势图（2）

从以上实战情况来看，豆粕亏多盈少。但长期情况下粕类还是可以盈利的，只是比工业品盈利少。

在这里算打一个补丁，即工业品要比农产品的效果好。虽然都能赚钱，但工业品明显比农产品赚得多。其中，白糖、玉米等经济作物要比油脂、黄豆、豆粕等纯粹吃的东西赚得多。工业品中的有色、黑色产品，这些都遵从着更大的经济背景，一个牛市好几年，一个熊市也好几年，而农产品的趋势性相对来说没有那么明显。所以，如果有可能，趋势交易者最好还是以工业品为主。

豆粕类产品的供给和需求历年都不会发生太大的变化，价格震荡走势占据更多的时间。从白糖周期来看，大约 36 个月会一牛一熊互相转换，这还略有痕迹可循；玉米可做乙醇燃料，这本身就有工业属性，它的趋势性也较好。

更好的就是胶、铜、铁矿、螺纹钢、动力煤等，大背景说改革的情况下，它们会立刻连续两三年地上涨；而说产能过剩时，则几乎没有上涨的时候。对于趋势交易者来说，这太难得了。

参考文献

[1] 期货从业人员资格考试辅导教材编委会. 全国期货从业人员资格考试辅导教材：期货及衍生品基础 [M]. 北京. 企业管理出版社，2016.

[2] 约翰·赫尔. 期权、期货及其他衍生产品（原书第 9 版）[M]. 王勇，索吾林，译. 北京：机械工业出版社，2014.

[3] 约翰·墨菲. 期货市场技术分析：期（现）货市场、股票市场、外汇市场、利率（债券）市场之道 [M]. 丁圣元，译. 北京：地震出版社，1994.

[4] 亚历山大·埃尔德. 以交易为生 [M]. 符彩霞，译. 北京：机械工业出版社，2010.

[5] 维克托·斯波朗迪. 专业投机原理 [M]. 俞济群，真如，译. 北京：机械工业出版社，2010.

[6] 小罗伯特·R·普莱切特，阿尔弗雷德·J. 弗罗斯特. 艾略特波浪理论：市场行为的关键 [M]. 陈鑫，译. 北京：机械工业出版社，2010.

[7] 比尔·威廉斯，贾丝廷格雷戈里-威廉斯. 证券混沌操作法 [M]. 王柯，译. 北京：机械工业出版社，2014.

[8] 拉里·威廉斯. 短线交易秘诀 [M]. 穆瑞年，霍明，于天文，译. 北京：机械工业出版社，2013.

[9] 史蒂夫·尼森. 日本蜡烛图技术：古老东方投资术的现代指南 [M]. 丁圣元，译. 北京：地震出版社，1998.

[10] 国务院法制办公室. 中华人民共和国会计法注解与配套 [M]. 北京：中国法制出版社，2008.

[11] 财政部. 企业会计准则 [S]. 北京. 经济科学出版社，2006.